JN312338

永池健二

柳田国男——物語作者の肖像

梟《ふくろう》社

目次

柳田国男　物語作者の肖像

序章　開かれた〈野の学〉

はじめに

民俗学は「野の学」だという。何の謂《いい》か。

大学で民俗学の歴史や方法を学び、授業の実習としてフィールドワークの指導を受け、やがては、論文を量産するために調査をし、ひたすら成果の公表のみに傾注する。近年は、調査すらせずに民俗学の論文をものする若い研究者も増えているという。これのどこが「野の学」か。

大学で民俗学を教え学ぶこと、アカデミズムの中に民俗学が位置を占めること、それ自体が問題なのではない。アカデミズムで民俗学を教え学び、民俗学を「野の学」と位置付けておきながら、その意味するところについて、何の反省もないことが問題なのである。

かつて大正から昭和初期の民俗学の草創期にあたって、それを担った人びとは、大学はもちろんのこと、どのようなかたちでも、何らかの制度の中で民俗学を学んだ人びとではなかった。佐々木喜善しかり、早川孝太郎しかり、胡桃沢勘内しかり、宮本常一しかり。彼らは、学ぶべき場とも機会とも無縁のところで、まだ学問としての名もない事業の魅力に惹かれ、自ら野に分け入り、人びとの生活と向き合う作業を通じて一人ひとりが自らの方法を鍛えあげ練りあげていったのである。彼らにとって自らの志向する学問が「野の学」であることは、改めて振り返る必要もないほど、自明のことであったにちがいない。

いま、私たちは、民俗学の野の学たる所以をすっかり見失ってしまった。それは、アカデミズムを志向した民俗学が、いつの間にか一部の職業的な研究者のための専門の学と化してしまったからである。かつて柳田が郷土で暮らすすべての人びとに郷土研究の必要性を訴え、さらにそれを進めて「一国民俗学」を提唱した時、その学問はすべての人びとに対して開かれていた。すべての人が「いま」「ここ」という生の現場から眼や耳や身体の感覚器官のすべてを使って、自分の「生」のかたちを考察していくべきものとしてあった。今日の日本の民俗学を覆っている抜きがたい閉塞感やある種の狭小さは、この初発の原点を忘失したところにこそ起因するのではないか。いま『後狩詞記』や、『遠野物語』から百年という大きな節目の時にあたって、民俗学草創期の原点に立ち返りその意味するところを改めて振り返って見たいと思う。

一　『遠野物語』——民俗学の初発

ここに一枚の新聞がある。タブロイド版わずか四ページ、印刷の字も不鮮明なお世辞にも上等とはいえない小新聞である。一面の題字には『遠野新聞』と記されている。日付は明治四十年三月五日付け。その第三面に次のような記事が見えている。

本年は近年稀有の雪にて所々に被害少からざりしが端なくも茲に大惨事を演出せり今其顚末を記さんに本郡大槌町小鎚臼沢辺は例年降雪の多き所なるが去んぬる二月十八日頃より綿雪粉々として降りしきり風さい凄く吹き

すさび恐ろしき修羅の巷と化し十九日に至るも猶やまずして五六尺の積雪を見るに至りしが俄然山上に天地も破れんばかりの大音響して四丈余の大雪崩来り附近にある炭小屋其他百数棟を圧倒し気仙郡唐丹村小林和三内縁の妻鈴木トシ長男（一二）二男（九）長女（三）本郡土淵村菊池万之助（四二）長男富三（二二）はあなやと思ふ間もなく其雪崩に圧迫されて無惨の死を遂げたり(1)

大槌町小鎚臼沢というのは標高一九〇四メートルの早池峰山から、薬師岳、一ツ石山、白見山と続き、さらに六角牛山から五葉山に至るまで、一千メートル級以上の山々が切れ目無く続く深い早池峰山系の東側。西側の遠野郷からは、度たび山人が出現するというので人びとがわざわざ迂回路を切り開いたという笛吹峠を越えて、なお分け入った山の中である。遠野郷近辺の貧しい農民たちは、冬には家族ぐるみでこうした雪深い山中に分け入り、一カ所に粗末な小屋を建て並べて、炭焼きという厳しい労働に従事していたのである。

ところで、この悲惨な出来事の起こった明治四十年といえば、柳田国男が水野葉舟の手引きではじめて佐々木喜善と出会い、遠野郷に伝わる様々な口碑を耳にしたその前年にあたる。遠野郷土淵の人佐々木喜善が、作家たらんと志して上京したのは、明治三十八年のことであるから、この時には喜善は遠野を離れていたわけだが、この一篇の『遠野新聞』の記事は『遠野物語』が柳田と喜善とによって生み出される、ちょうどその時代の遠野郷の近辺の生活の一端をはしなくも伝えているわけである。このことを念頭において、さらに先の記事に続く、次のような一節に眼を通してほしい。

殊に悲惨を極めしは気仙郡綾里村鈴木千代治の一家にして其日鈴木千代治と妻キヨシは大槌町に用達に出掛けたるが吹雪愈々つのるに千代治は炭焼小屋に遺たる長女ハツ子（一二）二女ツキノ（九）の二人が身の上を案し

キヨシより一足先に帰路に就きたるが渦巻く吹雪に遂まき込まれ進退きわまりて途中に凍死するに至りたり神ならぬキヨシはそれとも知らざれば幼児を負ふたる儘からうじて小屋に辿り着きたるに何事ぞ小屋はつぶれて二人の愛児枕を並べて死し居るにぞキヨシは狂気の如くに取縋り帯を解きて冷きつたる一人を己が体に当て丶暖め呼べと呼べと既に事切れて答なければキヨシは声を限りに天の無情を動哭し暫しが間は身も世もあらず悲しみたるがかくてあれば又此身も幼児も命危ければと涙を払つて此の二人の死体を捨て丶夢中になりて小鎚まて逃げ通したり其時はキヨシも心身疲労して半死の状態にありしが翌朝に至りて正気付くに至りたり吁惨！実に言語に絶す猶此外数ヶ所の電線は切断され大木倒る丶など一方ならぬ被害なりと

『遠野新聞』の紙面の雑多な記事の間にはじめてこの記事を見出したとき、私は一種不思議な思いに捉われた。思いがけないところで『遠野物語』の世界の根とでもいうべきものに触れた気がしたのである。粗末なものであれ、この記事が先の記事に続く新聞紙面の一節であることは疑いないのに、その文章は今日の新聞のそれとは如何にも違っている。ここに描かれている出来事は、あくまで現実の出来事である。確かに悲惨ではあるが、そこには一片の不思議も登場しない。また『遠野新聞』の記者生の文章は、不必要な詠嘆と誇張した常套句が目立ち、『遠野物語』の洗練された擬古文の簡潔な美しさとはほど遠い。にもかかわらず、この一篇の記事は、どこか奇妙に『遠野物語』の世界と似ている。表面の外装を剝ぎ取ってみると、その根底で人を魅きつける話のリアリティにおいて、両者は深く通底しているのである。もし佐々木喜善がこの事件を柳田に語っていたとしたら、あるいは、この話も『遠野物語』の中に柳田の筆によって記されたのではないか。そうした想像を抑えることができないのは、同じ『遠野新聞』の明治三十九年十一月二十日付けの三面にはまた次のような記事が見えるからである。

熊と格闘　上郷村仙人峠は今は篠切りの季節にて山奥深く分け入りしに泡雪に熊の足跡あるを見出し全員細越佐藤末松を先頭に七八人の猟夫等沓掛山をまきしに子連れの大熊を狩出したれば狙ひ違はす一発まて見舞たれども斃る丶気配のあらざれは畑屋の松次郎は面倒臭しと猟銃打ち捨て無手と打組みしも手追ひの猛熊処きらはず鋭爪以て引掻きしも松次郎更にひるまず上になり下になり暫が間は格闘せしも松次郎が上になれば子が噛み付くより流石の松次郎も多勢に無勢一時は危く見江しも勇を鼓して戦ひしに熊も及ばずと思ひけん松次郎を打ち捨て丶逃げんと一二間離れし処を他の猟夫の一発に斃れしも松次郎の負傷は目も当てられぬ有様にて腰より上は一寸の間《す》きもなく衣類は恰もワカメの如く引き裂かれ面部に噛み付かんと牙ムキ出せはコブシを口に突き込みし為め手の如きは見る影もなき有様にて今尚ほ治療中なりとは聞くも恐ろしき噺にて武勇伝にでもあり相な事也(2)

『遠野物語』第四十三話の「熊との格闘譚」と同じ出来事を伝える記事である。説話としての『遠野物語』の世界が、新聞の三面記事の世界と意外と近い所に立っているという事実は、改めて詳述する。右の二つの『遠野新聞』の記事は、『遠野物語』の背後に、記録されないまま消えていった無数の話が飛び交う猥雑な〈坩堝〉のような〈話〉の世界があったことを私たちに教えてくれる。そこに記された百幾つかの話は、そうした猥雑な話の海からたまたま汲みあげられた珠玉の一雫にほかならなかった。むろん、それを可能にしたのは、そうした話に異常なほどの偏愛を抱いていた一人の青年と、同じような資質を持ち、優れた文学的才能を備えた少壮官僚という二つの精神の稀有の出会いであった。後年柳田は、喜善とはじめて出会った時のことを回想して「しかし、私は話を持っているのには、ともかく、びっくりしました。ちょっと異常心理をおこしたりしましてね(3)」と述べている。それほど喜善の話は、深く柳田の心を捉えたのである。

『遠野物語』には、恐怖に満ちた山男や山女、あるいは河童やザシキワラシ、猿の経立《ふったち》などのさまざまな不可思議が登場して活躍する。しかしそこから、『遠野物語』を単なる非現実的な幻想譚や怪談話の集成だと考えたら、その性格の本質を見失うことになろう。

口碑集としての『遠野物語』は、昔話の集成でも、伝説集でもない。その話の大半は、何某が何処どこで実際に体験したという出来事を伝える「事実」譚なのである。この、実際の出来事――「事実」――を伝える話という性格が、説話集としての『遠野物語』の本質を決定づけている。

『遠野物語』における「事実」の意味について考察を加えた竹村祥子は、物語の各話を「事実」と「幻想」、「日常」と「非日常」という二つの対立項を軸に、物語の構造的・形式的特質を分析した結果、その説話の多くは「ノンフィクションからフィクションへと話が展開する傾向にあり、この話の運び方こそがフィクションの話の項までも事実のように感じさせる装置になっている(4)」と述べている。言葉を換えていえば、『遠野物語』の説話世界は、現実に起こった「事実」と現実にはありえない虚構の物語という、二種の相容れないものを、あたかも同じもののように一つの地平の上に地続きで叙述することによって、その「事実らしさ」を担保している、というわけである。

こうした竹村の指摘が、その丁寧な作業にも拘わらず、『遠野物語』のような口碑の分析として決定的に的をはずしているのは、「事実」を、「虚構」や「幻想」とは対極にあるものという竹村自身の「事実」観に無自覚に倚りかかり、「事実」と「幻想」、「事実」と「虚構」という対立軸を自明の前提として設定したからである。『遠野物語』の世界には、「事実」と対立し、区別されるような「虚構」も「幻想」も登場しない。そこでは、新聞の三面記事に載せられるような何の不可思議も含まない実際の出来事と、恐怖と不可思議に満ちた山人遭遇譚やザシキワラシのような話が、同じ一つの「目前の出来事」として、まったく同じ位相の上に叙述されているのである。柳田は、それらのすべてをひとしなみに「現在の事実」(『遠野物語』序)と呼んだ。この場合、「事実」とは、明らかに、人びとによって実際に体験された出来事の謂である。現実にはあり得ないような幻想的な不可思議譚も、新聞の三面を賑わすような熊との格闘譚や親殺し譚も、何一つ変わらない同じ一つの「事実」——それが実際に誰かによって体験されたものという意味において——これが、『遠野物語』の説話世界を支えている叙述の基本的態度である。これこそが『遠野物語』を他の凡百の怪談話や奇事異聞集の類から決定的に際立たせている所以のものにほかならない。

この場合見落としてならないのは、こうした現実と非現実、幻想と現実をまったく区別せず、同じ一つの体験された「現実の出来事」として取り扱う態度が、けっして柳田個人の特異な資質や文章力にのみ拠るものではなく、それがそのまま、これらの口碑群を生み出し伝えてきた遠野郷の人びとの出来事に対する態度に根ざしているという事実であろう。『遠野物語』を記録するにあたって柳田が払った文章上の苦心は、叙述の細部に行きわたっているが、その表現は、けっして柳田という一個人の個性の表現を志向してはいない。出来事は出来事のままに。不可思議は不可思議のままに。これが遠野郷の口碑を生み出した人びとが出来事へと向きあう態度であった。佐々木喜善が聞き取りにくい南部なまりで語りだす不可思議な口碑の数々に触れたとき、柳田はほとんど直観的にそれを感じ取り、その感覚に忠実に遠野郷の人びとの側に身を寄せ、その態度を我がものとして書きとめたのである。「一字一句をも加減せず感じたるまゝを書きたり」(5)(序)とはそういうことであろう。

二 〈事実〉認識の深まり

佐々木喜善とはじめて出会ったちょうどその頃、柳田は、「事実の興味」と題する一文を『文章世界』(三巻十四号・明治四十一年十一月)に寄せている。その中で、孫を亡くした老婆がその冥福を祈るために、高野山に燈明代として田畑を寄進したその寄進状や、小田原の戦争で息子を討死にさせた母がその供養のために橋を架け、通る人に我が子のために題目を唱えてくれるよう頼んだという『尾張誌』の記述を引いて、次のように述べている。

是などもその時代の一部の凡人の心持が現れて居て面白い。何故かといふに、かういふものは少しの誇張も装飾もない在りのまゝの事実だからである。(6)（傍点引用者、以下傍点はすべて引用者による）

この「在りのまゝの事実」もまた、人びとによって実際に体験され、生きられた「事実」である。この一文は、この時期すでに柳田の「事実」を見る眼差しが、民衆の生活や歴史の部面にまで向けられ始めていることをはっきりと示している。

同じ頃、法制局参事官として、同僚の皆が敬遠する懲役受刑者の特赦に関わる事務を自ら進んで引き受けたという柳田は、そこで裁判の一件資料を通して知った興味深い話の数々を友人の作家達に語って聞かせた。田山花袋の「ネギ一束」、「一兵卒の銃殺」、柳田が自ら、『山の人生』（大正十五年）の冒頭に記した二つの子殺し、親子心中の話。これらの「特赦の話」の一つ一つは、この時期、柳田が、人びとの〈生〉に刻印された「在りのまゝの事実」にいかに惹かれていたかを物語るものである。

柳田国男による日本民俗学の確立の過程を史的に追究する時、見落としてならないのは、こうした柳田独自の「事実」観、「事実」認識こそが、確立期の彼の民俗学の方法的基底を成しているという事実であろう。後年柳田は、次のごとき徹底した「事実」認識をくり返して表明している。

察するに是は根本に於ける観方の差、即ちこの我々の眼前に実験せられる社会事実そのものが、正しい資料であるといふことを認めるか認めないかの相違である。私などの見る所では、「事実」といふものは自分の目で耳で又は感覚で、実験したもの以外には無いと思つて居る。所謂史実も亦過去の事実ぢや無いかと言ふであらうが、

それは過去であるが故に実験には入らず、今あるものは其痕跡でしか無いのである。(7)

（「郷土研究と郷土教育」）

史実といふ語あり。事実は再現し得ず。事実は現前にのみ存する。史書記録の現存するは事実、そこに記載されたことは事実ではない。ある消滅した事実に対する想像・推定を導くための有力なる方法をもたらす記載というにすぎぬ。記録は傍証となるにすぎない。(8)

（教本案「民俗学」）

柳田にとって、「事実」は、私達の現在の〈生〉の広がりの中にしか存在しない。右のごとき徹底した「事実」認識が、けっして文献至上主義の当時の歴史学に対する便宜的戦略的な批判などではないことは、柳田の著作の至る所にちりばめられた次のような記述を見れば瞭然であろう。

○親たちの信仰に従へば、神輿の中には神様が乗つて居られる。是は事実であつて、詩趣でも無く空想でもない。(9)

（『祭礼と世間』）

○一般に「郷土研究」の時代に比べて、事実が自ら発光する所の智識が、其量を加へたといふ評を受けて居る。是は個々の寄稿者に於ても、本意とせられる所であらう。(10)

（『民族』三巻二号「編輯者より」）

○然らばこの微々たる無名氏の、無意識に変化させた家族組織の根軸、婚姻といふ事実の昔今の差異は国史の外かどうか。(11)

（「聟入考」）

○言語は我々の厳然たる生活事実で、十分なる由来無しにはこの社会に発現し得る道理がない。(12)（「オヤと労働」）

○如何に平凡であらうとも衣食住は大事実である。(13)（『明治大正史世相篇』）

○我々の語彙に出て居ない一つの言葉が有るといふことは、大抵の場合には一つの事実の、今まで気付かれないものが見つかつたことを意味するのみか、時としては説明し得なかつたことを説明する手掛りになる。既に採集せられた一語の、又他の土地にもあつたといふことは、事実を確かめるだけで無く、なほ其由来の遠いことを推測せしめる。(14)（『分類山村語彙』序）

これらの指摘の一つ一つが、確立期の柳田民俗学にとって、こうした「事実」認識の深まりと徹底とがいかに重要な意義を担っていたかを物語っていよう。興味深いことに、柳田は、また次のようにも述べているのである。

○まぼろしのあることは事実。これをみた人が言ふことも事実。共同の幻覚がある。昔はさういふ人が多かつたことも事実。今でも土地によつて、さういふ人が多いことも事実。(15)（教本案「民俗学」）

幻覚もまた一つの事実。それもまた人びとによって体験されたものであるからである。この「事実」観は、『遠野物語』における事実認識とそのまま響きあい、通底するものである。

「事実」という言葉は、このように、柳田の民俗学の歩みの出発点から確立期以後に至るまで、彼の論述の鍵となる重要な用語としてくり返し使われ続けてきた。不思議なことにその「事実」の語の用例の間には、認識の深まりこそあれ、およそ三十年余を隔てても、そこには大きな齟齬も矛盾も見いだせないのである。

しかし、むろん『遠野物語』時代の柳田国男は、こうした「事実」認識を、まだ自らの学問の方法の基底として十分に自覚し、対象化し得てはいなかった。もし彼がそれを方法として十分に自覚し得ていたら、口碑として伝えられた伝承資料だけを専らとして、伝承上の「山人」をそのまま実体化した「山人＝先住民実在説」を展開することにはならなかったはずである。

それでは柳田がそれを方法として対象化し、自らの学問の方法的基底として明確に論理化するに至るのはいつ頃のことか。いまその変質深化の過程を具体的に跡づける余裕はないが、それが明確な方法的自覚となって打ち出されるのは、やはりジュネーブからの帰国を待たねばならなかった。たとえば、昭和二年一月の『民族』誌上に発表した「松王健児の物語」の冒頭の次の一節は、そうして獲得された柳田の方法的地平の独自性を端的に示すものである。

> 自ら歴史家を以て任ずる当世の学者の中にも、説話はたゞ史実として其真偽を判断すべきのみと考へて居る人があるらしい。史実として真なる説話といふものが、折々は存在するかの如く想像して居るのならば、誠に気の毒なる楽観である。何となれば説話の内容は、常に史実では無いからである。もし此態度を以て国民の前代生活を尋ねるとしたら、事苟くも有名なる大臣大将の伝記にでも関せざる限り、嘸かしいつも史料の欠乏に不自由をすることであらう。蓋し我々の解する説話は、存在其のものが儼然たる一箇の史実であり、全国を通じてその区々たる類型の散布することが、有力なる第二の史料である。個々の口碑の内容の如きは、単に比較の目標として役立つに過ぎぬのである。自分なども実は一個の歴史家の積りで居るのだが、主として学びたいと思ふ点が、記録証文を持たない平の日本人の過去に在るが故に、斯うして彼等の取伝へて居る昔の物、殊に其中でも複雑にして特徴の多い説話の類を、粗末にする気にはなれぬのである。[16]

民俗学の方法の基底となる後年の徹底した「事実」認識が、すでに明確な形を取って提示されていよう。

三　郷土研究と一国民俗学

柳田国男が高木敏雄と共に創刊した最初の雑誌が、『郷土研究』と名付けられたために、私たちは、柳田がその民俗学の閲歴の当初から自らの学問を「郷土研究」と称していたかのように考えがちである。しかし、柳田がその呼称を、自らの学問活動の内実と方向性とを象徴的に示す用語として戦略的企図を込めて意識的に使い始めるのは、やはりジュネーブからの帰国後、大正末年以降のことである。「郷土研究」が柳田の構想する学問の実践的展開を示す戦略的用語として有効であるためには、前述したような、人びとの生活の中の体験によって裏付けられた「事実」をもってその生活世界を再構築するという、その学問の視座と方法とが確立されていなければならなかったからである。

帰国後間もない大正十三年（一九二四）七月、柳田は、日本青年館発行の雑誌『青年』誌上で「誌上談話会」という一風変わった試みを始めた。これは、かつて、新渡戸稲造が主宰した「郷土会」に見られたような自由な談話の精神を継承し、自宅で開催していた「談話会」を誌上に移し、「全国の有志諸君を自由会員」として今まで心付かなかったいろいろの社会現象や、消えていこうとする昔からの仕来りなどを「観察し記録して後の学問のために遺して置かう」(17)と企図したものであった。日本青年館は、各地の青年団を統括する全国組織である大日本連合青年団の活動の拠点として、この年に設立されたばかりであった。この大日本連合青年団と日本青年館の活動に、柳田は当初から深く関わっていた。(18)その機関誌『青年』での柳田のこの試みは、青年団に所属する若者達に広く呼びかけ、居ながらにして全国各地の民俗資料を収集すると同時に、その作業を通じて各地の若者たちに自ら、その生活を観察し、その意義を考える態度を植え付けようと企図したものである。それは、全国の若者たちの一人ひとりに「郷土研究」の理念を植え付けようとする息の長い試みの一つであった。

一方、この時期の柳田は、全国各地で広範な講演活動を精力的にこなしている。大正十四年五月、長野県東筑摩郡教育会のために「楽観派の文化史学」(のち「青年と学問」と改題)、同十月におなじ長野県埴科郡教育会で「郷土研究の目的」(「郷土研究といふこと」)、翌昭和元年十月に東京高等師範学校地理学会で「島の話」など、この時期の講演に各地の教育界や師範学校など教育者の集まりが多いのは、彼らが次代を担う子どもたちの教育に直接携わる人びとだったからである。この時期、すでに柳田は、自らの「郷土研究」が教育の場で積極的に活用されるべき意義と可能性とを見通していた。東筑摩郡教育会における講演「楽観派の文化史学」の末尾において、柳田は、青年たちに、次のように呼びかけている。

> 先づ徐ろに尚観察して見よう。さうして又静かに考へて見よう。多くの正しい資料を協力して集めて見よう。それを比較分類して段々に整頓した記録にして置かう。(19)

郷土における観察と記録が、すなわち「郷土研究」という事業が何より青年たち自身のためであることを柳田は、静かな口調で訴える。同じ年の埴科郡教育会での講演「郷土研究の目的」でも、柳田の態度は変わらない。そこで柳田が郷土研究の要件として提示した、七つの指針――自分の身の回りから始めて次第に外へ。よくわかるものからわからぬものへ。直接観察の重視など、その指針の一つ一つは、柳田が郷土研究の主体を、郷土内の存在として想定していることを、はっきりと示している。柳田にとって、「郷土研究」とは、けっして一部の専門家たちによって占有されるべきものではなかった。それは、すべての人びとに開かれており、すべての人びとが、自分の生きている「生」

の現場から、自らの生活の姿を考察するべきものであった。だから柳田は、同じ講演（「楽観派の文化史学」）の中で次のようにいうのである。

史学は古い事を穿鑿する技術では決してない。人が自己を見出す為の学問であつたのだ。[20]

柳田はまた、別のところで、「郷土人の心奥の機微は外から見たり聞いたりしたのでは到底分りやうもなく、結局彼等自身の自意識に俟つよりほかに仕方はないのである。つまりは我々の採集は兼て又、郷土人自身の自己内部の省察でもあつたのである。[21]」（「郷土研究と文書史料」）とも述べている。柳田の「郷土研究」は、欧米で構想されたエスノロジーやエスノグラフィの持つ外から他者の生活を覗き見るという外部者の眼差しを、郷土内生活者による内側の眼差しに組み替えていくための実践的な試みであった。この時期、「郷土」は、日本近代の歴史的展開の中で変貌・解体を余儀なくされ、生活世界としての統一性も全体性も喪失しつつあった。郷土において生活世界の全体像を追究していくかぎり、その視点は否応なく、郷土の外側へと広がって行く。その眼差しの転換が郷土の枠組みを越えて、より広い生活世界の全体へと展開されたとき、そこに自ずから「日本」という命題が立ち現れてくるのである。その意味で、柳田にとって、郷土研究が、やがて「一国民俗学」へと発展して行くことは、必然的な展開であった。

終章にて詳述するように、柳田にとって、〈一国民俗学〉とは、「民俗学」という新しい学問の可能性を「一国」という制約の中に閉じ込めようとするものではけっしてなかった。この時期、柳田は、「民俗学」の語をエスノロジーの訳語として使っている。それまで先進の欧米諸国による遅れた異民族の探求としてあったエスノロジーを「多国民俗学」や「比較民俗学」と称したのに対して、その「外からの眼差し」を言語と感情の共通する自国民による自国の探究という「内からの眼差し」に組み換える、その眼差しの転換を柳田は「民俗学の国民化」と称し、そこに「一国民俗学」の名を与えたのである。だから、柳田が郷土研究に託した、郷土人自身の「自己内部の省察」という本質的な契機は、そのまま「一国民俗学」の中にも生きている。「一国民俗学」とは、すべての人びとが、自らの生の具体的な姿を時間的空間的な拡がりにおいて考究していく新しい自省の学、後藤総一郎の言葉を借りれば、「自己認識の学」として構想されたのである。

柳田国男が戦後、小学校の国語科と社会科の教科書の編纂事業に、自ら主導的に関わったことはよく知られている。杉本仁の教示によると、柳田は、小学校の『日本の社会』出版の後、同じ実業之日本社から中学校社会科教科書『日本の社会』の編纂を進めるが、検定不合格となって、その構想は実現しなかったという。(22) いま、杉本の好意によってその不合格教科書の原稿を一覧すると、その「一年上」の冒頭部には、「郷土の調べ方1・2」という単元が設けられている。その単元2では、「世の中がどんなに変わるものか、自分たちの一番よく知っている郷土についてかんがえてみよう」と生徒たちに呼びかけ、その末尾では、さらに次のように記している。

私たちが今の郷土の生活を調べていく内に、現在のありさまだけを知ってもわからないことが世の中にはたくさんあるということが、しだいに明らかになってくるだろう。毎日の生活の中には、習慣としておこなっていながら、それが何の意味かはっきりしないことが多い。そうした疑問は、郷土の人びとの生活の歴史を調べていく内に、少しずつわかってくる。それにはまず、今どんな生活が行われているか事実をあつめるのがよい。そして自分の郷土だけでなく、ほかの地方の生活も調べてくらべあわせてみなくてはならない。(23)

郷土人による郷土の調査、採集が、郷土人自身の内省であり、「自己を見出す為の学問」であるという郷土研究の理念が、ここにも貫かれている。その出発点が「事実」の収集にあることも同じである。これを民俗学の成果の教育現場への応用などと考えてはなるまい。柳田は、「自己内部の省察」という郷土研究や一国民俗学の理念を実践するための最も有効な場の一つとして学校という教育の場を選んだのである。ここでも民俗学は、すべての人びとに開かれている。すべての人びとが、いま自分が生きてある生活の現場から、実験と観察によって自己の生を見つめ直す学問としてある。民俗学が真の意味で「野の学」であるためには、もう一度改めてこの原点に立ち返ることが必要なのではないか。

註

(1)『遠野新聞』明治四十年三月五日。引用は遠野市立図書館蔵の複写資料による。なお伊能嘉徳家に保存されていた「遠野新聞」をもとに、江田明彦によって『復刻　遠野新聞』(平成元年八月一日)が刊行されている。
(2) 同『遠野新聞』明治三十九年十一月二十日。
(3)『岩手日報』昭和二十八年一月一日。
(4) 竹村祥子「『遠野物語』における「事実」の意味」『中央大学人文科学研究所研究紀要』六号、昭和六十二年。
(5)『柳田国男全集』二巻、平成九年十月、筑摩書房。
(6)「事実の興味」『文章世界』三巻十四号、明治四十一年十一月。
(7)『柳田国男全集』十四巻、平成十年七月、筑摩書房。
(8) 柳田為正他編『柳田国男談話稿』昭和六十二年、法政大学出版局。
(9)『柳田国男全集』三巻、平成九年十二月、筑摩書房。
(10)「編輯者より」『民族』三巻二号、昭和三年一月。
(11)『柳田国男全集』十七巻、平成十一年二月、筑摩書房。

（12）同十五巻、平成十年九月、筑摩書房。
（13）同五巻、平成十年一月、筑摩書房。
（14）柳田国男『分類山村語彙』昭和五十年十月、国書刊行会。
（15）前掲『柳田国男談話稿』。
（16）『柳田国男全集』十一巻、平成十年五月。
（17）「誌上談話会　序」『青年』大正十三年八月。
（18）掛谷昇治「日本青年館と柳田国男」柳田国男研究会編『柳田国男・ジュネーブ以後』平成八年九月、三一書房。
（19）（20）『柳田国男全集』四巻、平成十年三月、筑摩書房。
（21）『柳田国男全集』八巻、平成十年十二月、筑摩書房。
（22）杉本仁「郷土研究から社会科へ——柳田国男の教育運動——」をはじめとする一連の論考を参照されたい。
（23）『実日中社一年（上）昭和三十九年度検定原稿』。引用は杉本仁氏所蔵の複写本による。

第一章　邂逅——民俗学の黎明

展望1 初期柳田民俗学の視界——文学から民俗学へ

明治四十一年の邂逅

日本の民俗学は、明治四十一年における柳田国男の二つの出会いをもって事実上動き出した。九州奥日向の椎葉への旅と、遠野の人佐々木喜善との出会いである。前者が、日本民俗学の最初の著作とも言うべき『後狩詞記』を生み、後者が『遠野物語』となって結実した。むろん柳田は、それ以前において、一方では近世期の地誌や随筆類などの文献資料を渉猟し、あるいは実際の旅での見聞を重ねて「民俗学」的な知見へと目を開きはじめていた。その蓄積が、明治四十一年において二つの象徴的な出会いとなって結実したのである。この二著が日本の民俗学史にとって大きな意味を持つのは、両者が、実地に見聞した狩の故実や見聞きした口碑の、外部者による「記録」という性格を担っているからである。文字によって記録された著述からの抜書でもなく、旅人が偶然眼にした異風殊俗の書留などでもなく、一つの土地の生活やそこから生み出された口碑の、外部者の手による意図された記録。両者に共通したこういう性格こそ、日本の民俗学の黎明を告げるに相応しい特質であろう。

椎葉の狩の故実を中心とした山の生活や佐々木喜善が南部訛りの言葉で訥々と語り出した遠野の口碑の中の、はたして何が、旅人であり外部者に過ぎない柳田国男をして、その記録へと向かわせたのか。両者を日本民俗学の出発点として位置づけるためには、改めてその意義が厳しく問われなければなるまい。

詩《うた》のわかれ

明治三十二年（一八九九）六月、『帝国文学』に発表した「別離」「人に」の二篇の詩を最後として、松岡国男は新体詩の筆を絶った。岡谷公二の調査によれば、国男の恋歌に謳われた幻の恋人「伊勢いね子」はその翌年三十三年（一九〇〇）三月に十八歳で亡くなっている（「松岡国男の恋」）。恋によって自らの生を謳いあげてきた浪漫的な「恋の詩人」松岡国男は、恋の終わりと共に詩作を捨てたのである。同じ三十三年の七月、国男は東京帝国大学法科大学政治科を卒業し、農商務省に入省、翌三十四年（一九〇一）五月には、柳田家に養子入籍している。

柳田は、詩作を捨てたのちも、必ずしも文学への志を捨てたわけではない。のちに龍土会を生み出す母胎となった柳田家での文士たちとの交遊会は、養子入籍後まもなくから続けられており、龍土会から足が遠のいた明治四十年（一九〇七）には、自ら主唱してイプセン会を創設した。しかし、柳田が、折にふれて詠む和歌以外の創作の筆を執ることは、もはやなかった。明治三十七年（一九〇四）八月三日付の花袋宛書簡の中で、柳田は、次のように述べている。

> 武人の事業にはやかて限可有之我徒の学問の効用ハ少くもそれよりも久しく候最初ハ勉強して文学の書に遠さかりしも今ハ自然にこれを手にする日少く候
>
> （『田山花袋宛柳田国男書簡集』）

この時期、柳田の関心は、急速に文学から離れ、「学問」へと向かっていったのである。

内閣法制局と内閣文庫

明治三十五年（一九〇二）二月、柳田は、内閣法制局参事官に転任した。この転任は、農務官僚としての自覚を深めていた柳田にとっては必ずしも本意ではなかったようだが、それ以後の彼の学問の展開にとっては、きわめて大きな意味をもつ二つの機会を柳田に与えた。一つは「旅」の体験であり、もう一つは近世期の膨大な随筆、地誌類に相渉る「読書」の体験である。のちに柳田は次のように述べている。

我々の居た頃までは、法制局は一種の研究所、乃至は学校のやうな性質を半面には具へて居た。議会が幾度か解散せられると、審議立案の事務は忽ち進行を中止する。外地の施設の如きも一般にまだ簡易であつて、懸案といふものが少なく、暫く閑散の日の続くことも稀でなかつた。用の無い時には我々は読書をした。もしくは調査と称して数旬の旅行をした。

（「法制局時代の上山氏」定本第二十三巻）

「『定本』年譜」（別巻5）によると、明治三十八年（一九〇五）には「旅行で自宅に不在の日数が九十四日に及んだ」という。明治四十一年（一九〇八）の九州旅行（『後狩詞記』の旅）、四十二年（一九〇九）の木曾、飛驒、北陸路の旅、東北への旅（遠野への旅）、四十四年（一九一一）の美濃越前旅行など視察と講演旅行を兼ねたこの時期の柳田の大きな旅も、そうした法制局の自由な空気がもたらしたものである。一方、少時より「濫読の癖」旺盛であった柳田は、この時期法制局において辻川時代、布川時代に続く第三の濫読時代とでもいうべき時代を過ごす。徳川幕府の紅葉山文庫を受け継いだ内閣文庫は、当時法制局と同じ庁舎内にあった内閣書記官室記録課の所管であった。読書好きの柳田は足繁く内閣文庫に出入りし、とくに、法制局の先輩で親しかった江木翼

（一八七三——一九三二）が明治三十七年一月、記録課長を兼務してからは、暇さえあれば階下の読書室まで降りて行き読書に耽っていたという（山下紘一郎「法制局時代」）。

明治三十五年から三十六年（一九〇三）にかけての柳田の読書日録、『困蟻功程』『困蟻労程』を繙くと、専門の農政学関連文献やメーテルリンク、ドーデー、イプセンなどの洋書に混じって、『耳袋』、『夏山雑談』『本朝奇跡談』『譚海』『視聴草』『半日閑話』など、内閣文庫蔵と思われる江戸期の随筆、地誌、雑書類を、柳田が寸暇を惜しんで渉猟読破した様子を窺うことができる。柳田は明治四十三年（一九一〇）には江木の跡を継いで、記録課長に就任するが、その任期中には、内閣文庫蔵書目録の刊行を企画し、自ら図書カードの作成にもあたったという。この頃、柳田の知遇を得て内閣文庫蝦夷関係資料閲覧を許された金田一京助は、どの本を繙いても、柳田の手によって「赤い不審紙の貼られてない本のなかったこと」に驚嘆し、「先生の博覧の源が手に取るように解った」と述べている（「柳田先生を偲びて」）。

『近世奇談全集』と「幽冥談」

柳田が民俗学的世界への学問的関心をはっきりと示した最初のものは、明治三十八年九月に国木田独歩の編集する雑誌『新古文林』に寄せた談話「幽冥談」であるといわれている。しかし、むろん柳田の土俗的な民譚や怪異への関心は、それ以前から胚胎していた。『困蟻功程』には、『近聞偶筆』『本朝奇跡談』『老媼茶話』などの項に、「怪異談二章あり可収」「土佐の天狗四国の犬神のこと伊予の天狗」「天狗の話」などの書き留めを見ることができ、明治三十五、六年当時、すでに柳田が天狗をはじめとする怪異不可思議に格別の関心をもっていたことがわかる。

ちょうどこの頃、柳田は、花袋との共同作業として近世の奇事異聞集を編集刊行する準備を進めていた。明治三十六年三月、博文館より田山花袋、柳田国男校訂として上梓された『近世奇談全集』（帝国文庫）一巻がそれである。内容は『新著聞集』『老媼茶話』『想山著聞奇集』『三州奇談』『三州奇談続編』の五編を収めたもの。当時博文館編集部にいた花袋と柳田との間にどのような経緯があって刊行に至ったか、その詳細はわからない。五編のうち「老媼茶話」は、柳田が花袋の姉婿石井収より借覧して、自ら校訂して原稿を執筆、「三州奇談」同「続編」は、柳田の意を受けた中川恭次郎が校訂作業を代作したことが、『困蟻功程』や花袋宛書簡の記述によって明らかである。また、巻頭の序言も、花袋宛書簡によって、柳田が執筆したものと推定される。「霊といひ魂といひ神といふ、皆これ神秘を奉ずる者の主体にして」ではじまるこの序言は、おそらく、柳田が怪異不可思議への関心を率直に公けにした最初の文章である。

『近世奇談全集』の編纂作業などを通じて柳田が天狗や山姥など山の妖怪や不可思議などに関心を深めていたころ、ちょうど文壇でも同種の怪談話が一種のブームのごとき様相を呈していた。明治四十一年には、内外の怪談を披露したり研究したりする目的をもって「怪談研究会」なるものが発足している。中心となったのは、泉鏡花や水野葉舟らであり、そのメンバーには、小山内薫、小栗風葉、柳川春葉、鈴木鼓村ら、柳田と交遊のあった龍土会のメンバーが数多く名を連ねている。葉舟を介しての佐々木喜善との出会いも、そうした風潮の中で用意されたものであった。しかし、同じように怪異不可思議に関心を抱きながら、柳田がこれらの文壇の怪談趣味に同調し深く関わった形跡は見られない。怪談研究会での話を泉鏡花が編集したものと思われる『怪談会』（明治四十二年）という書物にも、柳田の名は見えていない。

そうした当時の文士連の風潮とは一線を画した自らの立場をあえて表明したのが「幽冥談」であろう。柳田はそこで自らの立場を「外の人は怖いと云ふ話でも、どこか昔話でも聞くやうな考へで聴いて居る、僕はもつと根本に這入つて因って来る所を研究しやうといふ傾きを有つて居るのです。（中略）それは皆な違つた特色を持つて居つて、是等を研究して行つたならば一面に国々の国民の歴史を研究することが出来るであらうと思ふ、殊に国民の性質と云ふものを一つ方法に依て計ることが出来るだらうと思ふ」と述べ、そうした怪異譚、不可思議譚の学問的研究の方向性と可能性とを自覚的に打ち出している。

柳田の視点は、天狗は義を好むとか、偏狭で復讐心が強いとか、話の内容をそのまま事実として受けとるなどなお伝承を資料として明確に対象化しえていないが、怪談会や百物語を開いて怪談話を趣向として楽しんだり、逆に超常現象としてその科学的解明を試みたりといった当時一般の風潮の中で、柳田がそのどちらでもない独自な研究への一歩を踏み出していることは注目に値する。

特赦の話と「事実の興味」

文学から民俗学への柳田の移行を考える上でもう一つ重要なのは、「特赦の話」の存在である。当時、法制局の管轄する業務の一つに懲役刑者の特赦に関わる事務があった。煩雑な関係資料の閲読を要するため皆が敬遠しがちであったその事務を、ひとり柳田は面白がって他の誰にも渡さずいつまでも独占していたという（『故郷七十年』）。そこで知り得た衝撃的な事件の数々を家の会などの席で花袋を始めとする文士たちに話して聞かせたのが「特赦の話」である。

柳田自身の証言によれば、花袋の小説の中、「ネギ一束」（明治四十一年）と「一兵卒の銃殺」（大正六年）は、その「特赦の話」を元にしたものであり、ほかにもなお幾編かがあるという。また、『山の人生』の冒頭の「山に隠れたる人生のあること」に記された二篇の子殺し、親子心中の話は、花袋が「余り奇抜すぎるし、事態が深刻なので、文学とか小説とかに出来ない」（『故郷七十年』）と「聞き流してしまった」ものを、二十年もの後に柳田自らが書き留めたものである。

柳田が花袋に対して「満期出獄になる女囚などの話を四つ五つせられた」時に同席したという小山内薫は、その折自分もノートに書き付けたという「ネギ一束」の話を「花袋集合評」に載せている（『趣味』明治四十一年五月）。その記録と花袋の小説「ネギ一束」とを比較してみると、小説の生命ともいうべき核心部分は、すでにことごとく柳田の「話」の中にあったことがわかる。小山内薫によればその題も、柳田が「『ネギ一束』として書いたら面白からう」と示したものだという。しかし、柳田はあえて、文壇の傍観者として素材の提供者の地位に甘んじ、けっして自ら筆を執ることはなかった。柳田が、これらの話の意義を過小に見ていたわけではない。むしろ、その提起する問題があまりにも深く、重かったために、単に文学作品に昇華するだけでは、超克することのできない「何か」を自らの中に抱え込んだというべきであろう。

同じころ、柳田は「事実の興味」と題する一文の中で次のように述べている。「是などもその時代の一部の凡人の心持が表れて居て面白い。何故かといふに、かういふものは少しの誇張も修飾もない在りのまゝの事実だからである」。柳田が、ここで取りあげているのは、可愛い孫を失った老婆がその冥福を祈るため燈明代として高野山に田畑を寄進したその寄進状であり、また小田原戦争で息子を戦死させた母がその供養のために橋をかけ、渡る人に子のために題目を唱えてくれることを願ったという「尾張誌」の話である。

これらの話と、犯罪記録の中の「ネギ一束」の話や、奥美濃山中の子殺しの話の中に柳田が見出したものは、おそらく同じ一つのものである。柳田はこれを「在りのまゝの事実」と呼んでいる。その「事実」とは、いわば、一人ひとりの個人の生における「体験の重さ」とでもいうべきものである。

一人の人間の生が抱え込んだ一回限りの、けっして他に置き換えることのできない「体験の重さ」を、その当人の個人的な問題としてではなく、ある種の共同の運命として、全体性の運命として、すなわち「歴史」として自らの内に抱え込んだとき、おそらく柳田は、文学でもなく、あるいは農政学でも既成のどんな学問でもない、まったく新しい道へと足を踏み出して行かざるを得なかったのである。

明治四十一年五月二十四日、長期の九州旅行へと旅立った柳田は、宮崎県椎葉村へと入る直前、鹿児島県西部のある町の小さな旅籠屋で、友人国木田独歩の死を知らせる電報を受け取った。この独歩の死と椎葉での狩の故実の見聞は、文学から民俗学への柳田国男の転回を象徴する出来事であった。帰京した柳田は、中断したイプセン会をもはや開くことはない。友人の作家水野葉舟が遠野出身の青年佐々木喜善をつれて柳田邸を訪ねたのは、その年の十一月四日のことである。

民俗学の黎明

明治末年から大正初年にかけての民俗学の黎明期にあって、柳田がもっぱら関心を注いだのは、天狗や山人をはじめとして、木地屋、イタカ、サンカ、毛坊主、唱門師、舞舞、鉢屋などといった山中の民や共同体の外側にあって各地を流浪する漂泊的宗教者や芸能者、被差別民たちの歴史であった。「踊の今と昔」（明治四十四年）「木地屋物語」（明治四十四年）「『イタカ』及び『サンカ』」（明治四十四年～四十五年）「山人外伝資料」（大正二年、六年）「所謂特殊部落ノ種類」（大正二年）「巫女考」（大正二年～三年）などは、そうした民俗学研究の初期における柳田の関心のあり方を示す一連の論考である。

その中でも、柳田がとりわけ早くから関心を注いだのは、天狗＝山人の問題であった。前述のように柳田はすでに明治三十八年に発表した「幽冥談」の中で、天狗のごとき不可思議の研究が国民精神の研究にとって不可欠であることを指摘しているが、さらに「天狗の話」（明治四十二年）の中では、盛岡で見聞した神隠しの話とともに、佐々木喜善から聞いた遠野の山人譚（『遠野物語』第四話）を資料として掲げている。この頃、柳田が喜善や南方熊楠《みなかたくまぐす》にあてた書簡によれば、柳田は諸国の山人にまつわる話を集めて一冊の本として出版する心づもりでおり、その数は明治四十四年四月ごろすでに百三十ほどにのぼっていたらしい。この計画は実現しなかったが、そうして集めた資料をもとに書かれたのが、大正二年三月から『郷土研究』誌上に発表された「山人外伝資料」である。

その論点の中心は、山人が後来の天孫族によって山中に駆逐されていった先住民＝国津神の末裔であることを立証することにあった。いわゆる山人＝先住民説である。

> 拙者の信ずる所では、山人は此島国に昔繁栄して居た先住民の子孫である。其文明は大に退歩した。古今三千年の間彼等の為に記された一冊の歴史も無い。それを彼等の種族が殆と絶滅したかと思ふ今日に於て、彼等の不倶戴天の敵の片割たる拙者の手に由つて企てるのである。此だけでも彼等は誠に憫むべき人民である。
>
> （「山人外伝資料」）

ここには天狗や山人を日本列島の先住民の末裔とみなす柳田の持論とともに、そうした歴史の闇の中に埋もれようとする少数民の歴史に対する深い同情と哀惜の念が描き出されている。同様の視点は、大正六年十一月に柳田が日本歴史地理学会において行なった講演「山人考」（『山の人生』所収）においてもそのまま踏襲されている。しかし、それ以後、なぜか柳田の山人＝先住民説は影をひそめてしまう。そして、ちょうど同じ頃、イタカやサンカ、毛坊主といった漂泊的宗教者や被差別の民に対する関心もまた、彼の民俗学的研究の前面から姿を消していくのである。

柳田民俗学の初期における多民族的＝複眼的視点の存在を重く視た谷川健一は、山人＝先住民説の限界を指摘した上で、なお、山人＝先住民説を捨てることによって「柳田は、日本列島の歴史民俗社会を異質の複合文化としてみる視点を捨てた」と述べている（「山人と平地人――ある挫折と転向」）。また、柳田民俗学における被差別者や漂泊的宗教者への視点の後退と、後の柳田民俗学の核ともなる祖先崇拝との関わりに注目した有泉貞夫は、柳田が「祖先崇拝＝家永続の願い」を常民の信仰の中核として据えるに従って、彼の民俗学の中からそうした信仰を共有しない非常民の被差別民への視点も排除されていったのではないかと推測している（「柳田国男考――祖先崇拝と差別」）。

いずれも柳田民俗学の暗部を照射するきわめて刺激的な立言であろう。これらの問題が柳田民俗学のトータルな展開の中でどのような意味を持つかについては、今後なおさまざまな観点から検討されなければならないが、少なくとも、ここに、柳田民俗学における方法的転換の大きな画期があったことは疑いない。

大正十四年一月から八月にわたって「アサヒグラフ」に連載され、翌十五年十一月に大幅な増補を加えて郷土研究社より刊行された『山の人生』は、前述した柳田民俗学における方法的転回の過渡的性格を端的に映し出すものである。この書は、「天狗の話」「山人外伝資料」から「山人考」へと展開した柳田の山人研究史の集大成とでもいうべきものであるが、そこでは、天狗や山人そのものを対象とする視点は大幅に後退している。柳田はなお、奥深い山中には実際に山人のごとき怪異の主が棲息しているという可能性を捨ててはいないが、それ以上に大きな位置を占めているのは、山人や天狗に象徴される山の怪異を、〈山〉の存在が〈里〉の村人たちの心に映し出す影として、里人たちの心の内側から視る視点であった。「山の人生」と称しながら、そこでの柳田の視点は山から里へと大きく動いているのである。この視点の転換の意味するところは小さくない。柳田の学問が「日本人とは何か」という根源的な問いを秘めた日本人のエートス追究の学として成立するためには、民俗学は、否応なく〈山〉から〈里〉へと降りてこなければならなかったからである。

山人論の展開と変容

はじめに

柳田国男に関する著作は、今も世に溢れているが、その学問や思想の深奥を照射してくれる著作に出会うことは稀である。論者の多くが、およそ六十余年に及ぶ柳田国男の学問的営為と正面から向きあうことなく、自分の所論に都合のよい記述だけをつまみ食いするような安易な試みに終始しているからであろう。

そうした中にあって、有泉貞夫の旧稿「柳田国男考——祖先崇拝と差別」（『展望』昭和四十七年六月）は確立期における柳田学の変質に焦点をあてた労作である。有泉の論考は柳田国男の民俗学における「被差別民問題」の欠落と祖先崇拝を軸にしたその体系化が不即不離の関係にあることに、柳田学の本質的な性格を見出そうとするものである。その視点は斬新で、注目すべき指摘も多い。とくに、初期においては被差別民に大きな関心を払っていた柳田が、ある時期からそれへの言及を避けるようになる事実と「〝祖先崇拝〟を核として民俗事象の意味連関を再構成」しようとする体系化の試みの間に介在する連関について、様々な文献から例を引きながら一つ一つ実証していくその筆は綿密で説得力に富んでいる。

だが、そのような作業を踏まえたうえで、あえて彼が提出した「結論」はたやすく承服し難いものである。被差別民問題の欠落の意味を、有泉は第一に柳田が自らの学的世界を美しく結晶させるために、その世界から被差別民問題を追放せざるを得なかった結果として捉え、さらに、その背後には、研究対象である近世農村共同体に成熟する日本人の祖先崇拝自体が、自らの内に「差別」を内包するものであったという事実のあることを指摘する。

だが、〝祖先崇拝＝家永続の願い〟を共有できない部分が日本人のなかにたしかに存在し、しかもかれらが差別されているという歴史と現実は〝祖先崇拝＝家永続の願い〟を核に、日本人の精神生活の再構成と意味づけを進めて行こうとする柳田にとってなんとも認めるに忍びないことであったに違いない。この問題を引入れれば〝柳田学〟の世界が美しく結晶することは不可能となる。その果てに柳田は被差別民の問題を、かれの学問の世界から追放する道を選んだと見ることができるのではないか。昭和初期以降、柳田は村を訪れる被差別的漂泊者を問題にする場合、〝常民〟の世界に対する整合的補完機能のみに着目し、差別の問題に目をつぶった。

一般に、ある時代ある社会階層のうちで、先祖が、死霊に対する恐怖からでなく、子孫の追慕と祭祀によって遂には神になるという観念が支配的になれるには、先祖が、従ってやがてそれに融合することを期待する子孫自身が、原罪的な罪穢を内包しているという自己意識をもたないで済むことが必要であろう。なぜなら、それを内包するということになれば、死者を一時仏者の管理にゆだね、また埋墓と祭場を分離する両墓制を工夫して新精霊が此世への存念と死穢から清まるのを待ち、外からの怨霊の危害を御霊会で解消する手段を講じたとしても、柳田のいうような、先祖は（従って子孫も）神になり、しかも遠くない山の上から子孫の行末を見守り、定期に家を訪ねて交歓するというイメージが育つことは難しかったと思われるからである。

これらの指摘はいずれも、一見もっともらしくみえるけれども、論理としての説得力を欠いている。なぜなら、それは、有泉の論理のよって立つ基盤が単に心理的なものにすぎないからである。「なんとも認めるに忍びないことであったに違いない」と彼がいうとき、それは柳田の心理に対する彼の臆測であって、論理とはいえない。たとえ、その臆測が柳田の心理をいい当てていたとしても、それと、柳田が「〝祖先崇拝＝家永続の願い〟を核に、日本人の精神生活の再構成と意味づけを進めて行」くために「被差別民の問題を、かれの学問の世界から追放する道を選んだ」とする第一の結論との間には、有泉の想像する以上の大きな懸隔があるのである。

第二の結論もまた、結局は「死穢はきたないものであり、祖霊の聖なるイメージとはそぐわない」といった有泉自身の心理を近世の農民たちに重ね合わせたものにすぎないといえよう。このような心理的説明のみによった解釈は、たとえそれがどんなにもっともらしく見えようと、差別の本質とは無縁なのである。その論理はたんに差別の本質の外表に触れているにすぎないように思われる。

綿密なる考証を重ねたにもかかわらず、何故有泉はこのような〝過ち〟を犯したのだろうか。それはおそらく、彼が被差別民問題の欠落と、祖先崇拝を核とした民俗事象の体系化との連関に着目する余り、あまりにも性急にこの二つのものを論理づけようとしたためであると思われる。有泉自身が指摘しているように、大正期までの柳田のさまざまな著作と、昭和二、三年以降の著作との間には飛躍ともいうべき大きな差異が見られるのである。被差別民問題に限らず、その時期以前において柳田が心血を注いだテーマのほとんどは何らかの変化を示しており、それ以後、柳田が新しく獲得したと思われる視野と方法は、決して「祖先崇拝を核として民俗事象の意味連関を再構成する」ことにとどまらない。

何よりも昭和初年以降、柳田が生みだした業績の幅と深さとは「圧倒的」なのである。それを被差別民問題の欠落と祖先崇拝の二つの軸だけでくつがえし、意味づけようとするのはもともと不可能なことではないか。

もし、被差別民問題の欠落の意味を柳田学確立の過程に正当に位置づけようとするなら、より広いパースペクティブをもって大正期から昭和十年代にかけての柳田学におけるテーマと視野と方法との変化のすべてに目を向けることが、必要であろう。それによって、初めて柳田民俗学の内包する真の価値も問題性も明らかになるのではないか。

とはいえ、有泉の所論は、柳田民俗学における被差別民問題の欠落に焦点を当て、その意味を民俗学の「過渡期」から確立期へと至る過程において、内在的に捉えようとした点において、そしてさらに「差別と先祖崇拝」といった原理的問題に研究の目を向けさせた点において、その後の柳田研究に果たした意義は大きい。

立場は異なるけれども、柳田民俗学のもう一つの重要な側面――山人史の研究――に焦点を当てて、その変容の過程を内在的に跡づけようとしたこの小論も、有泉のそのような問題意識に触発されたものである。

一　山人研究史の展開

山人研究史を貫く二つの視点

民俗学の谷川健一と宮田登の二人が、ある対談の中で、こんな興味深いやりとりをしている。

谷川　柳田さんは最初山のことを明治四十年代の初めごろからずうっと追っかけておりますよね。『山の人生』で一応完結するわけですが、どうしてあそこでプツッと切れたんですかね。

宮田　つまり山人というものを農耕民と対比させて考えて、山の奥にそれが残っているという想定のもとに山村生活の調査研究もされたと思う。ところが実際は山村のフォクロアというのは乏しくて、みんな稲作の平地民のやっていることを真似してやっているにすぎないんで、結局そこで追究するものは、別な一つの種族を想定して民俗文化を論ずることができなくなってきた。結局稲作全部を農耕民の形でおさえるような方向になったというふうに理解されている。

（「討論・柳田国男の学問と思想」後藤総一郎編『人と思想・柳田国男』昭和四十七年）

谷川健一が指摘しているように、大正末期に至って柳田学から姿を消すもう一つの大きなテーマに「山の問題」がある。『後狩詞記』（明治四十二年）、『遠野物語』（明治四十三年）にみられるように、もともと〝山〟の神秘の持つ不可思議な魅力にひかれてその民俗学的関心を高めていった柳田にとって、「山人」の研究は、初期における最大のテーマの一つであった。それが大正十五年に『山の人生』で「一応の完結」をみたあと、多くの未解決な問題を残したまま柳田学からほとんど姿を消すのである。

谷川の疑問に対する宮田登の答えは簡明で要を得ている。おそらく、これが当時の学界における一般的理解であったのであろう。たとえば、立場は違うけれども、伊藤幹治の「柳田はある時期まで、多系種族論というか、複数の種族によって日本人ができ上っていると考えていた。美人系統論などがその一つだと思うのですが、『民間伝承論』あたりになると、そういう考え方が弱くなっているように思うんです。そして晩年の『海上の道』になるとこうしたとらえ方がすっかりみえなくなって一元化されている」（「民俗学と人類学」『シンポジウム柳田国男』日本放送出版協会）といった批判的見解にしても、やはり同じような事実認識に立ってなされているといってよい。

これらの見解は、確かに柳田の民俗学の「変化」の意味するところの一面を捉えてはいるのだが、はたしてこれで尽きるものかどうか。この「変化」の事実を被差別部落民問題の欠落の事実とともに、柳田学確立の過程において考えてみるとき、なにかそこに重要なる一面を見落としているのではないかという危惧を禁じ得ない。柳田の〝山〟へのアプローチ自体、けっして単線的で一元的なものではないのである。様々な視点が錯綜しており、それだけその変化の過程も複雑をきわめている。〝変化〟の意味を内在的に把えようとするなら、まずそれらの諸相を丁寧に跡づけていく作業から進めるのが肝要であろう。

柳田の〝山〟に関する著作は数多いが、その中で主なものとして、「山民の生活」(明治四十二年)、「山神とヲコゼ」(同四十三、四十四年)、「山人外伝資料」(大正二年、同六年)、「山人考」(同六年)、『山の人生』(同十五年)、それにやや趣きが異なるが貴重な資料として『妖怪談義』(明治四十二年〜昭和十四年)などをあげることができる。これらの論考は、それぞれ書かれた時点での柳田国男の山人研究の意図と成果を表わしていていずれも重要なものであるが、なかでも注目すべきはやはり柳田における山の研究の集大成といわれる『山の人生』であろう。

『山の人生』は大正十四年一月から八月まで八回にわたって『アサヒグラフ』に連載、翌年十一月に若干の増補のうえ、「山人考」(大正六年十一月、日本歴史地理学会大会講演手稿)を加えて郷土研究社第二叢書の一冊として刊行された。内容は多岐にわたり、論旨は錯綜していてその主旨の読みとり難い一書であるが、一方、それまでの柳田の山人研究の集大成であるだけでなく、後に柳田によってその民俗学の核心に据えられるに至る様々な重要なテーマの萌芽が至るところにちりばめられているという点において数多い柳田国男の著作の中でもとりわけ重要な書物の一つとしてあげることができる。

ここではその内容についていちいち言及する余裕はないが、このような「過渡的」性格を考慮に入れてこの書に向かうとき、その複雑な論理展開の中にもおのずから一つの顕著な傾向があることに気づかされるのである。それは山の研究における二つの異なった視点——志向——の混在である。

柳田国男の初期の山人論には、「山人」や「山の怪異」といった研究対象とそれに対するアプローチの仕方において明確に違った二つの視点が混在している。その一つは、山姥や山人の「実在」を前提としてその生態の解明から

〝山〟の問題を明らかにしようとする志向であり、もう一つは、山の神秘や怪異現象を里人の〝山〟に対する信仰の問題として人々の心的体験の中で捉えていこうとする志向である。ここでは、仮に前者を「山人実在説」あるいは「実在的アプローチ」、後者を「心意説」ないしは「心意的アプローチ」と呼んでおこう。

たとえば、「二二、山女多くは人を懐かしがる事」「二三、山男にも人に近づかんとする者ある事」などは標題からも明らかなようにはっきり第一の立場に立って書かれている。「山人も南九州の山に住む者が、特に無害であり又人なつこかつたやうに思はれる」（定本第四巻）といった指摘は平地に住む日本人とは異なった山人の実在を自明の前提としたものである。さらに、次のような箇所では、山人の実在によって逆に人々の山に対する信仰の一端を説明しようとする柳田の意図を、はっきり読み取ることができる。

そこで改めて考へて見るべきは、山丈山姥が山路に現はれて、木樵山賤の負搬の労を助けたとか、時としては里にも出て来て、少しづゝの用をしてくれたといふ古くからの言ひ伝へである。是には本来は報酬の予想があり恐らくはそれが山人たちの経験であつた。想山著聞奇集などに詳しく説いた美濃信濃の山々の狗賓餅、或は御幣餅五兵衛餅とも称する串に刺した焼飯の如きも、今では山の神を祭る一方式のやうに考へて居るが、始めて此食物を供へた人の心持は、やはり亦もつと現実的な、山男との妥協方法であつたかも知れぬ。（定本第四巻）

今日我々が宗教行為といふものゝ中には、まだ動機の分明せぬ例が多い。殊に山奥で天狗の悪戯などと怖れた災厄には斯ういふ人間味の豊かな解除手段もあつたことを考へると、存外単純な理由が却つて忘却せられ、実験の漸く稀になるにつれて、無用の雑説が解説を重苦しくした場合を、推測せざるを得ないのである。（定本第四巻）

これに対して第二の志向は著作の前半部、とくに十一～十九の諸章に目立っている。神隠しや鬼子の話などはいずれも、山の怪異を人々の信仰の側から明らかにしようとしたものである。

神隠しの少年の後日譚、彼等の宗教的行動が、近世の神道説に若干の影響を与へたのは怪しむに足らぬ。上古以来の民間の信仰に於ては、神隠しは亦一つの肝要なる霊界との交通方法であつて、我々の無窮に対する考へ方は、終始この手続を通して進化して来たものであつた。書物からの学問が漸く盛んなるにつれて、此方面は不当に馬鹿にせられた。さうして何が故に今尚我々の村の生活に、斯んな風習が遺つて居たのかを、説明することすらも出来なくならうとして居る。それが自分の此書物を書いて見たくなつた理由である。　（定本第四巻）

しかも胎内変化の生理学には、今日尚説き明かし得ない神秘の法則でもあるのか。此様な奇怪な現象にも、やはり時代と地方とに由つて、一種の流行の如きものがあつた。詳しく言ふならば、鬼を怖れた社会には鬼が多く出てあばれ、天狗を警戒して居ると天狗が子供を奪ふのと同様に、牙あり又角ある赤ん坊の最も数多く生れたのは、所謂魔物の威力を十二分に承認して、農村家庭の平和と幸福迄が、時あつて彼等に由つて左右せられるかの如く、気遣つて居た人々の部落の中であつた。　（定本第四巻）

この二つの例で柳田がとっている立場は、先にあげた第一の立場の例とはまったく異なっている。先の例では、柳田は山の怪異や信仰の秘密を「山人＝先住民」という現実に存在する具体物＝実在によって説明しようとしているのに対して、ここでは、逆に山の神秘や怪異現象の本質を人々の信仰の側から明らかにしようとしているのである。その差異は決して単なる対象の差異にとどまらない。対象についてはもちろん、それ以上に対象に対する態度と方法において、さらにその目指す意図において、両者はまったく方向を異にしている。起点と結論とが逆転しているのである。

この二つの視点の際立った差異がおそらく、他の何ものよりもまして『山の人生』という著作を著しく特徴づけている。ここでは、両者の差異を際立たせるため、あえて、この二つのものを結びつけようとした柳田の試みのいっさいを不問に付しており、その差異の説明もこれだけでは不十分のそしりをまぬがれないのであるが、それでもなお、この二つの立場の間に横たわる懸隔の予想外の大きさは推察できよう。何故柳田は『山の人生』という一冊の著作の中でかくまでに異なった二つの視点を共存させ、同時に追究せねばならなかったのか。この一見相容れないと思われる両視点は、柳田の中ではたしてどのように統一されていたのか。おそらく、ここに『山の人生』が柳田学の中で持つ意義と性格、その特殊な位相を明らかにする鍵があるのであり、さらにまた、何故その後において山の問題が柳田学の中から姿を消すに至ったかという谷川の疑問を解く手がかりもあるように思われる。

これらの問題を考察するにはまず、時代を遡り、明治末年よりの柳田の山人研究の歩みを跡づけてみなければならない。

実在的アプローチから心意的アプローチへ

先にあげた柳田の山に関する一連の著作を一読すればわかるように、これまで述べてきたような二つの視点は決して『山の人生』において初めて現われたものではない。早く、柳田民俗学の初発の時代からこの両視点は内包されており、その後、それぞれ様々な展開を経て、深められ、発展させられて来ているのである。先にあげた文献のうち最も早く書かれた「山民の生活」を除いたすべてが、二つの視点のいずれか、あるいは双方によって貫かれている。たとえば、「山人外伝資料」、「山人考」、『妖怪談義』所載の「天狗の話」（明治四十二年）などは第一の立場で書かれたものであり、「山神とヲコゼ」は明らかに第二の立場をとっている。

これ等の深山には神武東征の以前から住んで居た蛮民が、我々のために排斥せられ窮迫せられて漸くのことで遁げ籠り、新来の文明民に対しいふべからざる畏怖と憎悪とを抱いて一切の交通を断つて居る者が大分居るらしいのである。

（「天狗の話」定本第四巻）

拙者の信ずる所では、山人は此島国に昔繁栄して居た先住民の子孫である。

（「山人外伝資料」定本第四巻）

巫が深山で神を祭つたらしい痕跡は地名にも伝説にも沢山ある。十分な証拠は無いがヲコゼは巫女の持つたTotem（霊代）の一種かと思つて居る。読者諸君の尽力でヲコゼの方面から山神の信仰を研究したいと思ふ。此一点からでも日本と朝鮮満洲との関係が大分明らかになることゝ信じて居る。

（「山神とヲコゼ」定本第四巻）

このように山人実在＝先住民説とでもいうべき第一の見解と、人々の信仰＝心意に定位した第二の立場とは柳田の山人研究の当初から混在していたのであった。それはまた、専ら第一の立場に立って論を進めている一連の著作の中にも、なお柳田が〝霊的世界〟の成立しうる余地を慎重に残しているのをみてもわかる。たとえば、天狗の研究の難しいことを述べたあと、次のようにいうとき、柳田の眼は明らかに天狗を畏怖する人々の心意にそそがれているのである。

誤解をせられてはこまるのは、仮令些も研究の好材料が得られないからといつて、不思議の威力には寸毫も増減する所は無いのである。幽界の消息と称するものが仮に不実であつたとすれば、幽界の勢力の強烈なることは却つて愈々深く感ぜられるのである。（「天狗の話」定本第四巻）

とはいえ、ここでは、柳田の力点ははるかに強く山人の実生活の方に置かれている。全体に、柳田の山人研究の初期においては、第一の山人実在説とでもいうべき視点が圧倒的に重きを占めているのである。この時期、人々の信仰＝心意に定位したものが、先にあげた「山神とヲコゼ」（壱、弐）以外とるにたるものがほとんどない（「山神とヲコゼ」にしてからが、山の神の信仰について述べているとはいっても、それはまだほとんどその方面への注意を促しているにとどまっている）のに対して、山人の研究については、柳田はその歴史と生活を解明すべく、古今の文献を渉猟して次々と新しい著作を著わしていく。

「天狗の話」、「山人外伝資料」から『妖怪談義』所載の諸篇を経て「山人考」へと至る柳田が山人史研究に示した情熱は、すでに学問的情熱といった範囲を超えて、何かもっと私的なもの、たとえば、滅びゆく「山人」に対する偏愛の情とでもいうべきものを感じさせるほどである。

柳田の山人研究には当初から二つの視点が混在していたとはいえ、柳田がその初期において最も精力を注いだのは、実在したと彼が信じたこの国の先住民の歴史を白日の下に引き出すことであった。だから、二つの視点は並在していたというよりはむしろ、山人実在説によって山の問題をすべて一元化して捉えるには柳田の感性は余りに鋭く、無意識の中にもそれ以外のところにもまた本質的な問題の伏在することを感じとっていたというべきなのであろう。実際、柳田は、表面上は信仰＝心意の問題に対してほとんど一顧だに払わないまま、大正三年に「山の神のチンコロ」、「山人の市に通ふこと」、同四年「山男の家庭」（いずれも『妖怪談義』所載）と実在説の展開を進め、大正六年には、それまでのまとめともいうべき「山人考」を発表するに至る。

「山の神のチンコロ」は、この名で呼ばれる山の小妖怪の正体に実在の未だ解明せられぬ動物のあることを示唆したもので、直接山人実在説とは関係がないようにみえるが、怪異譚の裏に実在する何らかの実体を想定しようとする志向において山人実在説と共通の類型を持っている。「日本の動物学が未だ山の迫海の隈の総てを支配して居らぬことは……」と始まるこの小論は、当時頻繁に書簡を交わしていた南方熊楠の影響が著しいが、「動物学」というところを「民族学」あるいは「人類学」に置き換えたとき、それはそのまま柳田の山人実在説に当てはまるのである。

「山人の市に通ふこと」「山男の家庭」はそれぞれ、前者が里へ降って里人と交易をする山人について後者が家庭を作るため婦女子を攫っていく山人について述べたものである。論旨は異なるが、山人の実生活の一端を明らかにしようという意図は共通している。いずれも柳田らしくない牽強付会や論理の飛躍が眼につき、決して上等の論考とはい い難いのであるが、ただ一つ、ここで初めて柳田が「里へ下りてきた」山人に眼を注いでいることは注目に値する。山人の実生活を明らかにしようとしてまず山人の里人との交渉を扱わねばならなかったのは、その裏の事情を考えれば、それはおそらく宮田登が指摘するように、山人の独自なフォクロアというものが乏しいという資料的な制約があったかもしれないが、その結果からみればまた別の意味が見えてくる。里へ下りた山人に眼を向けることは、柳田自身の眼が里へ下りることであり、そこで山人と交渉する里人へと眼を向けることである。そしてそれはつきつめていけば、取りも直さず山人生活の解明自体の中に「里人が山人についてどう考えたか」という心意の問題が登場せざるを得ないということであるのだ。

大正六年の「山人考」は柳田の山人研究史における一つの画期をなす著作である。それは「古今三千年の間彼等の為に記された一冊の歴史も無い」と柳田が嘆いた「山人」の生活と歴史を白日の下に現わそうとしたこれまでの一連の試みの最後のものであり、そのもっともまとまったものであった。そこで柳田は「現在の我々日本国民が数多の種族の混成」であるという認識を前提に、様々な文献を使って山人と平地民との交渉を史的に跡づけようとしている。柳田によれば、記紀にあらわれる国津神から国栖（くず）、土蜘蛛、さらに酒天童子などの中世の鬼、蝦夷、五鬼と呼ばれる山伏の末孫、天狗に至るまで山人と祖を同じくする「先住民」であったという。そしてそのような「山人」の絶滅について幾つかの道筋をあげて説明している。微妙なニュアンスの変化はあるが、「山人」自体の生活と歴史をその対象に据えていることにおいて、その立場はこれまでのものと本質的に変わっていない。その文献資料重視の方法も従来のものである。

　だが、この「山人考」以後、このような山人自体に視点を当てた著作はほとんど姿を消すこと、さらに、それが大正十五年に『山の人生』で再び取り上げられたとき、その視点の置き方が大きく隔たっていたことを考え合わせてみれば、この著作の持つ画期としての意義は小さくない。『山の人生』では、先に述べたように「心意」の方に重点が置かれているだけでなく、実在説によった部分でさえ、それは里人の側から眺められている傾向が強いのである。「山人」自体の自立的な研究対象としての位置は大きく後退している。資料もまた文献資料に加えて民俗学的な採集資料が比重を増している。

　このような「変化」とその間に横たわる八年余の空白は何を意味しているのだろうか。(1) それを考えていくには何より柳田自身の著作に拠るほかないのだが、幸いその為の格好の資料として、柳田は自ら編纂した『妖怪談義』一書を残してくれている。

『妖怪談義』は明治四十二年の「天狗の話」から昭和十三年の「ぢんだら沼記事」まで、様々な「妖怪」について書かれた小論二十九篇（外に名彙一篇）を集めて昭和三十一年に出版されたものである。必ずしも山人信仰についてのみ述べたものではないが、柳田の山人研究史を山人実在説とでもいうべき視点と山人譚を里人の心的体験として内的に捉えていく志向との交錯として跡づけようとするとき、それぞれの小論がおのずから柳田の視点の移り変わりを暗示していてまことに興味深いものである。

ここで、対象を単に「山人」に限らず、怪異の裏に何らかの実体を捉えようとするのか、あるいは怪異を里人の心意の問題として捉えるのかといった対象に対するアプローチの差異として考えると、二十九篇の論考は、単に事例の紹介にとどまっている五篇を除いてすべてどちらかの視点で貫かれているといってよい。「実在説」に拠っているのは、すでにあげた「天狗の話」「山の神のチンコロ」「山人の市に通ふこと」「山男の家庭」の四篇に「狒々」を加えた五篇。「心意」に視点を置いているのは「山姥奇聞」「妖怪談義」など十七篇。ほかに両視点が混在していると思われる「小豆の洗い」「大人弥五郎」の二篇がある。

これらの諸篇はすべて柳田の手によって『妖怪談義』に収められるとき、その内容や論旨によって並べ換えられているのだが、いま、それらを著わされた年代順に戻してみると、そこには両視点の移り変わりを一目に見渡せる俯瞰図を見ることができる。明治四十二年から昭和十三年に及ぶ長い期間のうち、「実在説」に拠った五篇はいずれも大正六年までの時期に片寄っており（「山人考」が大正六年であることに注意）、一方、心意説の方は明治四十四年の「己が命の早使ひ」一篇を除いてすべてそれ以降の後半に集中、とくに『山の人生』の翌年書かれた「山姥奇聞」（大正十五年）以降はすべて信仰＝心意の視点のみから論じられており、実在説はその片鱗をも跡をとどめていない。そして、実在説から心意説へと推移していく第一の画期に当る大正五、六年の時期に、両視点を混在させた二篇が位置しているのである。

これらの事実は、初期より一貫して柳田の山人研究の核であった「山人実在説」が大正三、四年を頂点に、以後大きく後退し、一方、それと相応ずるようにこれまで常に論理の背後に伏流していた里人の「心意」へのアプローチが次第に論旨の中心に移っていくといった事情を示している。もちろん、それらは柳田の関心の移り変わりを示す便宜的な資料にすぎないが、これまで述べてきた様々な事実を考え合わせてみれば、そこに単に対象の変化にはとどまらない視点と方法における何らかの重大な変化の存在を予想することができる。

さらに「変化」の過程を明確にするため、少し内容に立ち入って考察してみよう。「山人実在説」の展開についてはすでに概略を述べたので再説を省くとして、ここで問題なのは、「実在説」と「心意」的視点の交錯する第一の画期というべき大正五、六年の時期である。大正六年一月、『郷土研究』に掲載された「大人弥五郎」は、「山人考」より早く発表されながら心意的アプローチをも深く内包している点で特筆に値する。内容は「大人弥五郎」や「鎌倉権五郎」の名で知られ、今日も各地に残っている大人《おおひと》信仰について述べたものである。柳田はそこで、大人の信仰から二つの異なった問題を引き出してくる。

何れもこの神が今のやうに盛んになつた当初の動機を暗々裡に語るもので、権五郎の権も弥五郎の弥もどういふはずみに付着したかは知らぬが、御霊即ち人間の亡霊の是非とも慰撫し且つ送却せられねばならぬことを固く信じて居た人々の、やさしい心持を今日に遺して居るものに他ならぬ。而してその弥五郎の御霊といふ思想中に、国魂即ち先住民の代表者ともいふべき大人に対する追懐若しくは同情を包含して居た例がありとすれば、愈々以て我邦民間に於るこの種信仰の由来古いものなることが察せられるのである。（定本第四巻）

柳田一流の婉曲ないい回しではあるが、大人信仰の中から柳田が引き出そうとしている論理の道筋ははっきりとつかみ出すことができる。柳田は第一に、大人の伝説や信仰の底には実在したる人の怨霊を祀る古代の、いわゆる御霊信仰が流れており、大人は遡っていけば「御霊」にほかならないことを指摘する。これは、信仰を受け継いできた人々の心意の側から見つめたものである。ところが一方で柳田はその信仰の中に先住民の霊を祀った例のある可能性に言及する。もちろんそれが単なる指摘にとどまっていないのは、引用文を一読すれば明らかである。注意深く仮定を使って断言を避けてはいるが、このとき、柳田の頭の中では、山人——征服された先住民——御霊——大人信仰といった一筋の論理が組み立てられていたであろうことはほぼ疑いない。

ここで注目すべきは、単に二つの視点が「混在」しているという事実に留まらない。同じ「大人」というテーマに異なった二つの視角が「交錯」してあらわれているということが問題なのであり、それ以上にまた、柳田が「大人」というテーマを心意的視角から、即ち信仰として考察するに当たって、実在する「山人＝先住民」を論理の軸として導入していること、それによってこれまで論理的に交錯することのなかった二つの視点を柳田が統一的に捉えようとしていることが重要なのである。それは、取りも直さずこれまで柳田の中にあって明確に意識されていなかった二つの視点の間の矛盾が、どんな形にしろ顕在化してきたことを示している。柳田にとって、この二つの視点を相関連づけ統一的に捉える視座が必要となってきているのである。

しかし、いずれにしてもここで述べられている二つの論点は、柳田が期待したようには容易に結びつかない。柳田自身、これ以後、『山の人生』においてすらも、この説をほとんど再説展開することはなく、「大人弥五郎」のテーマは「ダイダラ坊の足跡」などと共に、これと違った視角から「一目小僧」や「片足神」の方に引き寄せられ、おそらくフレーザの『金枝篇』の〝王殺し〟のテーマから影響を受けたと思われる「神の生贄」の問題としてより本質的な展開をみることになるのである。(2)

両視点の相剋としての『山の人生』

これまで述べてきたように、柳田が明治末年以来精力的に展開してきた山人実在説とでもいうべき見解は、大正三、四年を頂点に彼の山人研究史の中から次第に姿を消し、代わって心意的アプローチがその比重を増してくることになる。その第一の画期が大正六年の「山人考」「大人弥五郎」に代表される著作であった。そして大正十五年の『山の人生』以後、実在説に立った論考は一篇も見出すことができないのである。

このような脈絡の中において考えるとき、「山人考」ののち、数年の空白を置いて書かれた『山の人生』という書物の複雑なる性格の一面——それも非常に重要なる一面——が初めて明らかになるように思われる。先に私は、二つの視点の際立った差異がこの『山の人生』を著しく特徴づけていると述べたけれども、さらにここで正確に言い換えれば、それは——『山の人生』を最も特徴づけているのは——「大人弥五郎」の場合と同様、そのような両視点の単なる「混在」ではなく、むしろ「相剋」とでもいうべきその有様であるといえよう。柳田はこの著作の中にそれまでの研究の成果のほとんどすべてを注ぎ込んだが、それによって彼が意図したことは、それまでまったく別々のものでしかなかった二つの視点を如何にしてか相関連づけ、〝山〟の研究を、統一的な一貫したものにする視点を見出すことであった。そして、それはそのような苦しい試みの最大のものであり、また最後のものであったのである。

この著作のこのような性格を示す端的な例をいくつかあげてみよう。いずれも二つの視点を何とか結びつけようとする柳田の苦心の跡をはっきり示している。

> だから第二の仮定説としては、山人の大草履も自分の為には必要で無いが、世人を畏嚇する目的でわざ〳〵之を作り、成るべく見られ易い処に置いたものとも考へられぬことは無い。併し其様な気の利いた才覚は、つひぞ彼等の挙動から見出したことが無いから、今ではまだそれ迄買被ることが出来ないのである。尤も深山の奥に僅少の平和を楽む者が、いや猟人だの岩魚釣りだの、材木屋だの鉱山師だの、又用も無い山登りだのと、毎々来て邪魔をすることは鬱陶しいには相違ない。止めて欲しいと思つて居ることは、此方からでも想像することが出来た。そこに単独の約束が起り法則が生じて、後漸く宗教の形になつて行くことは、何れの民族でも変りはなかつた。
>
> （定本第四巻）

そこで問題は我々の前代の信仰に別に大人と名づけた巨大の霊物があつて、誤つて其名を山人に付与したのでは無いかと云ふことになるが、若しさうならば之と共に足跡に関する畏敬の情までも、移して彼に与へたことになるのである。即ち羽後の農民などが足跡の砂を大切にしたのは寧ろ山人史末期の一徴候で、事蹟が不明になつた為に却つて一層之を神秘化したもので無いかとも思はれるのである。（定本第四巻）

最初の例は宗教的な信仰心意の基礎に何らかの現実的な行為を見ようとする志向をあらわに示している。山人と里人との現実的な交渉がのちに巨神や大人の信仰に転化したというのである。あとの例は信仰が先にあって山人という現実的な存在にそれが転移したのか、現実的な存在の神秘化が信仰の基礎となっているのか、問題を提示したまま結論を避けている。いずれにしろこれらの例に共通なのは、柳田の眼が里人の信仰と実在する山人の生活との接点に向けられていることであり、これまで述べてきた二つの視点の連関を——すでに視点ははるかに強く信仰＝心意の側に移ってはいるが——統一的に捉えようとしていることである。

また柳田はこうもいっている。

爰で打切つては勿論此研究は不完全なものである。最初自分の企てゝ居たことは、山近くに住む人々の宗教生活には、意外な現実の影響が強かつたといふことを、論証して見るに在つたのだが、残念ながらそれにはまだ資料が十分で無い。後代の篤学者は尚多くの隠れたるものを発掘することであらう。（定本第四巻）

柳田は、この書の目的は宗教生活に対する現実の影響を論証することにあったという。彼は別のところではまた違った意味合いのことを述べているので、額面通りには受け取りかねるが、先程あげた例などをみれば、それが少なくとも最も重要な動機の一つであったことは疑いない。

しかし、ここでももたらされた成果は、先の「大人弥五郎」の場合と同様に、柳田にとって不本意なものであったといわねばならない。それは単に「まだ資料が十分で無い」といった理由にとどまらない、何かもっと根本的な原因があったことが、連載後まもなく書かれた次のような文章からも察せられるのである。

> 山の人生と題する短い研究を、昨年朝日グラフに連載した時には、一番親切だと思つた友人の批評が、面白さうだがよく解らぬといふのであつた。あゝして胡麻かすのだらうといふ類の酷評も、少しはあつたやうに感じられた。勿論甚だ六つかしくして、明晰に書いて見やうも無いのではあつたが、若しまだ出さなかつた材料を出し、簡略に失した説明を少し詳しくして見たら、あれ程にはあるまいといふのが、此書の刊行にあせつた真実の動機であつた。ところが書いて居るうちに、自分にも一層解釈しにくゝなつた点が現れたと同時に、二十年も前から考へて居た問題なるにもかゝはらず、今になつて突然として心付くやうなことも大分あつた。従つて此一書の、自分の書斎生活の記念としての価値は少し加はつたが、愈々以て前に作つた荒筋の間々へ、切れ〴〵の追加をする方法の、不適当であることが顕著になつた。併し之を書き改めるが為に費すべき時間は、もう爰には無いのである。
> （定本第四巻）

『アサヒグラフ』に連載した翌年、大正十五年の単行本発刊に際して認められた「自序」の冒頭部分である。例によって柳田の真意は汲み取りにくいが、この書に対して多少の改変などでは覆い難い大きな違和感を、このときすでに柳田が感じていたことが察せられよう。[3]

ともあれ、『山の人生』は柳田の山人研究史における第二の画期であった。これ以後、大正末年から昭和に至ると、山人譚を人々の共同の心的体験として内的に追究していこうという志向が明確に前面に打ち出され、それとともに山人＝先住民説は表面的にはまったく姿を消してしまう。『山の人生』以後まもなく書かれた「山姥奇聞」（大正十五年六月）では「実在説」への執着は完全に絶ち切られている。そこで柳田は、山姥、山姫等の伝説や民譚を考察する基本軸としてあげた三点の第一に「山人の実在」をあげているが、にもかかわらず、柳田の問題意識は明確に人々の心的体験の方へ向けられているのである。

　第一には、現実に山の奥には、昔も今もそのやうな者がゐるのではないかといふことである。駿遠でも四国でも、または九州の南部でも、山姥がゐるといふ地方には必ず山爺がゐる。或は山丈ともいふが、ジョウとは老翁のことである。山母に対しては山父といふ語もあり、山姥に向ってはまた山童がある。これを総称しては山人と呼び、形の大きいために大人といふ名もあつた。果して我々大和民族渡来前の異俗人が、避けて幽閑の地に潜んで永らへたとしたら、子を生み各地に分れ住むことは少しも怪しむにたらない当然のことである。問題は寧ろ文明の優れた低地人が、何故に彼等を神に近いものとして畏敬したかといふ点にある。（定本第四巻）

ひたすら山人の生存の跡を追い求めてきたこれまでの柳田からすれば、この最後の一行に示された視角の転換は決定的なものである。いうまでもないことだが、ここで柳田が山人の実在についてどんなにくり返し述べていても、彼の主意はそこにあるのではない。最後の一行の断言の確かさがそれをはっきりと示している。「山姥奇聞」は『山の人生』と比較して論じるにはあまりに短かきに失する小論ではあるが、そこではこれまでの二視点の混在に結着をつけるかのように、これからの山人研究の視点と方法が明確にかつ自覚的に打ち出されているという点で、劣らぬほど重要なものである。

すでに述べたように、「山姥奇聞」以後『妖怪談義』には実在説に言及したものは一篇もなく、すべて怪異現象を人々の心意を通して明らかにしようとしたものに限られている。さらに「妖怪談義」(昭和十一年)、「ぢんだら沼記事」(昭和十三年)等では柳田の視点は明確に「心的体験」に定位されて、方法的にも文献ではなく豊富な採集資料によって、「過去」を重層的に再現し甦らせる柳田独自の民俗学的方法が駆使されているのである。

二 〈変容〉過程の内在的考察

両視点を共に支えているもの

柳田の山人研究を考察するうえで忘れてはならない重要な問題でありながら、これまで触れえなかった問題が一つ残っている。それは、あれほど柳田を〝山〟へ引き付けてやまなかった所以のもの、柳田の〝山〟への情熱を裏から支え続けてきた根底のものは何であったのかという問題である。柳田は、はたして、純粋な学問的情熱のみで山の研究へと向かったのだろうか。

いうまでもなく柳田の山に関する著作の劈頭に位置するのは、『後狩詞記』であり、また『遠野物語』であった。これらはいずれも、永い年月のあいだ埋もれていた一つの精神世界と時代の生み出した一人の卓越した精神との、運命的な出会いを象徴しており、その二つの精神の共鳴作用の結晶であった。とくに『遠野物語』はその二つの精神の共鳴が、簡潔な文体の中で不要な夾雑物を除いて純化され、濃密でリアリティに富んだ、確固たる精神世界を現前せしめている。

天神の山には祭ありて獅子踊あり。茲にのみは軽く塵たち紅き物聊かひらめきて一村の緑に映じたり。獅子踊と云ふは鹿の舞なり。鹿の角を附けたる面を被り童子五六人剣を抜きて之と共に舞ふなり。笛の調子高く歌は低くして側にあれども聞き難し。日は傾きて風吹き酔ひて人呼ぶ者の声も淋しく女は笑ひ児は走れども猶旅愁を奈何ともする能はざりき。盂蘭盆に新しき仏ある家は紅白の旗を高く揚げて魂を招く風あり。峠の馬上に於て東西を指点するに此旗十数ケ所あり。村人の永住の地を去らんとする者とかりそめに入り込みたる旅人と又かの悠々たる霊山とを黄昏は徐に来りて包容し尽したり。

（定本第四巻）

よく知られた『遠野物語』序の一節である。抑制の効いた簡潔な表現の中に、憂愁とでもいうべき淡い抒情を湛えた名文は、さすがに柳田国男ならではのものであろう。が、この文章の、『遠野物語』の巻頭序としての不可思議な魅力はそれにとどまらない。それは、一読して読者をいまいる現実とは違ったもう一つの〈現実〉――〝濃密さ〟とか、〝豊かさ〟とかいった観念であらわすほかないようなリアリティに溢れた精神世界――へと誘い込む抗し難い魅力である。あるときは人を丸ごとその世界へ投げ込み、あるときはまるでその人の内部の世界の出来事でもあるかのように生々しく感じさせる不思議な力が、この文章には確かにある。そうして、この不可思議な魅力の背後に、私たちは、〝山〟へと惹かれてやまない柳田の「おののき」にも似た激しい心の動きを感じざるを得ないのである。

柳田が〝山〟に対して抱いていたある種の感情――それは同情あるいは愛情とかいうよりはもっと本質的な何か、それまでまったく孤立していて自らを主張する術を知らなかった二つのものが、初めて互いの中に自分自身を見出し、自分が何ものであったかを知り激しく引き合う、といった揺るぎない関係に根ざしたものである。遠景から近景へ、さらにまた遠景へと徐かに移って行く柳田の文章の一行一行は、そのような柳田の心のおののきをはっきり伝えている。畔を横切る小鳥に、鹿舞いを舞う童子たちに、笛の音、風の響きに、これら村の風物のすべてに眼を止めずにはおれなかった柳田は、それらの一つ一つに限りない親しみと共感を込めて書きとめているのである。おそらく、こうした対象の一つ一つにやさしく響き合う柳田の心性こそが、何より『遠野物語』の世界を豊かで濃密なものにし、リアリティのあるものにしている隠れた力であろう。

それはまた、次のような文章でも同じである。

遠州のどの辺であったか、汽車の走る広々とした水田の間から、遥かの北の方に県境の連峰が、やゝしばらくのうち旅人の眺望に入つて来る処がある。時には雪を持ち、又は白い雲が揺曳してゐる。かつて私は天龍川の上流から、あの片端を越えて奥山の谷に降りて行つたことがある。人間は水路をたどつて案外な入野まで伐り開いて住んでゐることに驚いたが、しかし山の力がこれによつて少しも弱められたり哀へたりしてゐないのには更に驚いた。平地に住む者の想像を超脱した寂漠たる生存、これにともなふ強烈な山の情緒が、人間の心を衝つてやまない。

（定本第四巻）

大正十五年に書かれた「山姥奇聞」の冒頭の一節。ここにも、「山」の不可思議な魅力に惹かれてやまない一人の旅人がいる。その眼差しは、かつての『遠野物語』の旅人よりは、はるかに具体的で、その後の彼の学問の進展を窺わせるが、その「山」に対する共感の質は、少しも変わっていない。

さらにまた、私たちは、まったく同じものを、次のような、一見、異質な文章の中にも見出すことができる。

拙者の信ずる所では、山人は此島国に昔繁栄して居た先住民の子孫である。其文明は大に退歩した。古今三千年の間彼等の為に記された一冊の歴史も無い。それを彼等の種族が殆と絶滅したかと思ふ今日に於て、彼等の不倶戴天の敵の片割たる拙者の手に由つて企てるのである。此だけでも彼等は誠に憫むべき人民である。併し断言ふ拙者とても十余代前の先祖は不定である。彼等と全然血縁が無いとは断言することが出来ぬ。無暗に山の中が好であつたり、同じ日本人の中にも見たゞけで慄へる程嫌な人があつたりするのを考へると、唯神のみぞ知しめす、どの筋からか山人の血を遺伝して居るのかも知れぬ。がそんなことは念頭に置かない。玆には名誉ある永遠の征服者の後裔たる威厳を保ちつゝ、かのタシタスが日耳曼人を描いたと同様なる用意を以て、彼等の過去に臨まんと欲するのである。幸にして他日一巻の書を成し得たならば、恐らくはよい供養となることであらうと思ふ。

（定本第四巻）

こちらは、一転して柳田がその「山人実在＝先住民説」を具体的に展開した「山人外伝資料」（大正二年）の冒頭の文章である。柳田は、自らを山人に対して「不倶戴天の敵の片割」と称しながらも、「無闇に山の中が好で」あるといい、あるいは「彼らと全然血縁が無いとは断定することができぬ」とも「どの筋からか山人の血を遺伝して居るのかも知れぬ」ともいう。軽口を装ってはいるが、その背後に「山」に対する同質の深い共感のあることが見てとれよう。

すでに述べたように、この二つの論考は、柳田の「山」に対する二つの異なったアプローチ、「実在」的アプローチと「心意」的アプローチとを代表するものであった。その両者の中に、共に『遠野物語』の序と同質の、「山」に対する深い共感が見てとれるという事実は、柳田国男の民俗学の形成史において、山人論の展開とその変容の意義を考える上で見逃すことのできないものである。おそらく柳田は、当初から一貫して、自らも確と了解できないようないわくいいがたい、「山」の不思議な魅力に取り憑かれ、それを原動力として山人の研究へと突き進んでいったのにちがいない。

柳田を〝山〟へと向かわせたもの、〝山〟の世界との打ち震えるような「交感」は、また柳田があらゆる神秘的な存在——神異とか妖怪とか幽冥とかいった——に相対するときに懐いたものでもあった。柳田が神秘や怪異といったものに対して非常に敏感であったことは、『山の人生』中の一章、「神隠しに遭ひ易き気質あるかと思ふ事」（定本第四巻）などで述べられている柳田自身の幾つかの体験を見ても明らかだが、それらの事実から考えるべきことは、柳田が非常に鋭敏な資質の持主であったとか、感じ易い夢想的な少年であったとかいった問題では決してない。柳田において際立っているのは、そのような体験そのものではなく、拡散しようとする体験を絶えず内へと取り込み、意味づけようとする意志である。また、柳田においてそのような形で彼を捉えずにはおかなかった、その体験の全人的な大いさであり、深さなのである。

幼児期の体験の中にも柳田は何か自分の存在の根底に関わる本質的なもののあることを直観し、そこにはまた、人間存在の普遍へと通ずる問題の伏在していることを感じとっていたように思われる。すでに明治三十八年、雑誌『新古文林』（同年五月発刊、主宰国木田独歩）第一巻第六号に掲載した談話、「幽冥談」の中で柳田は自らの問題を次のように明らかにしているのである。

それで僕が何故そんなものを研究しやうと云ふ気になつたかと云ふと、どこの国の国民でも皆な銘々特別の不可思議を持つて居る。今では大分共通した部分も出来たけれども、必ず銘々特別の不可思議を持つて居る。それ故に人間より力が強いとか、薄いとか、又は人間の力を以てすることの出来ない仕事を為し遂げるとか云ふやうな大体に付てはどこの国も同じだけれども、それは皆な違つた特色を持つて居つて、是等を研究して行つたならば一面に国々の国民の歴史を研究することが出来るであろうと思ふ、殊に国民の性質と云ふものを一つ方法に依て計ることが出来るだらうと思ふ、それは僕一己の理窟だけれども……

ここでいわれている「方法」の妥当性はともかく、すでにこの時期、柳田が自らの「実感」を基礎に、神秘や怪異の呈示する世界に対して学問的考察が可能であり、また必要でもあると考えていたことがわかる。そうして、おそらくそのような考えの正しさを心に焼き付け、さらに激しく考究へと駆り立てたものこそ、『遠野物語』や『後狩詞記』における〝山〟との出会いにほかならない。そこで柳田ははじめて、自らの心を捉え、激しく揺り動かしてやまない何かが、単なる現象や事件ではなく一つの確固たる現実として、生きた世界そのものとして存在することを視たのであり、まさに身をもって体験したのであった。

このように激しく柳田を〝山〟へと駆り立てたもの——その激しい衝動の内実は何であったのか。それは単純に「山への憧憬」と呼ぶこともできるし、また濃密なる精神世界——即ち〝豊かさ〟——に対する希求だということもできる。そこに始原なるもの、母なるものへの回帰の心性を読みとることもできよう。この問題は、単に柳田の山人研究のみでなく、柳田民俗学全体の本質的解明にとっても欠かせない重要なものである。が、ここではそれにスペースをさく余裕もなく、またその力量もない。ここでは取りあえず、山の世界に対して共鳴してやまない何かが柳田の中に確固としてあって、それが、柳田の山への情熱を終始支えてきたことを指摘できれば十分である。

〈変化〉の意味するもの

柳田は自分でもさだかに捉え難いある激しい衝動にかられて、〝山〟の世界へと駆り立てられたのであった。そうして、このとき柳田が選んだ研究の具体的な方法こそ、くり返し述べてきた二つの視点——山人＝先住民説に拠った実在的アプローチと、里人の心意に定位した心意的アプローチにほかならない。

この二つの視点の差異が単に対象の差異にとどまらないことは、すでに指摘したが、そのことの真に意味するところも、この二つの視点——志向——が同根のものであることによってより深く理解されるのではないだろうか。なぜなら異なった二つの志向が、同じように柳田の山に対するあくなき畏怖と憧憬、その世界に対する激しい希求によって支えられているということは、すでにそのこと自体の中にこの二つの志向が決して単なる対象の別にとどまりえないことを含んでおり、もし、表面的にそのような単純な差異として表われたとすれば——それは柳田自身の中の対象の分裂、自己分裂を意味しているのだから——、遅かれ早かれ、何らかの形でその分裂が問題となり、二つの視点の相剋の統一的な把握が緊要なる課題となって出てこざるを得ないからである。事実、私たちはすでにそのような柳田の苦闘の跡を「大人弥五郎」や『山の人生』の中に見ている。

両志向の差異が決して単なる対象の差異でないとすれば、では、両者を端的に区別づけるものははたして何であろうか。さらに第一の志向から第二の志向への研究の重心の移り変わりのもつ意味は、どのように理解されればよいのであろうか。

結論から先にいえば、それは両志向の対象の措定とそれに対するアプローチの仕方の差異に端的に表われている。第一に、山人＝先住民説には柳田の山の生活に対する畏怖と憧憬あるいは同情がそのまま表われている。山人＝先住民の存在から山の神秘の一端を探り出そうとするとき、柳田はそのような自己の衝動を外的存在に託して直接的に実体化しようとしているのであり、何らかの実在によって直接に怪異現象の秘密を引き出そうとしているのである。このとき柳田の眼は、直接実在する対象へと向けられている。

これに対して里人の心意＝信仰へと柳田が眼を向けるとき、対象は山や山人の生活そのものではなく、〝山〟が里人の心に落とした影なのであり、いいかえれば、人々の心の内に山の怪異の秘密を見出そうとしているのである。このとき、いわば柳田は、人々の心的世界に定位することによって、自らの内的衝動をも対象化し得ているということができる。

　二つの視点がともに同じ一つのもの――柳田の山の世界に対する限りない憧憬――によって支えられていることを考慮に入れれば、両視点に対するこうした意味づけを了解するのは容易であろう。前者についていえば、わざわざ例をあげるまでもなく、先述した山人＝先住民説の展開を思い起こして戴くだけで十分であろう。たとえば、当初柳田の山人研究の目的が、抑圧された山人先住民の歴史を白日の下に引き出すことにあったのは述べたとおりであるが、すでにその底に流れる柳田の意識せざる動機を知っている私たちは、そこに彼自身の意図とは別に、次のような論理の階程を把み出すことができる。

　まず第一に、そこで柳田は自らの〝山〟に対する共鳴や憧憬の秘密を山人という外在物に転化させている。自らの感情を激しく揺り動かす力そのものを、そのまま山人の存在の中にとじこめてしまっているのである。そうしておいてさらに今度は、その対象物の存在を明らかにすることによって自らの下に引き寄せ、その秘密をわがものにしようとするのである。自らの内的衝動の対象への封じ込めとその再獲得――これが柳田の山人史研究を貫いている内的論理であるということができる。

　だから、柳田の山人史研究の挫折は決して資料の不足といった外的な理由にあるのではなく、こうした内的論理自体の中にその根本的な原因が求められなければならない。なぜなら、山の怪異や神秘の秘密は決してそのような具体的実在の中にはなく、またそこに封じ込めることのできるようなものでもないからである。その本質は共感に震える柳田自身の心の中に、さらに正確にいえば彼自身の心の中の何ものかと山の世界とを結びつける関係の有り方そのものの中にしかないのである。

　その後、両視点の統一的把握の必要から柳田の行なった様々な試み――たとえば、怪異現象を二つの部分に分け、実在したる山人によって引き起こされた部分を選り出そうとしたり、現実生活（山人と里人との交渉）の信仰への影響を明らかにしようとしたりする一連の試み——がことごとく失敗に帰したのもここに理由がある。先にあげた『山の人生』自序」の屈折した表現は、すでにこの時点で柳田が、怪異や神秘を具体的実在に還元することは決してできないし、また、現実的影響をいくら数えあげても決してそうした現象の本質を説明したことにはならないことを、明確に認識したという事実を意味しているのではないだろうか。そして、それはまた、柳田がそれに替わる新しい方法をすでに見出していたということでもあった筈である。

山人＝先住民説に替わって、柳田が全面に打ち出すに至った立場と方法がどのようなものであったか、たとえば「妖怪談義」中の次のような一節がそれをよく示している。

（オバケが）無いにも有るにもそんな事は実はもう問題で無い。我々はオバケはどうでも居るものと思つた人が、昔は大いに有り、今でも少しはある理由が、判らないので困つて居るだけである。

（定本第四巻）

ここで述べられている立場が、第一節の終りに掲げた「山姥奇聞」中の「問題は寧ろ文明の優れた低地人が、何故に彼等を神に近いものとして畏敬したかといふ点にある」という一節の場合とまったく同じであることは一読して明らかである。いずれも、怪異や神秘の裏に何らかの実体を見出そうとした従来の立場を慎重に退けたうえで、新たに怪異や神秘に捉えられた人々の心的世界を研究の対象として打ち出している。

前に述べたことをくり返せば、ここで柳田は、山や山人それ自体を直接研究対象とすることをやめて、〝山〟を里人の眼を通して、あるいは里人の心的世界に存在する限りでの、〝山〟を問題にしようとしているのである。そして、そうすることによってはじめて、柳田は、神秘に包まれた〝山の世界〟と、それに対して畏怖を抱いて生きてきた里人の心的世界と、さらに柳田自身の〝山〟に対する畏怖と憧憬との三者を同時に捉えうる視点を獲得したのである。

ここから柳田民俗学の方法的確立までは軒廂の間にある。

信仰は世につれて推し移り又改まるが、それが最初から何も無かつたのと異なる点は、かういふ些細な無意識の保存が、永い歳月を隔てゝなほ認められることである。その中でも殊に久しく消えないものは畏怖と不安、見棄てゝは気が咎めるといふ感じではなかつたかと思ふ。もしさうだとするとこの隠し神の俗信などは、前期の状態の殊に不明に帰した場合である。私の方法以外には、これを遡り尋ねて行く道は恐らくあるまい。

（「妖怪談義」定本第四巻）

この最後の一行には、自ら獲得した新しい方法に対する柳田の自負と情熱が溢れているではないか。

三　方法としての心意的アプローチ

内的世界の発見——共同の力

私たちは、柳田の山人研究の移り変わりを追跡することによって、そこに人々の心的世界への定位という新しい視点の獲得を見出した。残された課題は、柳田民俗学の全般的な展開の下で、このような視点の獲得が、その方法の確立と如何に関わり、どのような意味をもっているかを明らかにすることである。その具体的な展開については、本書の第三章及び第四章において詳述するので、ここでは、幾つかの問題提起によって、柳田民俗学の方法的確立過程を内在的に把握するための方向性を示してみたい。

「心的世界への定位」ということに関連して、まず想起すべきは、柳田が『民間伝承論』（昭和八年、柳田邸での講義の後藤興善による筆録。翌九年『現代史学大系』第七巻として共立社書店より刊行）の中であげた有名な民間伝承の三部分類の第三、「心意現象」の問題であろう。私見によれば、この「心意現象」を民俗学研究の核心に据える視点こそ、柳田が人々の心的世界に定位することによって獲得されたものである。

周知のように、柳田は民俗学研究の指針として、人々の生活にあらわれる民俗事象を、「生活諸相」、「言語芸術」、「心意現象」の三部門に分類している。が、これらの分類は決して並列的なものではなく、そこには、柳田自身が、目の採集、耳の採集、心の採集の三部、あるいは旅人の採集、寄寓者の採集、同郷人の採集と名づけたように、おのずから一つの視点——外に表われたもの形あるものから内的なもの眼に見えないものへ、現象的なものからより本質的なものへと深まっていく視点——が貫かれているのである。従って、もっとも内的なものに関わる「心意現象」は、柳田自らが「郷土研究の意義の根本はこゝにある」（前掲『民間伝承論』）としているように、単に三部門の一つにとどまらず、三部門全体即ち柳田民俗学全体が目指す一つの目的でもあったのである。

英国では食物のことは、それと他のものとの関連を問題にして居ないが、経済や政治上ばかりでなく実に信仰とも深い関係を持つて居る。実際食物は餓ゑて食ふのではなく、精神上の拘束の下に斯く斯くの態度で、斯く斯くの形によつて食ふのである。従うて俗信を伴なひ、世間に支配され、しきたりや俚諺を背負うて居る。即ち食物の背後には第二門第三門の分類に属するものが影の形に添ふ如くにくつついて居るのである。要するに一部二部三部と分けたのは便宜上のことであつて、底には三部相連繋して居ることを忘れてはならない。斯く考へて来ると小分科は事実上不可能となつて来るのである。説話が毀れて諺となり、歌物語が古跡の説明（信仰）となつて残り、儀式はすたつて忌みきらひのみが留まつて居るのは、三部が各孤立したものでないことの証拠である。

（『民間伝承論』）

外形の背後に内的に横はるものにまで注意して来ると、もう一部とか二部とか三部とかの分類は借り物であって、民間伝承の研究は終極では分れずに一致して了ふことがわかるのである。

（『民間伝承論』）

「外形の背後に内的に横はるもの」がはたしてどのようなものであるか、それを具体的に明らかにするためにはさらに様々な視点からのアプローチが必要だが、さしあたって、それが人々の生活の中にあってそれを意味付けたり、根拠づけたりする内面心意の問題に関わっていることを踏まえておこう。それを明らかにする最も重要な素材が三部分類としての「心意現象」であり、同時にまたそれは、人びとの内面心意の多様な意味連関を統一的に把握する軸という意味において、「心意現象」とは、私たちの内面心意のあり方の総体そのものでもあるのである。

　このように、生活の最も表層的なもの、外的なものの分析から次第により内的なもの本質的なものの解明に進み、さらにそれによって外に表われた生活の諸相の意味をより豊かに捉えかえすのが、柳田に固有の方法であった。口碑・伝承の背後にそれを伝える人びとの心の有様を見出す「心的世界への定位」という視点こそが、確立期に整序された三部分類の基礎を成しているのである。

　さらにもう一つ、柳田の民俗学の方法論的確立に関連して指摘すべきは、こうして獲得された心意的アプローチによって人びとの内面において把み出されたものが、けっして個別的な心理ではなく、内面にあって人びとの心を意味付けたり根拠づけたりしている共同的な心の有様だという事実である。民俗学における「心的共同体」の発見といいかえてもよい。前代の日本社会にあっては、人びとはそれぞれの地域にあって自己完結的な生活共同体に属し、そこでの社会規範や習俗、慣習などの様々な心的な規制や感情を、共同性として共有して生きていた。そうした人びとの内面を根拠づけている心的共同性のあり方が、学問の対象としてはじめて明確に措定される途を開いたのである。

それは、また、柳田が個的なもの、歴史における「個人」に定位したまま、その個人を捉えている〈生〉の共同的な有様を心的な共同性として捉え得る地点に立ったことを意味している。このとき、柳田は決して個的なものから共同体へと眼を移したのではない。たとえば、先にもあげた『山の人生』の次のような一節などはそれをよく表わしている。


鬼を怖れた社会には鬼が多く出てあばれ、天狗を警戒して居ると天狗が子供を奪ふのと同様に、牙あり又角ある赤ん坊の最も数多く生れたのは、所謂魔物の威力を十二分に承認して、農村家庭の平和と幸福迄が、時あつて彼等に由つて左右せられるかの如く、気遣つて居た人々の部落の中であつた。（定本第四巻）

寂寥たる樹林の底に働く人々が、我が心と描き出す幻の影にも、やはり父祖以来の約束があり、土地に根をさした歴史があつて、万人おのづから相似たる遭遇をする故に、仮に境を出ると忽ち笑はれる程のはかない実験でも尚信仰を支持するの力があつた。まして況んや其間には今も一貫して、日本共通の古くからの法則が、まだ幾らも残つて居たのである。（定本第四巻）

ここでは、人びとの生を包み込んでいる「共同体」という存在がそこに生きる人々の心的世界に与える眼に見えない「力」が、具体的なイメージをもって明確に捉えられている。このとき、柳田は個人の心的世界を通して、「共同体」というものの本質的な有様に触れているのである。

このように、柳田は個人の心的体験の中に「共同体」——心的な共同性——が大きく影を落としていることを見出すことによって、逆に、「共同体」とその中に生きていく人々の生活の具体相を――単に歴史的残存物としてでなく――生きたものとして捉える視点を獲得したのである。

「過渡期」における方法の多面的深化

明治四十年代から大正期へ至る民俗学胎動期に、柳田は〝山〟の問題以外に幾つかの重要な民俗学的研究を残している。たとえば、『遠野物語』とは別の意味で柳田民俗学の出発点とされる『石神問答』（明治四十二年）や「塚と森の話」（明治四十五年）などの塚の研究がそうであり、また、大正初期から同十年にかけて次々と発表された「巫女考」（大正二～三年）、「毛坊主考」（大正四年）、「俗聖沿革史」（大正十年）等信仰伝達者としての漂泊的下層宗教者を対象とした一連の著作などがそうである。そして、序段で述べたように、これら大正期の民俗学的研究と昭和初年以降の厖大な著作群で捉えられた民俗学的世界との間には、明らかに大きな質的差異が認められるのである。

有泉は、「毛坊主考」等一群の著作に現われる被差別民への論及を主要な論拠の一つとして、柳田の「祖先崇拝を核として民俗事象の意味連関を再構成」しようとする意図が、被差別民問題の柳田民俗学からの欠落をもたらした、とする仮説を提出しているが、これが、昭和初期以降の柳田民俗学の成果と方法を積極的に評価しようとする立場からは容易に受け入れ難い結論であることは、はじめに述べたとおりである。では、これら大正期までの一連の著作と昭和期以降の柳田民俗学に介在する「断絶」はどのように積極的に意味づけることができるのであろうか。

いま、大正末年から昭和初年にかけての「断絶」を境にして二つの著作群を一望したとき、まず私たちはそこに、柳田の眼が向けられている対象の性格に顕著な変化のあることに気づかされる。それは一口にいえば、共同体外の世界から共同体内への視点の転換であり、また、特殊なもの、奇異なものから、ありふれたもの、平凡なものへの転換である。

すでに私たちは、柳田の山人＝実在説から心意説への転換の過程に柳田学の方法的深化——人々の心的世界への定位と、そこに内在する見えない力——心的共同性——を見出したのであるが、その過程はまた、ここにあげた共同体外から共同体内へ、非凡なものから平凡なものへ、の転換の過程として捉えることができる。もともと柳田の山の世界への関わりは、山の世界の持つ不可思議な魅力——それはその神秘や怪異現象の中に集中的に表われているが——にいまある現実とは異質な世界の存在を見出したところから出発したといってよい。山人＝先住民説の展開は、そのような現実とは違った神秘や怪異の本質を〝山人〟という共同体外の特殊な存在に集約して捉えようとした試みであり、心意説への視点の転換は、逆に、それを共同体内部の問題として平凡な世界の中に伏在するもう一つの現実として捉えようとしたことを意味するのである。

同じようなことは、また、この時期の他の著作についてもいうことができる。たとえば、「毛坊主考」や「俗聖沿革史」は、俗間にあって最も民衆の信仰生活に密着した最下層宗教者の出自と来歴を述べたものであるが、そこに特徴的なことは、彼等が村々を渡り歩く漂泊者であって決して共同体の内部に定着した生活者ではなかったという事実である。のちには一村に定着することもあったかもしれないが、彼等の宗教者としての本質はあくまでその漂泊者的性格の中にあり、たとえ定着したとしても彼等は村人からは決して共同体の成員としての扱いは受けず、逆に共同体的社会から疎外されることによって、その宗教者としての地位と生活の基盤を得ていたのである。

この時期、柳田がこのような漂泊的宗教者に大きな関心を抱いていたことは、柳田の眼がまだ共同体内の平凡なる民衆の信仰生活そのものではなく、「漂泊」といった特殊な生活の有様と、その宗教伝達者としての特異な位相に惹きつけられていたことを意味していよう。このような特殊な存在が、実は平凡なる民衆の生活世界から生み出されたものであり、その民衆世界の内部にこそその存在の意味を解く鍵があることには、柳田はまだ気がついてはいない。

また、これに関連して同様に興味深いのは、柳田民俗学がその実質的研究の端緒を『石神問答』——〝さえの神〟

の研究――でスタートしたことである。これは全国至る所に多く見られる「石神」の由来をめぐって、山中笑を始めとする知友と交わした書簡集であるが、そこでも柳田の眼は共同体外の存在に向けられている。というよりは共同体の内部にまでは届いていないのである。村々の境や道の岐路にあって村人や道ゆく人々を悪霊や怪異から守るサク神――境の神――への着目は、村のはずれや道の奥にあって昔は大いに威力を発揮しながら今は忘れ去られてしまった奇異な神々に対する関心に発したものであり、それは決して共同体内の民衆の信仰生活へとは展開していかなかったのである。

やはり、ここでも柳田は特殊なもの、奇異なものへの即自的な関心に支配されていたといわねばなるまい。のちにこの境の神のテーマが「毛坊主考」などで漂泊的宗教者の信仰と結びつけられるに至るのも、この時期の柳田のこうした関心の有様をよくあらわしている。

このように考えてくれば、有泉が指摘した「被差別民問題の欠落」も彼の主張とは異なった脈絡の中で、共同体外からその内部へ、奇異なものから平凡なものへといった視点の転換の中に位置づけ得ることがわかる。被差別民こそは「共同体外的存在」の代表的なものであり、その本質が漂泊者的性格に潜むことは有泉も指摘しているとおりであろう。

しかし、差別は決して「忌み嫌い」といった、人々の心理的過程から出てきたものではない。むしろ、賤穢の観念こそ「差別」の結果から発生したものであり、差別の本質は、被差別者が共同体から疎外されることによって、逆に共同体に関わり合い、生活の基盤を得ているというその存在の有様の中にこそ存在するのである。いいかえれば、彼等は自らを共同体に対して「外的存在」――よそもの――として絶えず定立することによってのみ、共同体と結びつくことを余儀なくされた存在であった。それはまた逆にいえば、共同体自体がその存立のために、そのような人々の存在を絶えず必要としてきたということであった。

だから、被差別民問題の根底的な解決の途は、柳田の初期の幾つかの論考に見られるようなその出自や来歴の考究にとどまるものではなく、それをも含めて、そうした差別を生み出した共同体を支配している固有な観念世界の構造の究明と、そのような共同体世界の最終的な揚棄にこそ求められなければならないのである。

柳田における大正末年以後の被差別民問題の欠落は、有泉が主張しているような単なる後退では決してあり得ない。それは、柳田の被差別民に対する即自的関心が薄れたことを示してはいるかもしれないが、原理的な観点から見れば、柳田はより根底的な課題の中に進んで行ったということができる。それは差別問題の史的考究からは前進とはいい難いかもしれないが、その超剋へと至る、より根底的な課題へ我々の眼を向けさせているという点で決して後退とはいえないのである。

大正末年から昭和初期にかけての柳田学の画期は他にも顕著な特色を幾つか示している。その中でとくに注目すべきは、一つには研究資料の問題であり、もう一つは歴史における時間の捉え方の問題である。

意外と看過されていることなのだが、柳田が最初から専ら採集資料によって民俗学研究を始め、終始一貫して文献資料の偏重を排除してきたのでないことはいうまでもない。それどころか、『石神問答』をはじめ、明治から大正にかけての著作のほとんどは、全面的に文献資料に拠って貫かれているのである。このことは単に初期における採集資料の不足を意味するのではない。むしろ、そこには柳田が文献資料の使用を積極的に進め、多岐にわたるその渉猟を自ら楽しんでいるふうさえ見てとれる。そのような傾向を示す代表的な例をたとえば私たちは『山島民譚集』所載の「河童駒引」や「馬蹄石」といった論考に見ることができる。柳田を称して「偉大なぢれつたんと」（「先生の学問」）といったのは折口信夫であるが、そう呼ばれるにふさわしいような時代が柳田には確かにあったのである。

ところがそのような文献重視の傾向も、また大正末から昭和初年を境にして姿を消し、替わって採集資料の重要性が強調されるようになる。実際に、採集資料の駆使によって柳田は著しい成果をあげていくのである。この問題も柳田学の方法的確立の考察において看過ごすことのできない問題であろう。

第二の、歴史における時間の捉え方とは、旧来の歴史学が拠っていた直線的、一方向的時間の観念に対して、柳田が民衆の生きている歴史的時間を、「現在」という時間の中において重層的に捉えようとしたという問題である。これについても後章にて詳述するが、論点の見通しについてだけ略述しておこう。

柳田の真面目の一つが、従来のアカデミズム的国史学に対する批判——その年代記的、伝記的歴史観に対する仮借ない批判にあったことはよく知られているが、それもまた柳田学の方法的確立を前提にしてはじめて可能となったのであった。それ以前においては、柳田は伝説や信仰などの問題を論ずるに際しても、多くその出自や来歴を述べることに力を注いでおり（たとえば『神を助けた話』、「毛坊主考」など）、歴史的時間は直線的な一筋の流れとして捉えられようとする傾向が強いのである。その意味で、柳田はこの時期には、のちに自ら批判するに至る歴史学の立場と同じような位置に立っていたといわねばならない。

柳田がそれを克服するのは、歴史において過去を死んだものとしてではなく、生きた存在として現実に甦らせ、現実の中に生きた過去の存在を捉え得る視点を獲得したのちである。これこそが柳田の歴史観を他の多くの歴史学者のそれと比べて際立たせているものであった。これら二つの問題はいずれも柳田民俗学の方法の確立に深く関わるものであり、そこに単に時日の符節といった以上の、方法の本質的性格に関わる重大な意義が認められなければならない。これらの問題は柳田学の方法的確立の中でどのように総体的に捉えうるか。これらを貫いて相互に密接に結びつけている本質的なものは何なのか——これらの問題について次に少しく述べてみたい。

現実科学としての柳田民俗学

すでに述べたように平凡人の平凡事の解明が、確立された柳田民俗学の最も身近な目的であったのだが、それを支えた平凡人に対する愛情や関心は早くから柳田の内部にあって、その民衆史研究への情熱の源を成してきたのであった。農政学へと柳田を駆り立てた情熱の底には、そのような名もない民衆に対する深い関心が横たわっており、山人研究の根底には、歴史の闇の中に消えてしまった先住民族の境遇に対する深い同情の念を読みとることができる。

私などは日本には平民の歴史は無いと思つて居ります。何れの国でも年代記は素より事変だけの記録です。此へ貴人と英傑の列伝を組合せたやうなものが言はゞ昔の歴史ではありませんか。

……平和時代の名所図会などに、或は両国の川開きとか、祇園天満の祭礼の図とかを見ると、小さな円の中に眼と口とだけを書いて之を見物と名づけ、其又後には無数の丸楽のやうなものを一面に並べて、之を群衆などと謂ふのであります。殆と人格をも人情をも無視した態度ではありませんか。この不心得は独り物を知らぬ画工のみでありませぬ。歴史家の有する「民」の概念も毎に是でありました。さうして今更記録の中から、国民性を見出し、又は立証せんとするは無理な話です。

（いずれも定本第二十五巻）

大正三年九月、『郷土研究』に掲載された「郷土誌編纂者の用意」の中の一節である。すでに柳田の中にあって「平凡人の思想」とでもいうべきものが十分に成熟してきていることがうかがわれる。さらにそのすぐあとで柳田は郷土誌編纂者の心得として次のような項目をあげている。

一、年代の数字に大な苦労をせぬこと

二、固有名詞の詮議に重きを置かぬこと

三、材料採択の主たる方面を違へること
四、比較研究に最も大なる力を用ゐること

年代や固有名詞を重要視しない歴史の見方といい、資料の選択といい、これらの指摘で見る限り、そこに示された柳田の立場は後年のそれとほとんど同じものであるといってよい。では、柳田は大正三年のこの時期において、すでに自らの民俗学研究の方法を確立していたのであろうか。否である。なるほど、柳田の考えはこのように明確に定式化されるまでに成熟していたのであったが、この時期にはまだ、実際の研究を通じてこの思想が具体的な成果をあげるまでには至っていないのである。それは、おそらく、研究の方向性として定式化することはできても、それを具体的に実現していく視点と方法を柳田自身がいまだ獲得していなかったからにほかなるまい。

平凡人の平凡な生活がそれ自体、歴史として掬いあげられるためには、さらにもう一歩視点と方法における深化が必要だったのである。この時期、柳田の研究活動が、農政学の系譜を引く農村誌的郷土誌研究と民俗学的な民間信仰の研究との二つに截然と分かたれていることも、このような方法の未成熟を表わしていよう。郷土誌研究は農村の共同体に焦点を当てながら内に十分な民俗学的視点を獲得し得ず、民間信仰の研究はその主題を相変わらず共同体外の特異な事象へと向けていたのである。この時期には、この二つを統一的に把握する視点はまだ見出されていなかった。柳田学の形成過程にあって、この二つのものを結びつけ、統一的な視野と方法の獲得を可能にしたものこそ、柳田が山人研究での相剋を通じて獲得した視点――里人の心意的世界への定位とそこにおける共同性の発見――にほかならない。これによって民俗学は山から里へ下りてきたのであり、郷土誌学は自らの内に平凡人の生活をもって「歴史」へと至る途を獲得したのである。

すでに述べたように、そこでは「共同体」は何らそれ自体としては考察されない。個人の心的世界を通してのみ、そこに関わる限りでの「共同体」が対象とされるのである。そうして、それによって個人は個的な存在のまま共同体的存在として重層的に取り上げられ、「共同体」は人々を規制する静的な枠組や単なる制度としての意味を越えて、現実に生きられてある存在として把握されることが可能となったのである。

ここにおいてはじめて、平凡人の平凡なる事実が大きな意味をもって柳田民俗学の中に登場してきたのであった。なぜなら、これまで一見断片的な存在に過ぎなかった日常の些事を、個人の生活史とその内的世界にあっては有意味で全的な活動にしているものこそ、この集合的な力――共同の力――にほかならないのであり、従って、その共同の力の発見が、日々くり返される平凡事の部分的断片的外見を拭い去って、生活史におけるその全的有様を明らかにすることになるからである。

以後、柳田は平凡人の平凡事の解明の重要性をくり返して述べている。

それでも生活の最も尋常平凡なものは、新たなる事実として記述せられるような機会が少なく、しかも我々の世相は常にこの有りふれたる大道の上を推移したのであつた。

（『明治大正史世相篇』定本第二十四巻）

我々の平凡は、この国土に根をさした歴史ある平凡である。少なくとも其発生の根源に於て、必要も無く理由も無いといふものは一つだつて有り得ない。さうしてそれが又大なる集合の力となつて、我々を統制する時代を形づくつたのである。

（「平凡と非凡」定本第二十四巻）

ここに見出されるのは、「平凡の思想」とでも呼ぶよりほかない一つの確かな創造的思考である。そして、それを支えているのは、初期の柳田におけるような歴史の闇に埋もれた民衆に対する同情や憐憫ではなく――もちろんそうした感情もさらに強く存在するのではあるが――平凡なる個人の日々くり返される日常の平凡事こそが歴史を創ってきたという強い確信と、そうした平凡事をそのまま「歴史」として掬いあげ得る視野と方法の獲得にほかならない。

先述した民衆生活における歴史的時間の重層的把握とこうした平凡の思想の獲得とは、不可分のものである。もともと「共同体」は空間的な存在であると同時に、それ自体歴史的な意味で独自な時間性を備えたものであった。そして、これまでの多くの歴史研究者にあっては、「共同体」のそのような時間性はそれが生物学的な機能体と理解されようと、力学的な複合体と見なされようと、常に過去から現在へと至る不可逆的な一筋の流れとして理解されていた。それは、「共同体」に限らず歴史というものを、個々人をその内に抱え込んだより大きな集合体――たとえば社会とか国家といったような――の側面から捉えようとする立場においては、宿命的とでもいうべき不可避な観点であって、多くの歴史学者と同じように柳田自身も、その研究の比較的初期の段階においてはこうした歴史的時間性に立っていた一時期が見られるのである。

ところが、ひとたび個人の心的世界の内部に立ち入って「共同体」を考察しようとすれば、そのような時間性はまったく意味を失ってしまう。そこでは「共同体」は外的な独立した存在ではなく、まさにいま生きられつつある存在だからである。あくまで個人の心的世界に定位する限り、そこで捉えられた世界は如何なるものも〈現在〉という時間の刻印を押されずにはいない。ちょうど「追憶」や「悔恨」がそうであるように、一見歴史や過去に関わるように見えるものですらその首根を〈現在的時間〉に捉えられているのである。

柳田は集団ではなく、あくまで個人の立場を離れず、その心的世界の内部の共同性を凝視めることによって、従来の歴史的時間性とは違った独自な時間構造をその内に見出した。そこでは、過去は、単に受け継がれた前代の残存物ではない。人びとは「過去」の生活をわがものとして生きる。その現実の生きた行為が「過去」に生命を吹き込み、現在に生きて甦らせるのである。

歴史の闇の中で日々くり返され受け継がれてきた平凡事、いまもくり返されている平凡事が〈歴史〉に大きな意味を持って関わってくるのも、このような重層的な時間性の内部においてなのである。外形的な変化しか求めない単一直線的な歴史観の中では、単なる「くり返し」や「停滞」として捨象されてしまう日常の些事が、重層的な時間性に根拠づけられた共同的意味連関の内では、固有な、かけがえのない「現存」として歴史化されるからである。

柳田が「無時間性」とでもいうべき民衆の日常生活に歴史の「大道」を見出したのは、一見「無時間とも見えるその態様の背後に、個人の〝生〟における歴史的時間の固有性を見出し得たからであった。ここにおいて「実は自分は現代生活の横断面、即ち毎日我々の眼前に出ては消える事実のみに拠って、立派に歴史は書けるものだと思つて居るのである。」(「世相篇」自序、定本第二十四巻)といった自信に満ちた言葉の真の意義もはじめて正当に了解されよう。

また、柳田が文献資料に対して採集資料の重要性を強調するに至ったのも、このような方法的視点の確立と密接不可分のものである。なぜなら、歴史を生きたものとして重層的に捉える立場にとっては、過去の記念碑としての文献資料でなく、現にいま使われている生きた資料こそが重要だからである。著者によってその志向性を一義的に固定されている文献上の過去よりも、たとえ断片的にしろ現実に使われているそのままの姿で取り出された採集資料の中に息づいている過去の多様な生命力が柳田にとってはより必要なのであった。

「重出立証法」と呼ばれる比較研究法が柳田民俗学の中でもつ意義も、よくいわれるように単にその経験科学的性格にあるのではなく、断片的な資料の中に息づいている多様な過去を重ね合わせることによって、そこから一つの全体的統一的な「生きた過去」の姿を浮び上がらせるその独自な方法にこそ、求められねばならない。これを可能にしたのも、やはり、現実の中に生きた過去を重層的に把握する新しい視点の獲得にあったのである。

次には我々の実験を、特に何れの方面に向つて進めようかゞ問題になつて来るが、それには必然的に、歴史は他人の家の事蹟を説くものだ、といふ考を止めなければなるまい。人は問題によつて他人にもなれば、また仲間の一人にもなるので、しかも疑惑と好奇心とが我々に属する限り、純然たる彼等の事件といふものは、実際は非常に少ないのである。時代が現世に接近すると共に、この問題の共同は弘くなり又濃厚になつて来る。さうして其関係の最も密なる部分に、国民としての我々の生き方が、どう変化したかの問題が在るのである。順序は、それ故に出来るだけ多数の者が、一様に且つ容易に実験し得るものから、入り進んで行くのが自然である。如何に平凡であらうとも衣食住は大事実である。

（『明治大正史世相篇』定本第二十四巻）

其上に尚一つ、神武天皇以後の日本人の事蹟ならば、既に判つて居るといふ予断も之を促して居る。何がわかつて居るものか。めい〳〵の家でいふならば五代七代前は戒名と俗名ばかり、村でいふならば二百年か百五十年ほど昔に、誰かがもう居たといふことを知るのみで、甚だ信じ難い伝説すらも、自分等に関するものは無いのが普通である。一言でいふならば郷土史はまた零であつた。国史は一国の最も重要なる事項に就て、二三の記述を存するといふのみを以て、そこに有史以前と以後とを画しようとしたことが、そも〳〵の大きな誤謬であつたのである。我々をして言はしめるならば、別にこの左右に大なる有史以外が有つたのであり、個々の常人から見れば、現に今朝までが有史以前であつたのでは無いか。

（「郷土研究の将来」『国史と民俗学』所収、定本第二十四巻）

歴史における個人への定位とそこにおける共同性の発見。歴史的時間の重層的把握。平凡事の固有な性格への着目とその歴史化への視点の獲得。――柳田民俗学の方法の根幹ともいうべきこうした視点がこれらの文章の裏には貫かれている。そうして、その方法が生み出した成果がどのようなものであったか、あえて詳説する必要はあるまい。『日本農民史』はそうした成果の最も早いものであり、『明治大正史世相篇』や『木綿以前の事』所載の幾つかの論文はその代表的なものといえよう。

あえて付け加えれば、明治末年においていったんは農政学的観点を放棄したかに見えた柳田が、大正十四年から昭和四年にかけて、『日本農民史』、『都市と農村』といった農村の現実的課題に直面した著作を世に問うのも、こうした視点や方法の獲得と無関係ではあるまい。柳田がその農政学研究の当初から抱き続けてきた現実的課題に対する関心を終始失わなかったことは疑いないが、いま述べたような確固とした方法の獲得によって、柳田が「過去」を生きたものとして、現在の中に生きているその有様を捉え得るようになったとき、はじめて、民俗学の観点からより広く長い展望の下に、現実的課題に積極的に関わることが可能になったのである。

柳田の獲得した新しい視野と方法は、歴史を〈過去〉のものから〈現実〉へと奪還した。ここにおいてはじめて現実科学としての柳田民俗学が成立しえたのである。

註（1）　定本柳田国男集の年譜をみればこの時期、柳田の一生を画する事件や身辺の異動が相次いで起こっていることがわかる。大正八年十二月の貴族院書記官長辞任と翌年の朝日新聞社入社。その年の暮から翌年にかけての南九州、沖縄旅行。十年五月～十二年十二月の国際連盟委任統治委員会委員就任。大正十二年九月の関東大震災が滞欧中の柳田に与えた大きな衝撃は余りにも有名である。そして、この間、内外各地の旅を頻繁に続けるとともに、ジュネーブでは、大学での比較宗教学の講義を聴講したり。図書館に通ったりして、欧米の新しい学問に身近に接しているのである。益田勝実も指摘しているように、この時期が、昭和期における柳田民俗学の開花を準備した一種の「過渡期」であることを思い合わせれば、これらの一連の事件の柳田学確立に与えた影響は甚だ大きいものであり。今後、様々な角度からこの時期の柳田国男の思想形成の歩みが跡づけられていかねばならない。

（2）　本文ではあえて触れなかったが、この「一目小僧」のテーマが大正五、六年に初めて柳田学の中に登場してくる事実は注目に価すると思う（ちなみに「片足神」「一眼一足の怪」大正五年、「一目小僧」大正六年）。山人＝先住民説の展開からはまったくその秘密の一端すらうかがうことのできないこの片目神のテーマの持つ底しれぬ深さが、さらに柳田を第二の視点の追究に駆り立てたろうことが想像されるからである。ついでにいえば、この「一目小僧」のテーマは、絶えず〈現実〉と〈過去〉との交錯する場面から眼をそらそうとしなかった柳田の民俗学の中にあって始原回帰ともいうべき「原始的な心性」に対する直接的な志向を、端的に露わにしている数少ない例として興味深い。今後このテーマの柳田学の中でもつ特異な位相がさらに考究されてしかるべきだと思う。すでに谷川健一『魔の系譜』にこのテーマの独自な展開を志した示唆に富んだ論考がある。

（3）　後年、神戸新聞に寄せた随筆『故郷七十年』の中で柳田は何度かこの『山の人生』という著作に触れている。柳田自身のこの本に対する考えが表れていて興味深いので参考としてあげておきたい。

「『山の人生』といふ本を書いた時は、初めのうちは珍しい外部の事蹟を客観的に書いてゐるうちに、いつの間にか興味にかられて自分の小さいころ経験した事柄まで書いてしまつた。一つの本で二つの目的を追つたので、変なものになつたが、私自身の経験した神隠しのことに説き及んだわけである。」（定本別巻第三巻）

「播州は神隠しの話の非常に多いところであつた。噂だから、だん〳〵誇張せられていつて、いろ〳〵信ずべからざることがつけ加はつてゆく。同じ経験は他の子供たちにも度々あつたが、帰つて来ないといふ話は私の村では一度もなかつた。たゞ私ははつきりと自分の二つの経験が頭に残つてゐたので、神隠しの話しと、山中の不可思議なことを集めて「山の人生」といふ本にしたわけであつた。こんなに同じやうな話がどこでもあり、しかも共通してゐる点として、神隠しは女の子に多いといふのはおもしろい話である。しかし私としては結論を出したくないと思つて、たゞ聞いた話をそのまゝ書いておいたが、これはもう民俗学の範囲以外ではないだらうかと思つてゐる」（同前）

「私に「山の人生」といふ本がある。何故書かれたか、主旨がどうも分らないといつた人があるが、無理もない話で、じつは法制局で知つた珍しい話を喋りたくてたまらないものだから、そんな本を書きはじめたわけであつた。新聞社に入つた当座に「朝日グラフ」に連載し、後に本にまとめたものである。「山に埋もれたる人生ある事」といふ題で、私のいちばん印象の深かつた人殺しの刑事事件を二つ続けて書いたのであるが、本の終りには「山男」といふもの、研究は人類学上必要だといふことを書いたので、二つの別々の要素が「山の人生」といふ一つの本にまとめられてゐるため、読む人に不思議な感を与へたのである。」（同前）

漂泊と定住のはざま――柳田国男の被差別部落史研究

一　喜田貞吉と柳田国男

雑誌『民族と歴史』などに拠ってわが国の被差別部落史の研究に先鞭をつけた喜田貞吉は、後にその回想の中で、自分が部落史研究に志した「明治四十年のころ、帝国教育会の何かの会合の席上で、柳田国男君とこの点について意見の交換を行ったことがあった」（「六十年の回顧」）と述べている。柳田国男が被差別民の歴史へと関心を深めていったのも、ちょうど同じころのことであった。この、二人の出会いに関わりのあると思われる記録が、柳田国男が農政の専門家として評議員を務めていた報徳会の機関誌『斯民』の明治四十一年四月号誌上に見えている。

◎本会の例月講演会

三月十五日（日曜日）午後一時、例に依りて本会講演会を帝国教育会講堂に開催せり。当番幹事たる柳田評議員は開会の辞を述べて、先づ久米邦武翁を紹介せり。（中略）

午後六時晩餐会は階下の食堂に開かれ、次で講話会に移れり。文部省編修喜田貞吉君は教育行政上の見地より「特種部落の改善」に関して、最有益なる講話あり。（中略）

此間柳田評議員は「自分今日の役目は幹事でありながら、不都合なれども、特種部落の事は嘗て研究したることあれば」とて、喜田編修が「今日にては人種相異ならず」との説に対し、「自分は全く異なれるものと認むるも、互に障壁を撤して、彼等を同化せしむるは最も必要なり」と論じ、同君との間に人種異同の弁あり。柳田君の説には中島評議員（信虎君）の賛成もありて、従来に例なき談話会なりき。

これによると、明治四十一年三月十五日に帝国教育会で開かれた報徳会例月講演会において、喜田貞吉は、「特種部落の改善」について講話し、そこで喜田が被差別部落民＝異人種説を否定したのに対し、同席していた柳田国男は、「異人種説」の立場から反論を試みたというのである。

喜田と柳田という、わが国の被差別部落史研究に先駆的業績を残した二人が、その関心の初発において、このような形で出会い、火花を散らしたという事実は、きわめて興味深い（藤井隆至編『柳田国男農政論集』「解説」参照。右の資料は、藤井が発見、紹介したものである）。右によれば、柳田はこの例会の「当番幹事」であったとあるから、あるいは、この日の喜田の講演そのものが、柳田の働きかけによるものであったかもしれない。いずれにしろ、喜田がすでにこの時期旧来の被差別民＝異民族説を超克しているのに対して、柳田がなお「異人種説」の立場を取っているのは見逃すことのできない事実である。

柳田が被差別部落民に言及した論考の初出は、彼が明治三十五年から翌三十六年にかけて専修大学で講義した折の講義録『農業政策学』の中の次の一節だとされている。

> 維新ノ前迄穢多ト称セシ階級アリ穢多ハ餌取ノ転訛ナリ犬鷹ノ為ニ餌ヲ取ルナリ餌取ノミハ家畜ノ肉ヲ食ヘリ（今昔物語）恐クハ牧畜ヲ常習トセル別ノ民族ナルヘシ彼等カ此ノ為ニ社会ヨリ賤視セラレシヲ見テモ肉食ノ風ノ久シク行ハレサリシヲ知ル

ここでは、柳田はのちに自ら否定するに至る旧来の「エタ＝餌取転化説」、「異民族説」を無雑作に踏襲している。「餌取」の例は、古来わが国に家畜を食用とする風の一般的でなかったことを示すために掲げられたものであり、そこにはまだ、被差別民に対する柳田の特別な関心も、問題意識も見てとることはできない。

島崎藤村が、小説「破戒」を発表したのは、明治三十九年三月のことであった。この部落差別の残酷さと被差別民の苦悩とを正面から取りあげた作品に対して、藤村の友人でもあった柳田は、「新平民と普通の平民との間の闘争が余り劇し過ぎるように思う」と評している（「『破戒』を評す」）。ここには、後年に至るまで現実の中に厳しい支配抑圧の関係や醜い争闘の存在を見ることを好まなかったという柳田の「資質」のある一面と同時に、当時の彼の、差別問題に対する認識の限界性が如実に表れている。柳田はまた「私が他の諸地方で多少観察した所からいえば、この様な非道い争いはない」とも述べているから、この時期柳田には被差別部落民の生活について一定の体験と知識の蓄積があったはずである。しかし、そこに柳田は、なおくり返されている惨酷な差別も、厳しい対立や争闘も見てはいない。すでに指摘されているように、ここにおける柳田の差別問題に対する認識は、「当時の差別の一般性」の段階にとどまっており、従って、柳田には被差別民衆の置かれていた厳しい差別の現実がありのままには見えていなかったというべきであろう（部落解放同盟中央本部編『差別表現と糾弾』所収「差別の現実が見えない——柳田国男にみる」）。

こうした柳田の差別問題に対する関心と認識とが深まりをみせてくるのは、やはり明治四十一年前後の喜田貞吉との出会い以後のことであったと思われる。

明治四十四年（一九一一）七月六日、柳田は、製紙業林業視察のため、美濃越前を往復する山間行脚の旅に出立した。郡上八幡から越前街道を北上し、奥美濃越前国境の山間の孤村、石徹白から難路を越えて越前側へ下り、帰途はまた、美濃越前国境の山間の山村、熊河、温見を経て、灰帽子峠を越えて美濃に戻るという、文字通り、訪れる人も稀な山間の僻村と険路を求めての辺境の旅であった。

この旅の出立にあたって、柳田はその日誌に「サンカのことを注意して行きたしと思ふ」と記している（「美濃越前往復」）。公用の旅であったが、「年中山野に漂泊して定まつた村をもたぬ」という「サンカ」の生活の実情について見聞を集めるのが、旅の目的の一つでもあったのである。

実際、柳田は、旅の途次、「オゲ」「ノヤ」などと呼ばれる山の民の生活につねに注意を払い、その関心はまたしばしば、「サンカ」以外の被差別の民にも及んでいる。旅の帰途に大垣市に立ち寄り、「サンカ」の実状に詳しいという大垣警察署長広瀬寿太郎を宿に招き、深夜に及ぶまでその話を聞いたのも、資料収集のためであった。

これら、この旅において収集した資料も踏まえて、柳田が帰省した後まもなく『人類学雑誌』（明治四十四年九月―十二月）に発表したのが、漂泊の民としてのサンカやイタカの来歴を考究した「『イタカ』及び『サンカ』」である。

これより先、柳田はこの旅出立の直前まで同じ『人類学雑誌』（明治四十四年四月―八月）に「踊の今と昔」連載の筆を執っていた。こちらは、伊勢の羯鼓踊、西京北山の燈籠踊など全国に広く分布する念仏踊系統の民俗芸能を取りあげ、その担い手、伝播者として、被差別的な漂泊的宗教者、芸能民の存在を明らかにしたものである。この時期、柳田の関心は各地を渡り歩く被差別的民衆の生活に傾注されていたということができよう。

大正二年三月、柳田は神話学者高木敏雄と協力して雑誌『郷土研究』を創刊した。日本民俗学草創期の拠り所となったこの雑誌の「紙上問答」「資料及報告」欄には、部落問題に関心の深い三重の竹葉寅一郎をはじめとして、全国各地から被差別部落に関する数多くの報告が寄せられ、柳田自身も幾つかの見聞や資料を寄稿している。その報告の大半は在地の人びとの見聞をもとにしたものであるから、資料としての性格にはおのずから限界があるが、この時期の被差別部落の生活の一端を伝える資料として見落とすことのできないものである。

二　「所謂特殊部落ノ種類」に見る被差別部落成立論

大正二年（一九一三）一月二十二日、柳田国男は学士会の経済学研究会において「特殊部落の話」と題して講演を行った。この講演の草稿に手を入れ、『国家学会雑誌』同年五月号に発表したのが、「所謂特殊部落ノ種類」である。その原題において、柳田が「所謂」という但し書きつきで用いている「特殊部落」の語は、日露戦争後の部落改善事業推進の過程で、内務省当局者らを中心として使用された行政用語である。被差別部落の呼称については、明治四年の「解放令」以来、「穢多非人」や「革太」といった蔑称が廃され、「新平民」の語が採用されていたが、やがてこの語も悪意を含んだ侮蔑語となり、かわって採用されたのが、「特殊（種）部落」である。しかし、この語も被差別部落の住民とその他の住民を区別する差別的認識を含んでいたため、遠からずして差別語となり、内務省はまた新たに、この頃から「細民部落」の語を用いはじめていた。

柳田はこの論考の冒頭で、こうした内務省当局の部落の呼称に関する対応をとりあげ次のように述べている。

要スルニ彼等ガ部落ヲ特殊ナリトスル一般ノ思想存スル限ハ、百ノ用語ヲ代フルモ無益ニシテ、事実ニ於テハ今日ト雖モ彼等ガ部落ハ特殊ナリ。（定本第二十七巻、以下同じ）

呼称をいくら改めてみても、被差別部落民を他と区別して特殊視する思想がある限りは、差別の現実は変わらない。ここで柳田が批判の矢を向けているのは、部落問題の根本的解決に向けて何ら有効な施策を打ち出すことのできないまま、現状糊塗的な名称の改変に終始している行政当局のあり方に対してであった。明治三十五年、農商務省から内閣法制局に移った柳田は、この時期すでに上席の古参参事官であり、内務外務教育などを所管して、仕事柄、部落問題に関する内務省当局の施策やその調査資料の内容をもつぶさに知りうる立場にあった（山下紘一郎「官僚時代」『柳田国男伝』所収）。柳田は、内情を知悉した上で行政当局の無知と怠慢とをその内側から鋭く批判したのである。

柳田は、その論考において、かつて自らも採用していた「エタ＝餌取転化説」や「異人種説」に対して慎重に疑問を呈すると共に、被差別部落民の賤視されてきた理由を、（イ）職業の不愉快なため、（ロ）生活が粗野なため、（ハ）貧窮なるため、とするような当時当局者にも往々にしてみられた俗説を明快に退けている。彼がこの時期すでに、こうした偏見や誤謬から自由でありえたのは、部落問題に関わる厖大な記録類の博捜に加えて、美濃越前への旅に見られるような度重なる旅の体験によって、被差別部落民の歴史と生活の実相をかなり正確に把握していたからであろう。柳田は、混乱する部落改善行政を正すためにも、その成果をここに示すことによって、今日において部落の人びとを賤視する根拠のないこと、彼我を隔てる不合理な障壁を取り除く道の可能なことを示そうとしたのである。

柳田の一連の被差別的民衆史の研究を貫いている最も大きな特徴は、彼らの〈生〉の漂泊的性格に向ける強い関心であろう。山人、木地屋、イタカ、サンカ、歩き巫女、毛坊主など、この時期柳田が関心を払った対象は、いずれも、共同体の外側、その境域の外にあって、一所不住の漂泊的生活を余儀なくされていた人びとであった。この事実を重視する岡谷公二は、柳田の被差別民への関心自体が、そうした漂泊民に対する関心の結果だと考えている（『貴族院書記官長柳田国男』）。漂泊民と被差別民に対する柳田の関心の先後を、明確な資料によって跡づけることは難しいが、彼の被差別民への関心が、当初からその生の漂泊的なあり方への関心と深く結びついていたことは、疑う余地のない事実である。

そうした観点から柳田がまず着目したのは、被差別部落の多くに共通するその「土着の形式」であった。その住地の大半が、「必ズ或ル村ノ枝郷」であって、しかも、村境の原の中や山林の外れ、湿地川原など、耕作に適さない物陰の地であり、多くの農民が土着を望まないような「其ノ村ノ地域中最モ不用ナル空閑」の地であったと、柳田は指摘する。この事実は、柳田にとってきわめて重要な意味を持っていた。なぜなら、それは被差別部落民の多くが、先来の住民の住んでいる土地に後から来て、より劣悪なる条件の下に土着せざるを得なかったという、歴史的事実を物語っているからである。

更ニ他ノ点ヨリ観察スルモ、多クノ穢多ノ土着ハ足利時代ノ末頃ナランカト思フ由アリ。地方々々ノ小領主ガ武具兵器ノ製作原料トシテ皮革角爪ノ類ヲ其ノ領内ニ供給セシムル必要ヲ生ズルヤ、所謂皮作衆ノ招致ハ始メテ断行セラレシナリ。軍備ガ統一スルカ又ハ平和ナル交易ノ行ハルル時代ナラバ郷毎ニ皮太ヲ住マシムルノ要ナケレバ也。

武蔵・相模などに残る「カワタ」関係文書などを手掛りに、近世の被差別部落の淵源を足利時代末期の地方領主による皮作衆の土着化に求めるこうした見解は、今日、柳田の先駆的業績の一つとして評価されている（渡辺広『未解放部落の史的研究』、寺木伸明「『部落』起源論研究の状況——近世から現代まで——」『部落史研究ハンドブック』、同『被差別部落起源論序説』等参照）。その成果は、被差別的民衆の生活の漂泊的性格に着目し、漂泊と定住の交錯するはざまに「差別」の根を見出そうとする柳田の方法と視座の、一つの自然な帰結であった。

柳田はまた、広くその他の被差別的民衆全体をも視野に入れて、次のように述べている。

要スルニ土地ト絶縁シテ久シク諸国ヲ移動シツ、アル間ニ、偶然新移住者ヲ警戒シ虐遇スル時節トナリ、主トシテ外部ノ原因ノ為ニ著シク社会上ノ地位ヲ低下セルモノト解シテ彼等ガ今ノ境涯ヲ憐マザルベカラズ。

柳田は、〈漂泊〉という一つの〈生〉の形態そのものが、「差別」を内包するものだとは考えていない。各地を渡り歩く漂泊的生活者のすべてが賤視や差別の対象でなかったことは、歴史的事実がこれを物語っているからである。一定の歴史的社会的条件の下で定住者と漂泊者、新移住者が取り結ぶ関係性の中に、一方が他方を特殊視し、賤視するに至る「差別」の構造を見出していたというべきであろう。

被差別的民衆の生活に共通する特徴として、柳田がさらに着目をしたのは、民衆の信仰生活との関わりである。柳田は、漂泊的な被差別的民衆の多くが死者の葬送や禁厭、祈禱、卜占、念仏踊、あるいは種々の「門付け」「物乞い」など、民衆の信仰生活の基底に関わる宗教的行為に深く関わっていたことを指摘する。これらの宗教的行為は、多くの場合、民衆にとって畏怖や信仰の対象であると同時に、忌むべき穢れの対象でもあった。従って漂泊的宗教者の多くは、こうした二義的な宗教的行為の担い手として、彼ら自らが聖と穢という対極的な性格を併せもった両義的な存在であったのである。こうした民衆の信仰生活をその底辺において担ってきた被差別的な民間宗教者の問題を正面から取りあげて論じたのが、「毛坊主考」であった。

柳田は「毛坊主考」の中において「総別此仲間は穢れということを忌まなかつた。此が別種族扱ひにせられた主たる原因だらうという点だけは、自分も承認するのである」と述べている。また、後年彼が自ら監修した『民俗学辞典』は、「特殊部落」の一項を立て、部落民が卑賤視された主な原因として死穢や死霊との関わりを掲げている。そのため、柳田の被差別部落史研究の全体が「宗教起源説」として一括されることが少なくないが、彼の主張がけっして単純な宗教起源説にとどまらないことは、これまで述べてきたことからも明らかであろう。

近年岩津洋二は、柳田の多岐にわたる被差別部落史研究の成果を整理した上で、その最も大きな業績として、こうした宗教的行為に関わる「触穢」への着目を掲げ、柳田の方法とその集めた民俗学の資料とを活用することによって、民衆の心性の内側から、そこに植えつけられた差別意識の核心に迫りうる可能性を提起している（岩津洋二「柳田国男の被差別部落観について」『部落解放』第二四九号）。岩津の所論は、なお社会的差別の本質を「穢れ」という宗教的観念の問題に一元化してしまいかねない危険性をはらんでいるが、その指摘は、柳田の被差別部落史研究に対する従来の評価の枠にとらわれない積極的な再評価、再構築の試みとして注目に値する。

柳田の一連の被差別部落史研究の成果に対しては、ほかにもこれまで中世および近世における部落史研究の立場から、近世被差別民の中核であった「エタ」部落の位置付けが不明確であること、階級関係や権力による支配、抑圧の視点が欠落していることなどの批判が出され、近年では、柳田が漂泊民と想定した被差別民の多くが、中世においては、住まうべき村を持っていたという事実も指摘されている（渡辺広前掲書、三浦圭一『日本中世賤民史の研究』、山本尚友「宗教史からの視点」『部落史研究ハンドブック』等参照）。

また、柳田は当時としては余人の及ばぬほど関係資料に丁寧に眼を通していたが、時代的な制約のために犯した誤りも少なくない。「『イタカ』及び『サンカ』」などにおいて、柳田が、源俊頼の家集『散木奇謌集』に見える「伏見にクヾツシサムカ（傀儡四三が）――「四三」は傀儡の歌女の名である）まうで来たりけるに」の一節を「傀儡師、サムカ」と誤読し、それによって「サンカ」の存在を平安時代末期にまで遡らせていることなどは、その例の一つである。

しかし、〈漂泊〉という一つの生の形態に着目することによって、被差別部落史研究に新しい地平を開いた柳田の功績は十分に評価されるべきであろう。それによって、柳田は、近世身分制社会において抑圧と差別の最も大きな対象であった人びとの向こう側に、幾層・幾段階もの被差別的な民間宗教者や芸能民、さらには『職人尽歌合』に見られるような諸種の職人に至るまで「土地ニ拠リテ生活ヲ営マザル階級ノ全体」を広く包括する視点を獲得し、漂泊と定住のはざま、賤視と畏怖のあわいに生きる被差別的民衆の生活と歴史とを、かつてない広がりと深さにおいて描き出してみせたのである。

こうした柳田の視点と方法は、堀一郎、五来重らの民間信仰史研究や仏教民俗学、林屋辰三郎らの芸能史研究に受けつがれ、網野善彦らによる近年の中世史研究の新たな展開に対しても、なお刺激を与えつづけている。

三　被差別民への視点の消失

明治四十年代初めから大正中期にかけて、被差別的漂泊民の歴史に関心を傾注してきた柳田は、『郷土研究』第二巻誌上における「毛坊主考」の連載を大正四年二月に終えたのち、およそ大正六、七年ごろを境にして、その論考において被差別的民衆に言及することが目立って少なくなる。そして、大正十年に「俗聖沿革史」の連載を、突然の国際連盟委任統治委員就任によるジュネーブ渡航のために中断したのを最後として、それはぷっつりと途絶えてしまう。少なくとも書き残されたもので見るかぎり、柳田の被差別的民衆に対する関心は、これ以後彼の研究の前面から姿を消してしまうのである。

この事実に着目し、被差別部落史研究と柳田国男研究の双方の立場を踏まえ、内在的に批判検証しようと試みたのが、有泉貞夫の「柳田国男考——祖先崇拝と差別」(『展望』昭和四十七年六月)である。

そこで有泉はまず、柳田における被差別民への関心の後退が、彼が祖先崇拝を中心として民俗学の体系化を押し進めていった時期と符合するという事実に着目、柳田の被差別部落史研究の展開とその民俗学体系化のプロセスとを丁寧に跡づけた上で、柳田が日本人の信仰の中核に「祖先崇拝＝家永続の願い」を据え、それを中心として民俗学の体系化を進めるに従って、そうした信仰を共有しない被差別民への視点も排除されていったのではないかと指摘している。

こうした有泉の主張は、近世封建社会において成熟し確立された日本人の「祖先崇拝」そのものが、社会から一部の人びとを排除して成立するような「差別」を本来的に内包するものであったのではないかという、より根源的な問題意識に根ざしたものであった。すでに見たように、農耕定着民による外来の漂泊民に対する異端視、疎外という視点は、柳田がその被差別部落史研究を通して抉りだしてみせた基本的な問題視角であった。有泉の問題提起は、そうした初期の柳田にみる部落史研究の方法と成果の上に立って、「祖先崇拝」と「常民」という柳田民俗学の二つのキーワードを軸に新たな展開を試みたものである。有泉は、立論に関して主として宗教的観念としての祖先崇拝に焦点を当てているが、その論理の射程は、近世以降の日本人の生活意識の根幹に関わる「家」観念そのものの存立の構造に及んでいる。その意味において有泉の問題提起は、「家」観念と「常民」概念を中心に据えて展開された成熟期の柳田の学問と思想の、最も脆弱な部分を穿つものだということができよう。

これに対して、柳田の被差別民への視点の後退を現実の政治活動との関わりから明らかにしようとしたのが門馬幸夫の「柳田国男と被差別部落の問題」（『民俗宗教』第一集）である。そこで門馬は、柳田における被差別部落史研究の後退が、大正十一年三月三日の全国水平社創立大会における「水平社宣言」の採択を中心とする水平社運動の高まりと対応しているという事実を重視、柳田は被差別民への視点そのものを捨てたのではなく、政治的運動との関わりを恐れて、あえて口を閉ざしたのであると主張する。

かつて五来重が、柳田国男に「俗聖沿革史」のような秀れた論文をなぜ再刊しないのかとたずねたところ、柳田は「あの『毛坊主考』なり『俗聖沿革史』というのは本願寺の成り立ちにふれているんで、それは皇室にもまた同時に関係があるから、かかるものを再刊するわけにはいかないんだ」と答えたという（「討論柳田国男の学問と思想」後藤総一郎編『人と思想　柳田国男』）。柳田はまた、後年の回想において、旧知の竹葉寅一郎の活動にふれ、「私自身もかつてこの問題の合理的な解決に心を注いだこともあるが、一旦よく考へてから止めてしまつたのであつた」とも述べている（「故郷七十年拾遺」）。大正期における水平社運動の高揚の中で、柳田がある種の政治的配慮から自らに「沈黙」を強いた可能性は、十分に考えられよう。

しかし、有泉も示しているように、柳田民俗学における被差別民への視点の後退は彼の学問の方法と密接に関わっていた。柳田民俗学の発展的継承のためにも、この問題を外在的な政治的要因だけで片付けてしまうことはできない。すでに見てきたように、柳田が被差別民へと関心を注いだ時期は、同時に彼が山人や天狗、山の神、木地屋、サンカなど、共同体の外側で漂泊的生を営む人びとやその周辺の事象に広く関心を注いだ時期でもあった。被差別民への関心の後退は、これら全体への関心の後退と即応したものであり、その後退と共に、土地に根ざした定住農耕民をモデルとする「常民」概念が柳田民俗学の基本概念として登場してくるのである。

柳田の民俗学を社会変動論の立場から再構成しようと試みた鶴見和子は、そこに見える「漂泊」から「定住」への視座の転換を、二者択一的な断絶や転換としてではなく、理論的な展開深化として捉え、両者を相互補完的で周流可能な社会的過程として描き出している。鶴見によれば、柳田は社会変動の担い手をあくまで定住者＝常民に据えているが、その常民が真に担い手たりうるのは、漂泊者との出会いや相互転換による覚醒や刺激を通じてであり、漂泊者もまた、そうした過程を通じて社会変動の実質的な推進力として位置付けられているという（鶴見和子『漂泊と定住と――柳田国男の社会変動論』）。

鶴見の立論は、有泉の立場とは対照的に、常民概念を中心として構築された成熟期の柳田民俗学の成果の上に立って、初期における「漂泊者」への視点をも包括しうる方法的枠組みを模索したものということができよう。漂泊と定住との多様な相互関係に着目し、両者を社会変動の主たる担い手として統一的に把捉しようとするその試みはきわめて刺激的であるが、しかし、その立論に際しては、柳田民俗学の初期と確立期の間にある方法論的な断絶や異質さが、あまりにも等閑視されているように思われる。

柳田国男の初期の諸論考が示しているように、柳田の民俗学は漂泊者や被差別の民への関心を初発の契機として出発したのだということができる。その関心と考究を通じて、彼の学問の方法は鍛えられ、深められていったのである。秋定嘉和は「戦前の部落史研究と柳田民俗学の周辺」（『部落解放研究』第七十四号）と題する論考の中で、柳田の被差別部落史研究の重要性を指摘し、その批判的継承のためにも、柳田の学問の全体の展開の中でその功罪を明らかにしていく作業の必要性を訴えている。漂泊から定住へという、大きな視座の転換の中で、柳田の民俗学が何を捨て何を獲得していったのか。被差別民への視点の欠落の意味も、こうした柳田の学問と思想の全体的な展開の内在的検証を通じて明らかにされるべきであろう。

第二章　模索——〈物語〉の誕生

展望2　『遠野物語』論の視界――神話と三面記事の間

二人の作者

『遠野物語』を評して、「データそのものであるが、同時に文学だ」といったのは、三島由紀夫である（「遠野物語」）。この一言には、口碑の集成としての『遠野物語』が立っている特殊な位相とその魅力とが、見事に言い尽くされている。

『遠野物語』は、陸中遠野の人佐々木喜善（繁）が語った遠野郷の口碑を柳田国男が書き留めたものである。その口碑を記録するにあたって、柳田は漢文訓読体に近い独特の洗練された文語文体を採用した。ここには明らかに柳田の選択が働いている。柳田は、口碑の記録としての機械的な「正確さ」や「平明さ」以上に、その文体の持つ簡潔で引きしまった美しさや、自在な表現力を重視したのである。その結果、『遠野物語』は、民衆の想像力の結晶として、他に類を見ない深い陰影に富んだ独特の文学的世界を獲得した。

しかし、このことは、『遠野物語』が同時に、北国の山間に生きる人びとの内面生活の優れた記録でもあることを否定しはしない。柳田がそこで払った文章上の苦心は、ほとんどその叙述のあらゆる細部にいきわたっているが、その表現は、柳田という一個人の個性の表現を超えた普遍性を獲得し得ているからである。そこに描き出された断片的な口碑の一つ一つは、まるで「熟練した木こりの手に成った」（三島、同前）かのように、人びとの内面生活の一断面を鮮やかな切り口において示している。

佐々木喜善が友人の作家水野葉舟に伴われ、はじめて牛込加賀町の自宅に柳田国男を訪ねたのは、明治四十一年十一月四日のことである。のちに日本の口承文芸研究の草分けの一人として昔話の採集やザシキワラシの研究などに大きな足跡を残した佐々木喜善は、このとき二十三歳。いったん志した医学の道を捨てて上京し、井上円了の哲学館や早稲田大学に籍を置き、泉鏡花に私淑して詩や小説の習作を続ける文学志望の青年であった。

一方、柳田は内閣法制局参事官に宮内書記官をも兼務する三十四歳の少壮官僚である。すでに農商務省を去り農政の現場からは離れていたが、なお全国農事会幹事を務めるなど、日本農業の現状には強い関心を抱き続けていた。この時期、柳田は、東北・北海道・樺太旅行（明治三十九年）木曾・飛驒・北陸旅行（明治四十二年）、美濃・越前旅行（明治四十四年）など、のちの柳田民俗学の展開にとって重要な意味を持つ長期の視察旅行をあいついで経験しており、この年の夏も、三ヵ月に及ぶ長い九州旅行を体験したばかりであった。その途次に立ち寄った日向奈須（宮崎県椎葉村）の山村では、土地の故老から親しく狩の故実を聞くという貴重な体験をしている。

若くして新進の歌人、新体詩人として出発した柳田は、自ら新体詩の創作を断念したのちも、「竜土会」や「家の会」を中心に若手文壇人との交遊を続けていた。しかし、この頃、竜土会への足もようやく遠のきはじめ、自らが首唱してはじめたイプセン会も、五月の九州旅行以来中断したままになっていた。この時期、柳田は、文学と農政学という二つの土壌を足場としながら、民衆の歴史の内側へと分け入って行くべき新たな学問を求めて模索を重ねていたのである。

喜善とのはじめての出会いの夜、柳田は手帳に次のように記している。

佐々木は岩手県遠野の人、その山ざとはよほど趣味あるところなり、其話を其まゝかきとめて「遠野物語」をつくる。

（鎌田久子「遠野物語下染め」）

一方、同じ夜、喜善もその日記にこう記している。

学校から帰つてゐると水野君が来て共に柳田さんの処に行つた。お化話をして帰って、帰り途に……

（『佐々木喜善全集(Ⅳ)』）

柳田がすでに口碑の記録を『遠野物語』として構想しているのに対して、当の喜善が自らの話を「お化話」と記しているのが興味深い。そこには、喜善と柳田とを共に包んでいた当時の文壇を取りまく空気の一端が、はしなくも映し出されているからである。

物語と怪談の間

『怪談会』という一冊の本がある。表紙に黒地に怪しの絵を描くこの本の序を書いているのは泉鏡花である。明治四十二年十月に柏舎書楼から刊行されている。当時、文壇に怪談研究会という集まりがあった。雑誌『趣味』「文芸界消息」欄の報ずるところによれば、明治四十一年五月頃結成され、月一回会合を開いて内外の怪談を披露したり批評しあったりした文士連の集まりである。その内容からみて、『怪談会』は、この怪談研究会の席上などで披露された怪談やそれにまつわる小話を集めたものと推測される。寄稿者には、画家の岡田三郎助、鏑木清方、歌舞伎の尾上梅幸、市川団子ら多彩な顔触れの中に、小山内薫、小栗風葉、柳川春葉、邦楽家の鈴木鼓村ら、柳田と親交のあった竜土会のメンバーが数多く名を連ねている。そして、喜善を柳田に引き合わせた水野葉舟もこの怪談研究会の主要なメンバーの一人であった。ちなみに葉舟も『怪談会』に二つの小話を寄せているが、その中の「月夜峠」と題する一篇は、『遠野物語』第百話と同じ話である。

この当時、文壇では、この種の怪談話が一種の流行のごとき現象を呈していたのである。その中心にいたのが、柳田と親しい水野葉舟や鈴木鼓村らであった。彼らは、怪談研究会成立以前にも、しばしば同好の士を集めては怪談会を催し、その記録を『趣味』などの誌上に競って発表している。柳田と喜善との出会いの直前、明治四十一年十月二十八日に麻布竜土軒で開かれた竜土会には柳田も出席しているが、その席でも妖怪談などが盛んに話題になったという（小田富英「竜土会からイプセン会へ」柳田国男研究会編『柳田国男伝』所収）。

佐々木喜善は、こうした文壇の風潮に忠実に、自らの遠野談を「お化話」として理解していたのである。葉舟もまた、その話を「怪談」として書き留めた。しかし、柳田はけっしてそうは聞かなかったのである。

水野葉舟は、『怪談会』のほかにも、喜善から聞いた遠野の話を「怪談」あるいはそれに類する形で数多く発表しており、その中には、『遠野物語』と内容を同じくする話も少なくない。喜善や葉舟の「怪談話」と柳田の『遠野物語』とを隔てている懸隔の大きさを知るために、その例の一つを掲げてみよう。

これも、人の死んだ時の事。或る家の隠居が死んだ、その通夜の晩の事である。一同のものは、もう疲れて、棺のある次の間で寝て居た。その家の嫁さんと、年よりとが炉の切つてある室で、寝もせずに炉に炭をついで居た。そして夜が更けて行く。と、すつと音がして人が入つて来た。気が付いて振り返つて見ると、亡つて今現に棺の中に入つて居る人が、歩いて来る。死ぬまでの着物を着て、屈んだ腰をして、ずつとその室に入つて来ると、嫁さんの傍を知らぬ顔をして通つて行つた。その時に、着物の裾が触つて、わきに置いてあつた炭とりがクルッと廻つた。

そして、其儘ズッと奥の室に入つて行つた。すると奥で寝て居た人達が一時にウーンと魘された。

（水野葉舟「怪談」『趣味』明治四十二年六月）

『遠野物語』第二十二話の亡霊譚と同じ話である。この二つの話の比較分析については、本章第二節の「出来事の伝承」において改めて詳述する。ここでは、ただ一点について確認しておきたい。

この二つの話が作り上げている世界は、同じ話とは思えないほど異質である。しかし、ここでこの二つの話のどちらが喜善が語ったはずの口碑の「原話」に近いかを問うことは、おそらく、あまり意味がない。「聞き書き」とは、けっして、語り手の一方的な話をそのまま一字一句文字に置き換えていくような、機械的な書き写しの作業ではないからである。問題は、二人の聞き手が、喜善の話に対してどのように向きあいそこからどのような世界を紡ぎ出したかであろう。

この二つの話の間の最も大きな違いは、その文章の細部の叙述にある。葉舟の文章は、亡霊の出現から結末に至る出来事の輪郭をごく簡略に述べているにすぎないのに対して、『遠野物語』の文章は、状況の細部の詳細さ、その具体性において際立っている。ここで葉舟が話の細部に無関心なのは、彼の関心が、〈亡霊の出現〉という怪異現象そのものに傾注されているからであろう。一方、柳田はあくまで出来事の細部にこだわっている。それを支えているのは怪異だけでなく、怪異の出現した現実の状況総体に向けられた全体的な関心である。

三島由紀夫は『小説とは何か』の中でこの『遠野物語』第二十二話を取りあげ、亡霊の衣の裾に触れてくるくると回る丸い炭取りを「現実の転位の蝶番」として絶讃している。この場合、何のへんてつもない一個の炭取りが一瞬の中に舞台を転換させる「転位の蝶番」たりえているのは、その背後に亡霊の出現によって震撼されるべき日常的現実の細部の描写が、的確に積み重ねられているからであろう。葉舟の「怪談」においても、炭取りは回っているが、「転位の蝶番」は回り切れていない。そこには、怪異の出現によって揺るがさるべき現実が十分に描き出されておらず、したがって炭取りは、単なる炭取りでしかないからである。

物語の魅力

『遠野物語』の多様な口碑群の中から、最も『遠野物語』らしいものを一篇だけあげるとすれば、私は、次の一話をあげたい。

四　山口村の吉兵衛と云ふ家の主人、根子立と云ふ山に入り、笹を苅りて束と為し担ぎて立上らんとする時、笹原の上を風の吹き渡るに心付きて見れば、奥の方なる林の中より若き女の穉児を負ひたるが笹原の上を歩みて此方へ来るなり。極めてあでやかなる女にて、これも長き黒髪を垂れたり。児を結び付けたる紐は藤の蔓にて、着たる衣類は世の常の縞物なれど、裾のあたりぼろ〳〵に破れたるを、色々の木の葉などを添へて綴りたり。足は地に着くとも覚えず。事も無げに此方に近より、男のすぐ前を通りて何方へか行き過ぎたり。此人は其折の怖ろしさより煩ひ始めて、久しく病みてありしが、近き頃亡せたり。

『遠野物語』の山人譚の中でも最も単純で短いものである。それだけに、口碑の記録としての『遠野物語』の立っている特殊な位相を鮮明に映し出している。ここに描き出されているのは、山中で異形の女性に出会ったという村人の体験である。そこには、山人譚に特有の類型的な誇張も、幻想的な物語の展開も含まれていない。ただ村人が眼の当たりにした異形の女性の姿が淡々と、しかし、この上なく具さに描き出されているだけである。にもかかわらず、山中で異形の人物に出遭った村人の心のおののきは確かなリアリティをもって胸に迫り、私たちの心にまで静かな戦慄を呼び起こすのである。

この『遠野物語』の魅力はどこからやってくるのだろうか。『遠野物語』の魅力の多くが柳田の文章の力に負っていることは、たとえば、佐々木喜善の「縁女奇聞」などに見える同類の山人遭遇譚と比較してみれば明らかである。しかし、私たちにとって重要なのは、柳田の文章力を賛美することではなく、その表現力の拠ってきたるところを明らかにすることであろう。柳田は、喜善の語り出す遠野の口碑に促されてその筆をとったのであった。その口碑の中の何が柳田の心を捉え、その力がどのように働いてかくのごとき表現へと向かわせたのか。

ヴァルター・ベンヤミンの「物語作者」と題する一文の中に、次のような一節がある。


異常なこと、奇蹟的なことは、このうえなく精確に語られるが、出来事の心理的な関係が読者に押しつけられることはない。事柄を理解したとおりに解釈することが、まったく読者の自由にゆだねられており、語られた内容は、それによって、情報には欠けている振幅の広がりを獲得することになる。


先に掲げた第四話の山人譚や第十一話の母殺し譚を読むたびに、私は、ベンヤミンがロシアの物語作家レスコフについて記したこの一節を想起する。その言葉の一つひとつが『遠野物語』の表現と見事に響きあっているからである。むろん、ベンヤミンは『遠野物語』を知らない。だからこそ私たちは、ベンヤミンがレスコフの「欺き」や「白鷺勲章」のような作品の中に見出したものと同じ、ある秀れた普遍的な精神の働き――ベンヤミンが「物語の精神」と呼んだもの――が、『遠野物語』の中にも確かに働いているのを知ることができるのである。

ベンヤミンはまた、次のようにも述べている。

毎朝世界中のニュースがぼくらに伝えられる。にもかかわらず注目すべきはなしには乏しい。それは、ぼくらのもとにとどく事件はすべて、すでにさまざまな説明がくわえられているからだ。言いかえれば、発生する事件はもはや何ひとつ物語の役には立たず、ほとんどすべてが情報に役立つものばかりなのだ。つまり、ひとつの話を再現することによって、それをあれこれの説明からとき放ってやることが、すでになかば物語る技術だといってよい。

ベンヤミンは、ここで「情報」という概念と対置することによって、「物語」あるいは「物語る」という行為の本質を的確に描き出している。この場合、「情報」とは、新聞の三面記事的なニュースや日々生起する噂話のように、すでにさまざまな説明が加えられ、意味づけを与えられた話の謂である。そうした「情報」は「それがまだ新しい短い瞬間に、その報酬を受けとってしまっている」から、ひと時どんなにもてはやされてもすぐに忘れ去られる。まさにこの点において「情報は物語の精神とは相容れぬ」というのである。「物語」は、まさにその物語るという行為の中に、さまざまな説明や解釈の入る余地を許さない。いかなる意味づけからも自由であるが故に、長い時間の隔たりを超えて、幾度となく蘇り生き続ける。

ベンヤミンのいう「物語の精神」、過去の出来事を〈語る〉ことによって眼前に再現し、蘇らせる精神は、『遠野物語』だけでなく、むろん、その元になった遠野郷の口碑そのものの中にも生きて働いていたはずである。柳田が佐々木喜善の語り出す遠野の口碑にはじめて触れた時、まずその心を捉えたのもそうした精神の燦きであったにちがいない。

これらの事実は、日本の民俗学の開拓者が、同時に優れた「物語作者」であったことを示している。その「物語精神」がどのように働いて、後に民俗学の開創へと至ったのか。この問題については、ジュネーブからの帰朝の後、大正末年から昭和初年に至る確立期の柳田国男の仕事を待たねばならない。

遠野郷の現実・物語の表現

しかし、一方で、遠野郷の口碑は、ベンヤミンのいう「情報」の世界をもまた、否応なくその中に含んでいる。改めて指摘するまでもなく、『遠野物語』に納められた口碑の大半は、遠野近郷において実際に体験された出来事を伝える話である。物語の時間は、「いま」という現在の時間を起点にした遠くない過去。物語の空間は、村人たちがその細かな地形までも知悉した現実の遠野郷の村や山々。述べられているのは、村人たちによって実際に体験されたという異常な出来事の数々である。

本章第一節において詳述するように、『遠野物語』の口碑の世界は、私たちの想像するよりはるかに今日の新聞の三面記事や噂話の世界に近いところに立っている。新聞の三面記事の世界は、ベンヤミンの用語を借りて言えば「〈情報〉化された話」の世界である。そこでは、一つの話に関心を抱きその〈情報〉を求めることと、それを一つの〈話〉として享受しようとする態度とが不可分の形で結び付いている。非現実的な不可思議譚も、それがあくまで現実の出来事として捉えられ、そう語られるかぎりにおいては、三面記事や噂話の世界と本質的に同質のものをその内に抱え込んでいるのである。

そうした『遠野物語』の口碑群の性格を考える上で菊池照雄『山深き遠野の里の物語せよ』は実に刺激的な一書であった。菊池によれば、第三話において佐々木嘉兵衛という猟師が山中で撃ち殺したという黒髪の女は、山女などではなく、佐々木喜善の祖父万蔵の妹トヨであったという。トヨは、第二十二話の喜善の曾祖母の亡霊譚で、「死者の娘にて乱心の為離縁せられたる婦人」と記され、出現した「亡霊」の姿を見て「おばあさんが来た」と叫んだという「狂女」その人である。さらに現地の村人たちの間では、病死して埋葬されたトヨが墓から蘇って山に入り、嘉兵衛らマタギ仲間の鉄砲の的になっていたのだとか、青笹村の大草里部落の男が六角牛のおがせ滝近くに住み付いたトヨに食物を送り届けていたとか、事実と噂の境界も不分明なさまざまな話が、あたかもあくまで実際の話のように語り継がれていたという。

有名な「寒戸の婆」の話（第八話）にも、母親を鉈で斬り殺した男の話（第十一話）にも、実在のモデルがあり、話の核となるべき異常な出来事があった。菊池は、そうした、これまで伝承の霞の彼方にあった物語の実在の登場人物たちに光を当て、血と肉を与えて蘇らせることによって、『遠野物語』の口碑群を生み出す母胎となった遠野郷の現実そのものを白日の下に引き出して見せてくれた。そこには、事実と噂とが混然一体となって口から口へとひそかに、あるいは公然と語られながら、噂が噂を生んで変容と増幅をくり返し拡大して行く、過剰な意味に溢れた猥雑な〈坩堝〉のような〈話〉の世界がある。それを生み出したのは海岸部と内陸部とを結ぶ物資の一大集散地横田の町を控えながら、平常は深い山々に囲まれて閉じられていた近代黎明期の遠野郷の山村の生活である。そしてその現実は、過剰な情報の氾濫する情報社会の只中にあって、なお閉じられた生活を送っている今日の私たちの現実と一筋に繋がっている。

生きている『遠野物語』

出来事をあくまで村落の内部伝承として、長い時間のへだたりを超えて語り継いで行こうとする力と、新聞の三面記事や噂話のように〈情報〉化した話として、自由な語り口で、空間の制約を超えて広く流布して行こうとする力。出来事の伝承としての『遠野物語』の世界は本質的にこの二つの異質なベクトルのせめぎあいの中に成立している。そう捉えることによってはじめて私たちは、書き留められた口碑の集成である『遠野物語』の表現世界と、それを生み出した遠野郷の口碑の世界とを、一つのパースペクティブの下に統一的に把握する視点を持つことができる。『遠野物語』の口碑の一つひとつをそれを生み出した遠野郷の話の現実の中に置き直し、この二つのベクトルの交差の中でその位相を正確に明らかにしていくという作業を積み重ねることによって、『遠野物語』は改めてその等身大の姿を私たちの前に現わしてこよう。その時、現代の私たちにとって『遠野物語』とは何か、という問いも新たな意味を持って蘇ってくるはずである。

実験談の世界――『遠野物語』の説話世界1

『遠野物語』は、日本民俗学発祥の記念塔だといわれている。いうまでもなく日本民俗学の歩みの劈頭に位置し、その黎明を告げる記念すべき著作であるからであろう。

しかし、それだけなら柳田国男には『後狩詞記』『石神問答』の二著もある。これらの著作は、どちらも『遠野物語』に先行し、また、当時少壮の農政官僚であった柳田が、一生の学問と定めた農政学から進んで民俗の世界へと眼を開くに至るその歩みを跡づける上においても、また、柳田民俗学の方法的な原点を探る上でも、『遠野物語』に劣らない貴重な資料となっている。

形の上では単純な口碑の聞書きにすぎない『遠野物語』が、これらの二著のいずれよりも、またおそらくは厖大な数にのぼる柳田国男の他のどの著作よりも人口に膾炙《かいしゃ》し、多くの人々に親しまれているのは、単にこうした学問上の興味以上に、そこに何か人々を惹きつけてやまない魅力を湛えているからにほかなるまい。

では、そうした『遠野物語』の魅力は、どこにあるのだろうか。そもそも人々の心を惹きつけてやまない『遠野物語』の世界とは、どのような世界なのであろうか。

『遠野物語』は口碑の記録の集成であるから、その魅力を問うことは、とりもなおさずその口碑の一つ一つの開示する世界が如何なるものであるかを探ることであろう。以下は、そうした口碑の集成としての『遠野物語』の世界とその魅力を探るための素描的な試みの一つである。

一　『遠野物語』と三面記事

『遠野物語』のような口碑の集成を、私たちははるか昔から語り伝えられてきた古伝承の集成であるかのように考えがちであるが、実際の『遠野物語』は、それほど古い話を伝えてはいない。そこに収められた口碑の大半は、古くから伝えられてきた昔話でもなければ、神話や伝説でもなく、ごく近い過去に遠野郷において実際に体験された出来事を伝える、〈新しい話〉なのである。

『遠野物語』は書き留められた口碑の集成であるから、その世界を自由に渉猟し、娯しむのにどんな予備知識も必要としないが、しかし、『遠野物語』をわが国に伝わる多様な民譚の祖型のごとくに考えるような誤解から解き放つために、このことだけは最初にはっきりと述べておかなければならない。

『遠野物語』が比較的新しい現実の出来事にまつわる伝承であることを示すために、まず実例をあげてみよう。

一昨年の遠野新聞にも此記事を載せたり。上郷村の熊と云ふ男、友人と共に雪の日に六角牛に狩に行き谷深く入りしに、熊の足跡を見出でたれば、手分して其跡を覓め、自分は峯の方を行きしに、とある岩の陰より大なる熊此方を見る。矢頃あまりに近かりしかば、銃をすてゝ熊に抱へ付き雪の上を転びて、谷へ下る。連の男之を救はんと思へども力及ばず。やがて谷川に落入りて、人の熊下になり水に沈みたりしかば、その隙に獣の熊を打取りぬ。水にも溺れず、爪の傷は数ケ所受けたれども命に障ることはなかりき。(1)（第四十三話）

『遠野物語』の中にあって、もっとも新しいものの一つであるこの話は、伝承としての『遠野物語』の口碑群が立っている位相を実によく示している。ここに描かれているのは、まぎれもなく現実の出来事である。人々が自らの心に描き出した幻の影でもなければ、単なる空想の産物でもない。この話は、ある男が熊と組み打ちをして生還したという現実にはあり得ないような出来事が、実際に起こった出来事であり、事実である、という位相の上に立っており、それを前提として成立している。この話を嘘譚として信じないものには、何のリアリティも持ち得ない。だからこそ、柳田は、「一昨年の遠野新聞にもこの記事を載せたり」という、話の存在証明のような一文を、あえて冒頭に記しているのである。

ところで、『遠野物語』が上梓された時点から見て「一昨年」といえば、明治四十一年のことになるが、この出来事が実際に起こったのは、明治三十九年の冬のことであった。同年十一月二十日付の『遠野新聞』は、その出来事を次のように伝えている。

熊と格闘上郷村仙人峠は今は篠切りの季節にて山奥深く分け入りしに泡雪に熊の足跡あるを見出し全員細越佐藤末松を先頭に七八人の猟夫等沓掛山をまきしに子連れの大熊を狩出したれば狙ひ違はす一発まて見舞たれども斃るゝ気配のあらざれば畑屋の松次郎は面倒臭しと猟銃打ち捨て無手と打組みしも手追ひの猛熊処きらはず鋭爪以て引掻きしも松次郎更にひるまず上になり下になり暫が間は格闘せしも松次郎が上になれば子が噛み付くより流石の松次郎も多勢に無勢一時は危く見江しも勇を鼓して戦ひしに熊も及ばずと思ひけん松次郎を打ち捨てゝ逃げんと一二間離れし処を他の　猟夫の一発に斃れしも松次郎の負傷は目も当てられぬ有様にて腰より上は一寸の間きもなく衣類は恰もワカメの如く引き裂かれ面部に噛み付かんと牙ムキ出せばコブシを口に突き込みし為め手の如きは見る影もなき有様にて今尚ほ治療中なりとは聞くも恐ろしき噺にて武勇伝にでも有り相な事也(2)

この記事が『遠野物語』第四十三話と同じ出来事を伝えたものであることは、一読して明らかであろう。両者の間にある細部の細かい異同は、出来事の伝承における〈話の変容〉の問題を考える上できわめて興味深い資料であるが、いまは置いておく。逆にここで着目したいのは、両者の間の同質性である。『遠野新聞』の記事は類型的で誇張的な表現が眼に付くが、それでも両者が一つの話として伝えている世界はまったく同じものだといってよいだろう。同じ出来事を伝えた話であるから、その内容が似ているのは当然だが、それ以上に、一つの出来事に向かいあう姿勢、出来事を話として伝えるその態度において、従ってその話の作り上げる世界において、両者は同質なのである。

この第四十三話と『遠野新聞』の記事とは、私たちが古伝承の集成とのみ思いがちな『遠野物語』の世界が、想像以上に今日の新聞の、いわゆる三面記事の世界と近いところに立っていることを示す、最も好い例であろう。むろん、その中に一片の不可思議をも含まない第四十三話は、『遠野物語』の口碑群の中では例外的なものであり、一個の伝承としても、長い年月の手垢に汚れていない分だけまだ十分に成熟してはいない。しかし、それだけにかえって私たちは、現実の出来事の伝承としての『遠野物語』のはらんでいる本質的な性格をより鮮明に見出すことができるのである。

新聞の三面記事の世界は、いわば〈情報〉としての〈話〉の世界だといってよいだろう。そこに載せられた記事の数々は、人々がそれによって現実の新しい一面に眼を開く、という意味において、いずれもまぎれもない〈情報〉であるが、同時にそれは一つの〈話〉として享受されるような性格を本質において持っている。このことは、今日でもなお三面紙上にくり返して表れる「美談」や「裏話」、あるいは「親殺し」や「子殺し」といった凄惨な記事の幾つかに眼を通してみれば、容易に理解することができるだろう。そこでは、一つの〈出来事〉に関心を抱きその〈情報〉を求めることと、それを一つの〈話〉として享受しようとする態度が、ほとんど不可分の形で結び合わさっているのである。

第四十三話の熊との格闘譚に限らず、『遠野物語』の口碑の多くは、その一面においてこうした三面記事の世界と通じ合うものを持っている。『遠野物語』には数多くの怪異や不可思議が登場するが、そうした話の大半は、同じようにあくまで何某が実際に体験したという現実の出来事として伝えられている。まさにこの一点において、これらの話は、多かれ少なかれ現実の出来事に関する〈情報〉としての側面を併せ持っている。それらは、いわば〈話〉として伝えられる〈情報〉であり、三面記事と同じような〈情報〉としての〈話〉なのである。

むろん、こうしたことから、『遠野物語』の口碑の世界と新聞の三面記事の世界とをそのまま同一視するわけにはいかない。後に述べるように、どのように類似していようとも、両者は決定的なところでまったくその相貌を異にしている。しかし、それでもなお両者の類似点をあえて強調するのは、それが、私たちが他と隔絶した山村にたまたま生き残った孤立した伝承とのみ考えがちな『遠野物語』の口碑群の、開かれた一面へと眼を向けさせてくれるからである。

『遠野新聞』の記事は、記者生の実地の見聞ではなく、おそらく体験者やその周囲の人々の談話や報告に基づくものであろう。私たちは、この記事の背後に同じような内容の話や噂が、口の端から口の端へとつぎつぎに伝えられていくような状態を想定することができる。『遠野新聞』の記事と同じように、『遠野物語』の第四十三話もまた、もとはそうした形のない無数の〈話〉の中からたまたま汲み上げられた一つの〈話型〉にすぎなかったのである。

『遠野物語』の口碑群は、すべて柳田国男によって遠野郷という村落の純粋な内部伝承であるかのように叙述されているが、その中の少なくない部分は、こうした人々の口の端に登った無定型の〈話〉や〈噂〉の中にその原型を持っているように思われる。今日の新聞の三面記事や、その背後に飛び交っている無数のゴシップやスキャンダルを支えている〈よそごと〉への関心、――即ち日常的現実の延長上にありながら自分たちの現実生活とは直接関わってこないような出来事や世界に対する関心――と明らかに同質のものをそこに見出すことができるからである。その意味では、『遠野物語』の口碑群を生み出した遠野郷の現実は、今日の私たちの、様々なゴシップやスキャンダルの飛び交う猥雑な〈話〉の世界へと一筋につながっている。

『遠野物語』を生み出した遠野郷は、当時すでに、他の地域と隔絶した山間の小村というだけではけっしてなかった。遠野郷の中心地横田町は、江戸時代にはすでに南部一万石の城下町であり、海岸部と内陸部を結ぶ交通の要地として、荷駄による様々な物資の集散する一大流通基地であった。月に六度開かれる市の日には、各地から馬の背に荷を満載した大勢の「駄賃付け」たちが集まり、「馬千匹人千人」の賑わいであったと伝えられる。

『遠野市史』によれば、こうした物資の流通基地としての遠野が最も賑わったのは、明治十年頃からであり、その最盛期は明治二十三年頃であったという(3)。佐々木喜善によって語られた『遠野物語』の口碑は、まさにこうした遠野の最隆盛期を生きてきた故老たちによって幼い喜善の耳に伝えられたのである。むろん、遠野郷の口碑を直接に生み出したのは、繁華の地横田ではなく、喜善の生地土淵を始めとした山間の小村であったが、もしそうした周囲の山村の生活が横田町の繁栄とまったく無縁であったとしたら、『遠野物語』のような口碑群はけっして生み出されなかったに違いない。

『遠野物語』の口碑群は、どのような意味においても、他と隔絶した山村における古伝承の残存などではなかった。「現実の出来事の伝承」という視点から見る限り、私たちは、その口碑群の開かれた一面へと否応なく眼を向けざるを得ないのである。

二 〈物語〉の精神

『遠野物語』の口碑群の大半は、実際に体験された出来事であり、また〈話〉であるのと同時に〈情報〉でもあるという点において、新聞の三面記事の世界と深いところで通い合うものを持っている。しかし、むろん、このことは『遠野物語』の世界がそのまま三面記事の世界と通なり合うことを意味しはしない。『遠野物語』を読んで、それが新聞の三面記事の世界と同じものだと思うものはいないだろう。幾つかの点においてどんなに似ていようとも、両者はその本質において決定的に異っている。

では、この二つのものを隔てているのは、はたして何か。新聞の三面記事の伝える出来事が実際に私たちのだれもが体験しうるような現実の出来事であり、『遠野物語』の大半は、非現実的な不可思議譚であるという違いはある。この外見上の内容の差異が両者に異った相貌を与えているのは事実だが、事はそう単純ではないはずである。おそらく、両者の間の差異は人間の心性のより深いところに根ざしており、その距離の隔たりにこそ、今日の私たちにとって『遠野物語』とは何かという本質的な問いが込められているように思われる。

ここでも例を掲げて考えてみよう。

此男ある奥山に入り、茸を採るとて小屋を掛け宿りてありしに、深夜に遠き処にてきやーと云ふ女の叫声聞え胸を轟かしたることあり。里へ帰りて見れば、其同じ夜、時も同じ刻限に、自分の妹なる女その息子の為に殺されてありき。（第十話）

此女と云ふは母一人子一人の家なりしに、嫁と姑との仲悪しくなり、嫁は度々親里へ行きて帰り来ざることあり。其日は嫁は家に在りて打臥して居りしに、昼の頃になり突然と伜の言ふには、ガガはとても生かしては置かれぬ、今日はきつと殺すべしとて、大なる草苅鎌を取り出し、ごし〳〵と磨ぎ始めたり。その有様更に戯言とも見えざれば、母は様々に事を分けて詫びたれども少しも聴かず、嫁も起出でて泣きながら諫めたれど、露従ふ色も無く、やがては母が遁れ出でんとする様子あるを見て、前後の戸口を悉く鎖したり。便用に行きたしと言へば、おのれ自ら外より便器を持ち来りて此へせよと云ふ。夕方にもなりしかば母も終にあきらめて、大なる囲炉裡の側にうづくまり只泣きて居たり。伜はよく〳〵磨ぎたる大鎌を手にして近より来り、先づ左の肩口を目掛けて薙ぐやうにすれば、鎌の刃先炉の上の火棚に引掛かりてよく斬れず。其時に母は深山の奥にて弥之助が聞き付けしやうなる叫声を立てたり。二度目には右の肩より切り下げたるが、此にても猶死絶えずしてある所へ、里人等驚きて馳付け伜を取抑へ直に警察官を呼びて渡したり。警官がまだ棒を持ちてある時代のことなり。母親は男が捕へられ引き立てられて行くを見て、滝のやうに血の流るゝ中より、おのれは恨も抱かずに死ぬるなれば、孫四郎は宥したまはれと言ふ。之を聞きて心を動かさぬ者は無かりき。孫四郎は途中にても其鎌を振上げて巡査を追ひ廻しなどせしが、狂人なりとて放免せられて家に帰り、今も生きて里に在り。
（第十一話）

三島由紀夫が『小説とは何か』の中で取りあげ、「プロスペル・メリメも三舎を避ける迫力と簡勁の極」(4)と絶讃した第十一話の母殺し譚である。一語の置き換えをも許さないような厳しく選び抜かれた簡潔な文章は、『遠野物語』の文章中でもひときわ精彩を放っているが、さらに、この十一話は、そうした文章の魅力を超えて、なおはるかに根源的なところで私たちの心を揺さぶるようなきわめて強い衝迫力を持っている。そこに描かれているのは、現実の一山村における貧しい母と子の間の葛藤劇であるが、それがまるで人々が悠久の時間の中で描き出した神話劇中の一場面でもあるかのように、荘厳な響きと強い迫力とを持って胸に迫ってくる。

この話は、現実に起こった出来事が、そのまますぐれた一個の伝承として成立し得ているという点において、『遠野物語』の口碑群中の一典型を成すものである。

この話の核を成しているのは、嫁と姑との不和による息子の母殺しという出来事でありそれに被害者である母の兄、弥之助という男の予兆譚である第十話の話が付随した形を取っている。この第十一話の母殺し譚と第十話の予兆譚とは一対を成すものであり、予兆譚としての側面はこの話の、〈伝承〉としての成立にとって少なからぬ意味を持っている。しかし、一方、第十一話の母殺し譚が一つの伝承として独立した世界を持っていることも事実であるから、ここでは、一応その予兆譚としての側面を棚上げした上で、第十一話の出来事そのものについて考えてみよう。

予兆譚という側面を切り離した場合、この話の核を成す「母殺し」という出来事そのものは、もはやその内部に一片の不可思議をも含んでいない。それは、今日でもままくり返されている、まさに三面記事的な刑事事件であり、現実の人間生活の只中における人と人との間の葛藤が生み出した血なまぐさい刃傷沙汰以外の何ものでもない。今日の私たちからみても、確かに異常な事件ではあるが、それは疑いようもなく私たちの日常の現実の一部分なのである。

したがって、この話の持つ〈伝承〉としてのリアリティは、まず、こうした現実の事件そのものが持っているリアリティにその基礎を置いているということができる。現実の事件としてのリアリティがなければ、この話そのものが成立し得ない。母殺しというあってはならない恐ろしい出来事が現実に起こったという〈事実〉、その〈事実〉が周囲の人々にもたらす衝撃がこの話の成立を根底から支えているのである。そうした意味で、この話は、前に掲げた第四十三話の熊との格闘譚と同じように、〈出来事〉の報道としての新聞の三面記事の世界と同質のものを持っているといってよい。

とはいえ、この文章の持つ伝承としてのリアリティは、決してそれにとどまらない。現実の事件を超えたはるかに根源的なところで私たちの心を揺さぶるようなきわめて強い衝迫力を、この話は備えているのである。今日、私たちが新聞の報道を通じて接する様々な出来事は、その出来事のたかに応じて、私たちの眼を引き、心の中に波風を立てるけれども、それがどんなに凄惨な事件であっても直接自身の生活に関わってこない限り、どこかよそごとの意識がつきまとい、ひとときどんなに話題になってもやがては忘れ去られる。出来事は、そもそも、時間と空間との乖離に堪えられないものなのである。

ところが、この第十一話においては、およそ百年も前に東北の見知らぬ山村において起こった出来事を、まるでいま眼前に起こった出来事であるかのように生々しく伝えてくる。三島由紀夫は、また別のところでこの話を取り上げ、「人間の血縁とは何かという神話的な問題についての、もっともリアリスティックな例証」[5]と述べているが、まさしくこの文章は、時間と空間との枠を越えて、そうした悠久の問題へと眼を向けさせるような根源的な力を内に秘めているのである。

この第十一話の母殺し譚は、同じ出来事にまつわる話でありながら、『遠野物語』の口碑の世界が新聞の三面記事の世界と如何に大きく隔っているかを、はっきりと物語っている。三島由紀夫が指摘しているように、[6]ここには〈言葉〉以外の質料は何一つ使われていないから、今日なら新聞の三面記事を賑わすだけの刑事事件についての記述に、どこか犯しがたい「神話的」とでもいうべき相貌を与えているのは、まさしく柳田国男の文章の叙述の力であるが、さらにその背後でその表現を支えているのは、そうした伝承を生み出し、語り、伝えてきた遠野郷の人々の心性にほかならないだろう。したがって私たちは、ここで『遠野物語』のような〈出来事〉の伝承を、現実に起こった一つの出来事に対して、人々がとりうる一つの固有の態度として捉えかえすことができるはずである。

一つの出来事が起こる。人々の心を震撼させ、その日常生活の心的秩序を危機に陥れるような異常な出来事である。そうした出来事に直面したとき、今日の私たちならまずどうするだろうか。

そのとき、私たちが求めるのは、何よりその〈情報〉であろう。いつ、どこで、だれが、といった基本的なものからその出来事の成因、動機、背景や当事者たちの心理に至るまで、実にさまざまな情報がそこから引き出される。そして、それによって、私たちは、出来事をさまざまな角度から分析し、説明し、そして理解しようとするだろう。一つの出来事をめぐって私たちに与えられるのは、つねにそうした意味づけられ、説明された〈情報〉であり、それによって出来事は、私たちの生活世界の中に一定の位置を与えられるのである。

今日、一つの出来事をめぐって私たちに与えられる情報の量は厖大なものであるが、しかし、そうした情報は、出来事の全体像をけっして伝えてはくれない。〈情報〉とは、いわば、意味づけられ、説明された〈出来事〉の断片にほかならないが、その断片をいくら集めてみても、私たちはけっして〈出来事〉そのものへとは達することができない。そこには、〈出来事〉を一つの固有な全体として捉えようとする精神が欠けているからである。〈出来事〉は、そうして無数の〈情報〉の陰に隠れて私たちから遠ざかり、やがて忘れ去られる。

しかし、『遠野物語』においては、事情はまったく異なっている。そこでは、人々は〈出来事〉と正面から向かい合っているが、けっしてそれについて意味づけをしたり、説明を与えようとはしない。彼らは黙って〈出来事〉を凝視《みつ》めているだけであり、そして見ただけのものを記憶し、語り、伝えようとするだけである。(7)

第十一話の母殺し譚において、柳田の筆は孫四郎という一人の男が母を斬殺するに至るその状況と行為とのみは余すところなく描き出しているが、その心理には何一つ触れていない。「心理的葛藤」はすべて文章の裏側に隠されており、また、息子の異常な行動に対する、一切の判断も説明もすべて排除されている。昼ごろ突然「ガガはとても生かして置かれぬ」といい出して鎌をとぎ始め、母の哀訴や嫁の取りなしをもはねつけて、夕方までの長い時間の後やおら母に切りつける――そうした孫四郎の行動は、その動機もきっかけもまったく不可解なものだが、それがまったく不可解なままで放置され、一片の説明も加えられていない。「わからなさ」が「わからなさ」のままで叙述されているわけで、そのため返ってこの異常な事件を目のあたりにした村人たちの恐怖ととまどいとが、生々しく伝わってくるのである。

『遠野物語』の伝承群が遠野郷の人々の現実の生活の中から生み出されてきたものとみなすことができるとすれば、その伝承の世界は、すべて出来事に対する人々のこうした特異な関わり方、その態度と精神とによって支えられているといっても過言ではないだろう。『遠野物語』においては、そうした人々の精神のままに、あらゆる主観を排し、〈出来事〉の状況の細部と行為とのみが、きわめて簡潔に、しかも余すところなく描き出されているため、〈出来事〉はその生々とした全体像を私たちの前に現すのである。

もし、一つの出来事と全的に向かい合い、その全体像を余すところなく記憶し、語り、伝えようとする精神、それによって過去を現在に甦えらせ、現在の中に過去を生きることのできる精神を、ヴァルター・ベンヤミンにならって、「物語の精神」と呼ぶことができるとすれば、『遠野物語』の伝承世界を生み出したものこそ、まさにそうした「物語の精神」であったということができよう。そこに描き出されている〈出来事〉の大半は、人々の身の回りに起こったささやかな異常事にすぎないが、たとえば今日では新聞の三面記事の片隅を賑わすにすぎない母殺し事件が一個の伝承として見事に結晶しているのを見るとき、私たちはそこに、古代の神話や叙事詩を生み出したものと通い合うような精神の燦きを、確かに見てとることができるのである。

出来事に対して、それをあくまで分析し、意味付け、説明しようとする態度と、ただそれを記憶し、語り、伝えようとする態度――この二つの態度の間にあるのが、今日の私たちと『遠野物語』との間の距離である。『遠野物語』の魅力について語ることは、とりもなおさずこの距離について語ることだといってよい。

しかし、その距離はけっして単一なものではありえない。私たちの現実が一つのものさしで測ることができるような単純なものではないのと同じように、『遠野物語』を生み出した遠野郷の人々の〝生〟もまた、一つの時代から一つの時代へと移っていく過渡的時代の複雑で多様な現実の中にあったからである。『遠野物語』と私たちとの間の距離は、物理的には百年という時間であるが、それはある場合にははるかに遠く隔っており、また一方では、踵を接するようにして隣り合ってもいるのである。

『遠野物語』の世界は、私たちにとってけっして無縁の世界ではありえない。私たちが『遠野物語』の世界に惹かれるのは、そこに私たちのまだ見知らぬもの、すでに失ってしまったものを見出しているからだけでなく、その世界が、どこか深いところで私たちの現実と通い合っているということを無意識の中にも感じとっているからではないだろうか。

三　〈実験談〉の集成

逸話としての『遠野物語』の中心を成すものは、山人や狼との遭遇交渉譚やそのほか様々の怪異譚であるが、それらを貫いている最も大きな特色は、そのほとんどが、何某が実際に体験したという「事実譚」の体裁をとっていることであった。それが真に事実であるかはともかく、おおよその年代や実在の人物の登場などによって近い過去に現実に起こった出来事と信じられ、そのように伝えられている話を、柳田や喜善にならって「実験談」と呼ぶとすれば、まさにそうした「実験談」こそ、『遠野物語』を特徴づける口碑群であるといってよいだろう。

『遠野物語』の話し手である佐々木喜善も、書き手である柳田国男も、もとよりこの事実は自覚していたし、それ以上に意識的にこの種の話ばかりを特別の興味を持って集めようとしていたのである。

　遠野に来てから、遠野の話をもう三十七ばかり書きました。皆明治この方の話で、新しいものばかり、こんな

よい話は外には決してないと思うのも二十ばかりあります。(8)

『遠野物語』刊行の翌年の明治四十四年、佐々木喜善は、友人の作家水野葉舟に宛ててこう書き送っている。当時、喜善は柳田の意を受けて『遠野物語』の続篇とでもいうべき『広遠野物語』の刊行準備を進めていたが、この一文は、そうした喜善だけでなく、柳田自身の遠野の口碑に対する関心の有様をもはっきりと伝えている。「新しいものばかり」を集めんとする喜善の態度が、『遠野物語』の序において、「これはこれ目前の出来事なり」と強調した柳田の立場にそのまま通じるものであることはいうまでもない。

況や我が九百年前の先輩今昔物語の如きは其当時に在りて既に今は昔の話なりしに反し此は是目前の出来事なり。仮令敬虔の意と誠実の態度とに於ては敢て彼を凌ぐことを得と言ふ能はざらんも人の耳を経ること多からず人の口と筆とを倩ひたること甚だ僅なりし点に於ては彼の淡泊無邪気なる大納言殿却つて来り聴くに値せり。近代の御伽百物語の徒に至りては其志や既に陋且つ決して其談の妄誕に非ざることを誓ひ得ず。窃に以て之と隣を比するを恥とせり。要するに此書は現在の事実なり。単に此のみを以てするも立派なる存在理由ありと信ず。

（遠野物語初版序文）

柳田が、ここで「此は是目前の出来事なり」といい、「此書は現在の事実なり」というとき、彼の眼は、そこに描き出された様々な不可思議譚、怪異譚が、遠野郷の現実生活の只中に生み出され、なおそこに生きてある、という一点だけを凝視めている。そしてその時彼の眼が見据えているのは、現実の出来事の伝承である〈実験談〉以外の何物でもないのである。

柳田が遠野の口碑において最も尊重したのは、その「新しさ」であり、現に生きてあるという事実であった。だからこそ、柳田は、「人の耳を経ること多からず人の口と筆とを倩ひたること甚だ僅なりし点」にいにしえの『今昔物語集』を凌ぐ価値を見出そうとしたのである。より古い話、少しでも多く昔の名残を留めている話を求めんとする今日一般の説話採集の常識から見れば、一見奇異とも思えるこうした態度こそ、『遠野物語』の口碑群に対する柳田の関心の有様を、何より端的に物語っているのである。

『遠野物語』に収録されているのは、決して実験談ばかりではない。しかし、その数は私たちが想像する以上に多いのである。試みに次の数字を見てほしい。

実験談	七十五章
神話・伝説	十九章
昔話	四章（三章）
信仰・風習・年中行事	十二章
地理・その他	八章
歌謡	一章
（計）	百十九章

きわめて大まかな分類であり、基準の置き方によって多少の違いが出てくるだろうが、おおよそのところを知るにはこれで十分である。実験談はそれだけで『遠野物語』全百十九章の実に三分の二近くを占めている。ちなみに残りの四十四章の中、昔話と歌謡とは明らかに他と区別され、付載資料のごとくにして巻末に置かれている。また神話・伝説として分類した中にも、内容の上で明らかに伝説としかいいようのないものでありながら、なお実験談の性格を帯びている話が少なくないのである。実験談の類が『遠野物語』の中で如何に大きな比重を占めているかがわかるだ

ろう。

柳田は、また喜善からの聞書きをまとめて刊行するに際して、年代を刊行時に合わせて書きかえたり、さしさわりのある実在の登場人物をあえて削除するなど、細かい注意を払っている。[9] これらは、柳田が『遠野物語』の実験談＝事実譚としての側面を如何に重視していたかを示すものである。

『遠野物語』の中心を成すこうした実験談は、説話の分類でいえば、後年柳田が「報道説話」、あるいは「世間話」と名づけたものに近いが、しかし、単に「世間話」としては片づけ得ない性格をも内包している。

『遠野物語』のこうした側面については、従来、まったくといってよいほど注目されてこなかった。柳田民俗学の出発点としても、また一個の文学作品としても、今日、『遠野物語』の重要性は変わることがないが、なお、それが一個の口碑の記録として、どのような性格を持ち、どのような意義を担っているかについては、ほとんど顧みられてこなかった、といってよいだろう。

しかし、私は、まず『遠野物語』の口碑の一つ一つを取り上げ、それらが一個の、〈話〉として開示している世界を凝視めることから始めたいと思う。遠野物話の口碑群は、何より一個の〈話〉であり、そうした作業なしには、どのような評価や讃辞も、所詮はむなしいものと思うからである。

註（1）　筑摩書房刊『定本柳田国男集』第四巻。以下『遠野物語』の引用はすべて初版本を原本とした同書によった。

（2）　『遠野新聞』については、従来その所在が不明とされていたが、一部が伊能嘉矩家に伝存しており、その複写が遠野市立図書館に未整理のまま保管されていた。筆者が見たのは、この遠野図書館蔵の複写である。それによると、同紙は、明治三十九年五月二十日創刊。発行兼編集人村上武平、発行所は岩手県上閉伊郡遠野町二百七十四番戸、遠野新聞社となっている。紙面はタブロイド版四面。毎月二回、五日と二十日の日に定期的に発行されており、購読料は発行当初一部一銭五厘、六ケ月で十八銭であった。この郷里の新聞創刊には、当時すでに上京していた佐々木喜善も大きな関心を抱いたらしく、第三号以後数回にわたって「遠野少女に」（節三号）、「遠野少女に」（第四号）。「花桔梗」（第七号）といった歌謡調の新体詩を寄稿している。『遠野新聞』が、当時の遠野郷の人々の生活の中にどの程度浸透していたかはよくわからない。おそらく創刊後数年にして廃刊に至っており、十分に定着するには至らなかったものと思われる。しかし、当時の遠野郷の生活が、たとえ一部の人々の間であれ、こうした新聞発刊を促すような段階にあったことは、『遠野物語』成立の背景として、十分に考えておく必要があるだろう。

（3）遠野市史編集委員会編『遠野市史』第三巻、昭和五十一年五月、万葉堂書店。

（4）三島由紀夫『小説とは何か』昭和四十七年三月、新潮社。

（5）三島由紀夫「『遠野物語』」昭和四十五年六月十二日付、『読売新聞』。神島二郎編『柳田国男研究』昭和四十八年三月、筑摩書房に再録。

（6）前掲『小脱とは何か』。

（7）叙事的な「物語」と「情報」との間のこうした対照的な性格の差異については、ヴァルター・ベンヤミンが、ロシアの作家ニコライ。レスコフについて論じた「物語作者」と題する一文の中で鮮やかに描き出している。『ヴァルター・ベンヤミン著作集7』・昭和四十四年、晶文社刊参照。

（8）水野葉舟「怪談」『日本勧業銀行月報』第七十四号、明治四十四年四月、所収。

（9）『遠野物語』毛筆草稿と刊本との間にあるこうした微妙な書きかえとその問題点については、小田富英「柳田国男『遠野物語』初稿本」（『寺小屋雑誌』第七号、昭和五十三年十一月、寺小屋教室刊）及び「初稿本『遠野物語』の問題」（『国文学』第二十七巻一号、昭和五十七年一月、学燈社）を参照。故池上隆祐氏旧蔵の『遠野物語』毛筆自筆草稿は、現在、遠野市立遠野物語研究所に所蔵されている。

〈出来事〉の伝承――『遠野物語』の説話世界2

はじめに

『遠野物語』の世界は、いわば〈出来事〉の伝承の世界である。そこに描き出されている話の多くは、昔話でも神話でも伝説でもなく、近い過去に遠野郷において実際に体験されたという現実の〈出来事〉を伝える話であった。前節において柳田国男や佐々木喜善に倣《なら》い、「実験談」と名づけたこの種の〈出来事〉の伝承こそ、説話としての『遠野物語』の骨格を成し、その性格を特徴づけるものである。

私は先にこの『遠野物語』の実験談の世界をとりあげ、第四十三話の熊との格闘譚と当時の『遠野新聞』所載の実話記事との比較等を通して、その基本的な性格について素描を試みた。(1) 本節では、そこからさらに論点を進め、〈出来事〉の伝承としての『遠野物語』の実験談の世界の内部へと立ち入り、その説話世界を成り立たせている独自な構造について考察を進めてみよう。

一　異常な出来事

息子が鎌で母親を斬殺する。毒茸を口にしたために、村草分けの長者の一家が一朝にして死に絶える。若妻が河童の子を生み落とす。――『遠野物語』においては実に様々な出来事が語られるが、それらはすべて、こうした多かれ少なかれ人びとの心を揺るがすような異常な出来事であった。そこでは、人びとの身の回りに日々生起するような日常茶飯の出来事は、けっして語られない。そうした平凡な出来事の大半は、人びとの意識の上にさえのぼらないうちに忘れ去られるのであり、従って、当然のことながら語られるだけの価値がないのである。

そうした意味において、私たちは、出来事の伝承である『遠野物語』の実験談は、その出来事の〈異常さ〉の故に語られるのだといってもよいだろう。むろんこの場合、出来事の異常さとは、けっして絶対的なものではありえない。ある一つの出来事が〈異常〉として表れるためには、何らかの意味において、その出来事を自分たちの生きている生活世界の秩序に対する侵犯や逸脱として受け取らざるを得ないような人びとの存在が不可欠であろう。何が正常で何が異常であるかを決定するのは、その出来事それ自体ではなく、受け手の側、即ち、人びとの属している生活世界総体の秩序や構造にほかならない。

従って、伝承の中に描き出された出来事の異常さの中には、そうした伝承を生み出した人びとの生活世界の固有の有り方が含まれているはずであり、さらにまた、出来事の伝承化を促す不可欠の契機もまた、そうした〈異常〉の構造の中におのずから表れているはずである。

『遠野物語』において、出来事の異常さはどのような構造をもって表れているか。それを知るためには、まずそうした異常な出来事がくり広げられる物語の舞台――その時間的空間的枠組み――について考えてみなければならない。

二　物語の時間と空間

『遠野物語』には、「むかし」、あるいはそれに類することばがほとんど出てこない。そのかわりにたびたびくり返されるのは、「今より十余年前のことなり」（第九十一話）、「若きころ」（第九話）、「警官がまだ棒を持ちてある時代のことなり」（第十一話）といった、出来事の生起した時をはっきりと特定しようとするような記述である。

これらの事実は、『遠野物語』の伝承群の持つ時間的特性を実によく示している。五年前でも十年前でも過去であることに変わりはないが、それは、「昔」、「あるとき」といったあいまいでとらえどころのない時間とは明らかに異質であり、いわば現実と地続きにあるような時間である。

小田富英が指摘しているように[2]、柳田国男は『遠野物語』の刊行にあたって、その年代や人物の年齢を刊行時に合わせて逐一丁寧に書き改めている。

（草稿）[3] 昨年の遠野新聞にも見えたる事実なり

（刊本）[4] 一昨年の遠野新聞にもこの記事を載せたり。（第四十三話）

（草稿）五六年前此村より栃内村の山崎の某カカが家に

（刊本）六七年前此村より栃内村の山崎なる某かゝが家に（第六十四話）

（草稿）今年の旧正月十五日老女の語りしには

（刊本）昨年の旧暦正月十五日に、此老女の語りしには、（第六十九話）

こうした年代の書き換えの例は、このほか第八十五話、八十六話、九十三話、九十四話、九十五話、九十六話、百二話、（いずれも刊本の番号）の諸章にもみえ、計十ケ所にのぼっている。これらの書き換えは、柳田が物語の叙述に如何に正確を期したかというだけでなく、物語の時間と「いま」という現実の時間との具体的な距離感を如何に重要視したかを示している。柳田はかなりはっきりとした年代がわかっている場合でも、「明治〇〇年ごろ」とはいわずに、「今より十余年前」というように記す。あくまで「いま」という現実の時間が起点なのであり、物語の時間はそこからの距離によって計られている。「いま」という現実の時間によって捉えられている限り、『遠野物語』の時間は、現実の時間の延長上にあり、それと同質の時間の中にあるといってよいだろう。

こうした時間的特性は『遠野物語』の実験談が、たとえば昔話のような口碑群とは明らかに異質な心性によって支えられていることを物語っている。「むかしむかし」あるいは「とんとむかし」といった語り出しで始まる昔話の指示する時間は、文字通り「むかし」というあいまいで不定形な時間であるが、それは、けっして単なる過ぎ去った過去を意味してはいない。それは、いわば現実とは切り離された時間であり、現実とははっきり一線を画した非現実あるいは超現実とでもいうべき異質の時空であった。説話としての昔話の特徴の一つは、その虚構性——当事者たちの虚構意識——にあると思われるが、そうした虚構性の成立しうる根拠もまたそうした時間的特性の中にあるといってよいだろう。「あったかなかったかはしらねども、あったこととして聞かねばならぬぞよ」といった類の冒頭の言葉に端的に表れているように、昔話はいわば現実とは遠く離れた彼岸の物語であり、そこではその出来事が真実であるかどうかは、最初から問題にならないような構造をその本質において持っているのである。

一方、伝説もまた、昔話とは違った意味で実験談とは異質の時間の中にある。柳田国男によれば、昔話と伝説の差異の一つは、伝説がある人びとによって信じられ、その事実の証しとしての痕跡を石や木といった現実の「事物」によって留めているという点にあるとされているが、(5) その限りでは、伝説は一見実験談と似たような相貌を持っているかのように見える。しかし、伝説もまた、昔話とは違った意味で時間の彼方の物語である。伝説が伝説であるためには、多かれ少なかれそれを真実と信ずる人びとの信仰によって支えられていなければならないが、そうした人びとでさえ、伝説の物語る内容が自分たちの生きている現実の中の出来事だとはけっして考えていない。彼らは確かに伝説を信じているが、それは日々彼らの日常に生起するような現実の出来事としてそうなのではなく、逆にそうした日常的現実を超えた自分たちの力の及びえない世界での出来事として信じているのである。その意味では彼らが信じているのは、出来事そのものではなく、そうした異常な出来事を引き起こしうるような霊的な力の存在であり、そうした力の支配する〈異界〉の存在であるといってよいだろう。実験談においては、新しいもの、身近なものほど人びとに与える力が大きいが、伝説においては、人びとはそれを現実のものとは考えていないから、時間はむしろ過去へと向かってどこまでも遡っていこうとする。伝説にとっては現実との繋りよりもその〝由緒〟が問題なのであり、弘法大師や義経の腰掛の松はあっても、マッカーサーや山本五十六の腰を下ろした石などは、いまでもなお現実的すぎて成立しようがないのである。

昔話の時間が、〝虚構〟の時間の中にあるとすれば、伝説の時間は、人びとの日常的な時間意識が及びえないようなはるかな時間の彼方のものである。両者は明らかに異質な時間の中にあるが、人びとの日常的現実の時間意識とはっきりと切り離されているという点においては、どちらも、実験談の時間とはけっして相容れない。

昔話とも伝説や神話とも相容れない実験談の時間と、最も近いのは、おそらく新聞の報道記事に表れる時間であろう。新聞においては、どんなささいな出来事でも、「○月○日午前○時○分ごろ、○○郡○○町の路上で」というふうにはっきりと時と所とが明示される。出来事の報道としての新聞記事に関する限り、時と所を明示しない記事は、情報の送り手にとっても読者にとっても、まったく意味を持たないといってよいだろう。こうした新聞記事の特徴は、その社会的機能という観点からみれば、「報道の客観性」という理念によって支えられているわけだが、現実の個々の読者にとってそれが意味を持つのは、そうした時空の特定が、自らの現実との関わりを示す唯一の手掛りにほかならないからである。〈出来事〉は、それが新しければ新しいほど、身近であればあるほど、人びとの関心を引き立てる。そうした意味において、現実の出来事の伝承である『遠野物語』の実験談と新聞の報道記事とは、まったく同質の時間の中にあるといってよいだろう。(6)

『遠野物語』の実験談の時間は、あくまで〈いま〉という現実の時間に支えられたものであり、少なくともその延長上において感受された時間である。吉本隆明が指摘しているように、『遠野物語』の伝承の大半は、古いものでも百年を超えない。(7)それは、親—子—孫とおよそ三代にわたって語り継がれる程度の時間が、人びとが現実の延長として実感できるような現実的時間の枠であるからであろう。現実の出来事の伝承として伝えられるかぎり、『遠野物語』の時間は、どこまで遡っても、けっして「むかし」へといきつくことはありえないのである。

『遠野物語』の時間が、現実の延長上において捉えられた〈現実〉と同質の時間を成しているとすれば、一方、物語の空間は、六角牛、早池峯、白望などの山やまに囲まれた現実の遠野郷である。そこでは、時間が「むかし」「あるとき」ではなかったのとちょうど同じように、空間もけっして「どこか」「ある所」ではなく、「境木峠と和山峠の間」だとか「六角牛の麓」の「ヲバヤ、板小屋などいふ」「広き萱山」であるとかいうように、現実の遠野郷の中のどこであるとはっきりとその場を特定できるような具体性を持った空間として描き出されている。

五　遠野郷より海岸の田ノ浜、吉利吉里などへ越ゆるには、昔より笛吹峠と云ふ山路あり。山口村より六角牛の方へ入り路のりも近かりしかど、……

二九　鶏頭山は早池峯の前面に立てる峻峯なり。麓の里にては又前薬師とも云ふ。天狗住めりとて、早池峯に登る者も決して此山は掛けず。

三四　白望の山続きに離森と云ふ所あり。その小字に長者屋敷と云ふは、全く無人の境なり。茲に行きて炭を焼く者ありき。

七二　栃内村の字琴畑は深山の沢に在り。家の数は五軒ばかり、小烏瀬川の支流の水上なり。此より栃内の民居まで二里を隔つ。琴畑の入口に塚あり。

八九　山口より柏崎へ行くには愛宕山の裾を廻るなり。田圃に続ける松林にて、柏崎の人家見ゆる辺より雑木の林となる。愛宕山の頂には小さき祠ありて、参詣の路は林の中に在り。

これら数章の書き出しの部分には、『遠野物語』の叙述のそうした空間的特徴が、実に鮮やかに描き出されている。これらの例にかぎらず、『遠野物語』においては、物語の展開に先立ってまず出来事の生起した場所の地理、地形を可能な限り明示し、特定しておこうとする指向性がきわめて強く表れている。

また、そこには、小字に至るまでの細かい地名が一つ一つ具体的に記述されている。白望山や六角牛山といった山の名は、私たちにとっては、遠野郷の周囲をとりまく山々の一つにすぎないが、そこで生活する人びとにとっては、その山肌、植生、細かい地形に至るまで識別し、暗んじているような置き換え不能な固有の空間である。一つ一つの地名は、けっして単なる符号ではなく、そうした個々の地形のかけがえない固有性と具体性とを担っている。『遠野物語』の実験談の場を形造っているのは、まさにそうした固有性と具体性とを担った遠野郷の現実の空間なのである。

物語において、柳田の筆は、必要に応じてさらに詳細にその地理地形を描き出している。

ある薄月夜に、あまたの仲間の者と共に浜へ越ゆる境木峠を行くとて、又笛を取出して吹きすさみつゝ、大谷地と云ふ所の上を過ぎたり。大谷地は深き谷にて白樺の林しげく、其下は葦など生じ湿りたる沢なり。

（第九話、傍線著者）

名に負ふ六角牛の峯続きなれば山路は樹深く、殊に遠野分より栗崎分へ下らんとするあたりは、路はウトになりて両方は岨なり。日影は此岨に隠れてあたり稍々薄暗くなりたる頃、

（第九十三話、傍線著者）

これらの表現が、出来事の現場の固有性と具体性を指向しているものであることは、明らかであろう。物語の内容そのものには直接関係のないこうした表現は、その具体性と固有性とによって、物語の展開の不可欠の一部となっている。私たちはこうした具体的な〈場〉の叙述を通して、はじめて物語の世界へと入って行くのであり、そのリアリティを自らのものとして感得できるような舞台に登っていくのである。

時間的には、「いま」という現在の時間の延長上において捉えられるような百年を越えない近い過去。空間的には、かけがえのない固有性と具体性をもった現実の遠野郷の特定の〈場〉――これが、『遠野物語』の実験談がくり広げられる物語の舞台である。それは、今でも人びとが日々の生活を営んでいる現実の時間と空間そのものであり、その隅々まで知悉し、いつでも記憶の底から呼び起こすことができるような揺るぎのない日常的現実である。そして、物語は、一つの異常な出来事がこの確固とした日常的現実を揺るがし、震撼させるところからはじまる。

三　異常の構造

『遠野物語』第四十二話は、次のような出来事を伝えている。

六角牛山の麓にヲバヤ、板小屋など云ふ所あり。広き萱山なり。村々より苅りに行く。ある年の秋飯豊村の者ども萱を苅るとて、岩穴の中より狼の子三匹を見出し、その二つを殺し一つを持ち帰りしに、その日より狼の飯豊衆の馬を襲ふことやまず。外の村々の人馬には聊かも害を為さず。飯豊衆相談して狼狩を為す。其中には相撲を取り平生力自慢の者あり。さて野に出でゝ見るに、雄の狼は遠くにをりて来らず。雌狼一つ鉄と云ふ男に飛び掛りたるを、ワッポロを脱ぎて腕に巻き、矢庭に其狼の口の中に突込みしに、狼之を嚙む。猶強く突き入れながら人を喚ぶに、誰も々々怖れて近よらず。其間に鉄の腕は狼の腹まで入り、狼は苦しまぎれに鉄の腕骨を嚙み砕きたり。狼は其場にて死したれども、鉄も担がれて帰り程なく死したり。

ここに描かれているのは、子狼を捕えられ殺された狼と「鉄」という男との凄絶な死闘という異常な出来事である。今日の私たちからみればあり得べくもないようなこの出来事にリアリティを与えているのは、いうまでもなく、狼に対する人びとの深刻な恐怖の感情であろう。しかし、この場合その恐怖は、けっして獰猛な野獣である〈狼〉に対する直接的な恐怖の感情にとどまっていない。人びとは確かに〈狼〉を怖れているが、それは、一匹の野獣によって肉体や生命を脅かされるといった単純なものではなく、何かもっとどろどろした得体の知れない恐怖、〈狼〉という人智を越えた超自然的な存在に対する畏怖にも似た恐怖の感情である。

この話は、話の組み立ての上では、(1) 飯豊村の者たちが狼の子三匹を捉え、その二つを殺した (2) 狼が飯豊衆の馬を襲うことが続いた (3) 狼狩りが行われ鉄という男が雌狼と凄絶な死闘を演じた――という三つの出来事によって構成されている。これら三つの出来事は、話の上では一つの因果的連鎖の中に置かれているが、そうしたのはむろん狼自身ではなく、その出来事を眼のあたりにした村人たちの側である。そしてこれらの三つの出来事をそれぞれ独立した別個の出来事として見る限り、そこには人に害をなす猛々しい野獣としての狼の姿以上のものは見えない。しかし、一たび三者が一つの因果の連鎖の中に置かれたとき――即ち、第四十二話のような話として語られたとき、狼はもはや単なる野獣ではなく、はかりがたい行為と力によって人びとを恐怖の底に陥れるような、凶々しい不可思議にみちた存在に変貌する。この第四十二話において一匹の狼の中に人びとが見たものは、彼らが狼との長い交渉の歴史の中で積み上げてきた超自然的な狼の〈像〉であり、その恐怖もまた、そうした歴史の積み重ねによって共有化されてきた、共同の恐怖の感情であったはずである。

後年、柳田国男は、『山の人生』において神隠しなどの様々な不可思議の問題をとりあげ、次のように述べている。

「うそ」と「まぼろし」との境は、決して世人の想像する如くはつきりしたもので無い。自分が考へても尚あやふやな話でも、何度と無く之を人に語り、且つ聴く者が毎に少しも之を疑はなかつたなら、終には実験と同じだけの強い印象になつて、後には却つて話し手自身を動かす迄の力を生ずるものだつたらしい。昔の精神錯乱と今日の発狂との著しい相異は、実は本人に対する周囲の者の態度に在る。我々の先祖たちは、寧ろ怜倒にして且つ空想の豊かなる児童が時々変になつて、凡人の知らぬ世界を見て来てくれることを望んだのである。即ち沢山の神隠しの不可思議を、説かぬ前から信じようとして居たのである。(8)

しかも胎内変化の生理学には、今日尚説き明かし得ない神秘の法則でもあるのか。此様な奇怪な現象にも、やはり時代と地方とに由って、一種の流行の如きものがあつた。詳しく云ふならば、鬼を怖れた社会には鬼が多く出てあばれ、天狗を警戒して居ると天狗が子供を奪ふのと同様に、牙あり又角ある赤ん坊の最も数多く生れたのは、所謂魔物の威力を十分に承認して、農村家庭の平和と幸福迄が、時あつて彼等に由つて左右せられるかの如く、気遣つていた人々の部落の中であつた。(9)

こうした指摘を読むと、狼譚や山人譚のような伝承を生み出した人びとの心性をよく理解することができる。『遠野物語』においては、〈異常〉はけっして個人的な異常——即ち、ある個人の病的な異常や意識的な嘘——としては表れない。そこでは出来事の異常さは、そのまま他の多くの人びとによって支持され、共有化されているからである。そこでは、異常はつねに一つの共同性として表れる。

この第四十二話の狼譚の場合、子狼を殺された雌狼が村人の一団に襲いかかったとき、人びとをまず捉えたのは生命や肉体の危機に対する個人的な恐怖であったかもしれないが、伝承化の場面では、その恐怖はすべて超自然的な存在である〈狼〉に対する共同の恐怖に置きかえられている。出来事の異常さは、一定の共同性を獲得することによってはじめて伝承化の一契機たりえているのである。

この場合、伝承化の場面においてこうした異常の共同的性格が大きな意味を持ってくるのは、それが出来事の生起する〈場〉の時間的空間的性格と鋭く対立するような構造的対立となって表れてくるからであろう。すでに見たように、『遠野物語』の実験談において出来事の〈場〉は、時間的には〈いま〉を起点にした現在的時間、空間的には人びとの現実的生活空間である遠野郷内の具体的な地理地形として描き出されている。それはいわば、人びとが日々の生活のくり返しを通して共有化している平凡な日常的現実そのものであった。そして、『遠野物語』の実験談においては、〈出来事〉は、すべてそうした人びとの平凡な日常的現実と正面から対立し、その秩序や統一性を揺るがし破壊するような出来事として表れる。それは、個々の〈出来事〉の異常さが内包している非日常的・反日常的性格が一つの共同性として、人びとの日常的現実をおおっているもう一つの共同性と鋭く対立するものだからである。もし出来事の異常さが、それと対峙した人びとにとって個人的な恐怖や個人的な異常にとどまっていたとしたら、その出来事はどのような意味でも、人びとの日常的現実総体を揺るがすような対立的性格を持つことはないだろう。

第四十二話の狼譚についていえば、一匹の狼の異常な行動は、村人たちのすべての心に眠っていた〈狼〉に対する恐怖を呼びさましたが、それによっておびやかされているのは、一人一人の村人たちの生命ではなく、村人たちのすべてを包み込んでいる平凡な日常的現実の総体であった。だからこそ、その出来事は、それを体験した人びとだけでなくそれを伝え聞いた村人全体に深甚な恐怖を呼び起こし、村全体を深刻な社会的危機と緊張の中に突き落としたのである。

この狼譚にかぎらず『遠野物語』の実験談においては、出来事はすべて、非日常的反日常的な異常体験であると同時に、人びとによってすでに共有化された心的な共同性として表れる。たとえば、第四話の次のような山人遭遇譚においても、その事情はまったく同じである。

山口村の吉兵衛と云ふ家の主人、根子立と云ふ山に入り、笹を苅りて束と為し担ぎて立上らんとする時、笹原の上を風の吹き渡るに心付きて見れば、奥の方なる林の中より若き女の穉児を負ひたるが笹原の上を歩みて此方へ来るなり。極めてあでやかなる女にて、これも長き黒髪を垂れたり。児を結ひ付けたる紐は藤の蔓にて、著たる衣類は世の常の縞物なれど、裾のあたりぼろ〳〵に破れたるを、色々の木の葉などを添へて綴りたり。足は地に著くとも覚えず。事も無げに此方に近より、男のすぐ前を通りて何方へか行き過ぎたり。此人は其折の怖ろし

さより煩ひ始めて、久しく病みてありしが、近き頃亡せたり。（第四話）

ここで山口村の吉兵衛という家の主人が出会ったのは、おさな児を背に負った一人の見知らぬ異装の女性にすぎない。もしこの男の意識下に彼らのはるか祖先の時代からくり返されてきた山中における異常体験の積み重ねがなかったならば、この出会いは、彼に多少の驚きと不安とを与えたにすぎなかったはずである。しかし、現実には、その出会いは、彼をして死に至らしめるような恐怖の底に突き落とした。彼は一人の異装の女性の背後に、山中の様々な不可思議の象徴ともいうべき山人の姿を見たのであり、その山人の姿におびえたのである。

ここでも村人の恐怖は、すでに個人的なものではなく、共同的なものになっている。一人の個人の異常体験が、そのまま何の疑いもなく村人全体に受け入れられているのは、体験の異常さそのものがすでに共同化されているからであろう。他の山人譚にしばしば見られるような眼光烱々とした赤ら顔の大男の姿は、長い間山中にはいって生活してきた里人たちがくり返してきた怖ろしい異常体験の象徴であり、その恐怖の形象化した姿であろう。村人が一人の異形の女性にその山人の姿を垣間見たとき、彼は、一瞬の中に、そうした積み重ねられた異常な体験のすべてを追体験しているのである。彼の体験もその恐怖もあくまで個人的なものだが、ここではそれはそのままそうした体験を共有する村人全体のものに連なっている。ここでもおびやかされているのは、彼自身の生命ではなく、村人たちの日常的現実そのものであり、その総体なのである。

四　物語の二元的世界像

『遠野物語』の実験談のような出来事の伝承においては、出来事の異常さは、つねに、物語の場として描き出された現実の時空に対する攪乱や侵犯となって表れる。出来事の異常さが、一つの共同性として、人びとの日常的現実をおおっているもう一つの共同性と鋭く対立するものだからである。

こうした対立の構図を最も鮮やかに示しているのは、次のような第二十二話の亡霊譚であろう。

佐々木氏の曾祖母年よりて死去せし時、棺に取納め親族の者集り来て其夜は一同座敷にて寝たり。死者の娘にて乱心の為離縁せられたる婦人も亦其中に在りき。喪の間は火の気を絶やすことを忌むが所の風なれば、祖母と母との二人のみは、大なる囲炉裡の両側に座り、母人は傍に炭籠を置き、折々炭を継ぎてありしに、ふと裏口の方より足音して来る者あるを見れば、亡くなりし老女なり。平生腰かゞみて衣物の裾の引ずるを、三角に取上げて前に縫附けてありしが、まざ〳〵とその通りにて、縞目にも見覚えあり。あなやと思ふ間も無く、二人の女の座れる炉の脇を通り行くとて、裾にて炭取にさはりしに、丸き炭取なればくる〳〵とまはりたり。母人は気丈の人なれば振り返りあとを見送りたれば、親縁の人々の打臥したる座敷の方へ近より行くと思ふ程に、かの狂女のけたゝましき声にて、おばあさんが来たと叫びたり。其余の人々は此声に睡を覚し只打驚くばかりなりしと云へり。（第二十二話）

ここには、人びとにとって最もなじみの深い生活の場である炉端の一隅が、死んだはずの老婆の出現によって一瞬の中に非現実の場へと変貌する、その転位の構造が、鮮やかに描き出されている。炉端で黙々と炭を継いでいる母と祖母との姿が、何のへんてつもない日常的現実の象徴であるとすれば、現実にはあるはずのない死者の衣の裾に触れてくるくると回る炭取りは、三島由紀夫がいうように、現実と非現実との「転位の蝶番」であろう。(10) そのとき亡霊の姿に象徴される〈非現実〉は、まぎれもなく〈現実〉を侵したのであり、そこに姿を現したのは、〈現実〉の時空の秩序を超えた、異貌の、非現実の空間であった。

ここにおいて揺るがされているのは、私たちが頭の中で考えることができるような抽象的な現実一般ではない。遠野郷の土淵の佐々木という実在した現実の家であり、その座敷や囲炉裡の回りで人びとが実際に生きている具体的な生まの現実である。佐々木喜善にとっても、また喜善にこの話を伝えた老人たちにとっても、この出来事が真に畏怖すべきものであり、さらに一個の伝承として語るべき必然性をもってくるのは、まさにそこで震撼されているのが、こうしたほかならぬ彼ら自身の〈現実的〉生そのものだったからである。私たちもまたこの話を読んで、自らの現実がその根底からおびやかされているのを感じることができるが、しかし、それは揺るがされている現実がそのまま私たちの生きている現実と通じあっているからではない。私たちは、物語の叙述に従ってその現実の中へと一歩ずつはいり込んでいくのであり、そうしてその現実を我がものとして体験したその限りにおいて、この出来事にリアリティを与えることができるだけである。

いつもと変わりなく炉に炭を継ぐ女たちの姿。闇に包まれたひっそりとした裏口のたたずまい。聞きなれた老女の足音。この第二十二話には、こうした一見物語の本質とは関わりのなさそうな状況の細部が具体的に描き出されている。だからこそ何のへんてつもない一個の炭取りが、現実と非現実との「転位の蝶番」として劇的な効果を上げているのである。

第二十二話に限らず、こうした現実と非現実、あるいは日常と非日常といった二つの異質な時空の対立と転位の構造こそ、『遠野物語』のすべての実験談を貫いている基本構造だということができる。たとえば、次のような山人譚においては、そうした対立の構造が、一つの空間ともう一つの空間との二元性として、空間的に措定された対立として表れている。

遠野郷にては豪農のことを今でも長者と云ふ。青笹村大字糠前の長者の娘、ふと物に取り隠されて年久しくなりしに、同じ村の何某と云ふ猟師、或日山に入りて一人の女に遭ふ。怖ろしくなりて之を撃たんとせしに、何をぢでは無いか、ぶつなと云ふ。驚きてよく見れば彼の長者がまな娘なり。何故にこんな処には居るぞと問へば、或物に取られて今は其妻となれり。子もあまた生みたれど、すべて夫が食ひ尽して一人此の如く在り。おのれは此地に一生涯を送ることなるべし。人にも言ふな。御身も危ふければ疾く帰れと云ふまゝに、其在所をも問ひ明らめずして遁げ還れりと云ふ。（第六話）

山人譚をはじめとする山にまつわる『遠野物語』の伝承群においては、〈山〉はつねに、日常的な生活空間とは異質な、次元を異にした空間＝〈他界〉として表れる。その場合つねに対置されているのは、人びとの生活のこちら側、彼らが日々の暮らしを送っている日常の空間＝〈里〉である。この山人譚においては、非日常の空間＝他界としての〈山〉を象徴しているのは、山人にかどわかされて山にはいったという娘の存在であり、一方、山中でその娘にあったという村人の背後にあるのは、彼らの日常的現実の世界である。

『共同幻想論』において『遠野物語』の伝承を素材に、そこに含まれている未開の心性の構造を「共同幻想」という観点から摘出してみせた吉本隆明は、この種の山人譚を支えている共同の心性を「村落共同体から〈出離〉することの心的な体験」という観点から分析し、次のように述べている。

「山人にさらわれて妻にされた女は、村の猟師に山人の恐ろしさを訴えるが、じぶんは帰ろうとしない。女はじぶんを禁制をやぶったよそものとしてかんがえ、ふたたび村に戻れないのだというたてまえで、いつも距離をおいて村の猟師に対する。さらわれた山人の妻と、出遇った村の猟師のあいだのこの異邦人感覚にも似た距離感が、この種の山人譚にリアリティをあたえている。(11)」

山人譚の根にひそむ「恐怖の共同性」の一つのあり方を鮮やかに捉えたこの吉本の指摘が、私たちにとってもきわめて興味深いのは、そこに山人譚を支えている空間の二元性とその対立の構造とが見事に描き出されているからである。「さらわれた山人の妻と、出遇った村の猟師とのあいだ」の「異邦人感覚にも似た距離感」は、そのまま、人びとが日々生活を送っている日常的現実の世界と、〈山〉という非日常的空間との距離を示している。娘が山人の恐ろしさを訴えながら自分はけっして帰ろうとしないのは、〈山〉が、人びとの生きている日常的な生活空間とは異質な、別次元の力と秩序との支配する空間だからである。村の猟師が、日常の仕事の延長として〈山〉へはいったとき、そうした〈異界〉としての〈山〉の姿は、彼の心の深層の片隅に追いやられているが、ひとりの娘の姿を通して、彼は自らの心の深層の中の〈山〉が忽然と姿を現し、彼の日常的現実を揺るがして立ちはだかるのを眼のあたりに見たのである。

この話をも含めて、『遠野物語』には、若い女性が神隠しにあって山中へはいっていったという話が三話収められている。有名な「サムトの婆」の話（第八話）もその一つである。これらはいずれも多分に伝説化――柳田の言葉を借りれば「物語化」[12]した話であるから、そこに述べられた出来事が事実かどうかを問うことにはあまり意味がないが、少なくともこうした伝承の背後に実際に山に入って姿を消したという幾多の実例が存在していることは確かである。たとえば、柳田自身、『山の人生』において次のような実例を取り上げている。

佐々木喜善君の報告に、今から三年ばかり前、陸中上閉伊郡附馬牛村の山中で三十歳前後の一人の女が、殆と裸体に近い服装に樹の皮などを纏ひ附けて、うろついて居たのを村の男が見つけた。どこかの炭焼小屋からでも持つて来たものか此辺でワッパビツと名づける山弁当の大きな曲げ物を携へ、其中に色々の虫類を入れて居て、あるきながらむしや〳〵と食べて居たと謂ふ。遠野の警察署へ連れて来たが、やはり平気で蛙などを食つて居るので係員も閉口した。其内に女が朧気な記憶から、ふと汽車の事を口にし、それから段々に生れた家の模様、親たちの顔から名前を思ひ出し、遂には村の名まで謂ふやうになつたが、聴いて見ると和賀郡小山田村の者で七年前に家出をして山に入つたといふことがわかつた。やはり産後であつて、不意に山に入つたといふのであつた。親を警察へ呼出して連れて行かせたが、一時は此町で非常な評判であつた。猶同じ佐々木君の話の中に此附近の村の女の二十四五歳の者が、夫と共に山小屋に入つて居て、終日夫が遠くに出て働いて居る間、一人で小屋に居て発狂したことがあつた。後に落着いてから様子を尋ねて見ると、或時背の高い男が遣つて来て、それから急に山奥へ行きたくなつて、堪へられなかつたと謂つたさうである。(13)

発狂した若い女性が何故か山へと惹かれていくという事実に加えて、そうした女性が狂気の中に描き出した幻が伝承された山人譚の内容と酷似しているという事実が、きわめて暗示的である。遠野郷のような山村において、産後の女性が狂気の中に描き出した幻の山の姿と実験談として伝承された山人譚とは、人びとの意識下の深層における〈山〉の異なった二つの表れだといってよいだろう。

精神医学者の小田晋は、今日でもなお一部の山間地域において「精神分裂病の憎悪期」にふらふらと山に入っていく病者のあることを指摘し、そうした「(1)精神障害にもとづき、(2)日常的対人関係から疎外され、(3)その救済及び逃避を山に自ら入ることに求める病者たち」を、『遠野物語』第八話の例にちなんで「寒戸の婆症状群」と名付けている。(14)これらの症例において特徴的なのは、ふもとのムラやイエが病者たちにとってつねに悪意に満ちたとげとげしい存在として意識されているのに対して、〈山〉がそうした悪意から自由な、親和的な空間として意識されている点である。病者たちは、まさしく様々な規制に捉えられたムラやイエの日常的現実によって疎外されているのであり、その救済を日常的現実の対立物である〈山〉という理想郷に求めているのである。こうした病者の個人幻想が、多数の人びとの共同幻想によって包み込まれたとき、それがそのまま『遠野物語』のような山人譚や山中他界譚に転化しうることは容易に想定することができる。

病いの憎悪期に山にはいっていく病者たちの描き出す幻想が、個人の病的な異常としてしか表れないのに対し、『遠野物語』においては、村人の山中での異常体験は、それが狂気を含んでいようといまいと、つねに一つの共同性として表れる。それは、前者が日常的な人間関係からはみ出した一個人の心的世界が生み出した幻想であり、孤立してしか存在しえないのに対して、後者の背後には狭い山村に住む人びとが共有化している日常的現実の枠組みそのものが疎外した共同幻想の世界が横たわっており、それが体験の異常さをも狂気をも包み込んで新たな共同幻想を生み出すからであろう。

その意味でまさしく狭く貧弱な共同社会そのものが、『遠野物語』のような伝承の真の担い手だといってよいだろう。吉本隆明は、山人譚のような伝承を生みだすこうした村落社会の構造を次のように描き出している。

> ここまできて、わたしたちは『遠野物語』の山人譚が語りかける〈恐怖の共同性〉ともいうべきものが、時間恐怖と空間恐怖の拡がりによって本質的に規定されていることを了解する。又聞き話とそうでない話とが手をのばしうる時間的なひろがりは、ここでは百年そこそこである。また空間的なひろがりは遠野近在の村落共同体をでない。それ以前の時間もそれ以外の空間もさまざまに意味づけられる未知の恐怖にみちた世界である。その世界が共同の禁制が疎外した幻想の世界であり、既知の世界はこちらがわでさまざまの掟にしめつけられている山間の村落である。(15)

この時代の遠野郷は原始の未開社会ではないから、けっして一方的に閉じられてはいない。しかし、毎月六度の市で賑わう中心地横田の町はともかく、『遠野物語』の舞台となったその周辺の山間の小村は、横田の町の賑わいによって刺激を受けながらも、なお平凡で変化に乏しい生活をくり返していた。大半の村人の生活は、閉じられた狭い共同社会の内を出ることはなかったのである。

ある共同社会が閉じられているということは、その社会が自らの日常的現実の統一性を保持するために、過剰なもの、意味不明なもの、不分明なものを、たえず観念として時間的にも空間的にも共同体の外へと外化せずにはいられないということを意味している。その意味で『遠野物語』を生み出した遠野郷の村落もまた、まぎれもなく閉じられた村落であったといえよう。そこでは、日常的現実の秩序や意味体系を逸脱したりかき乱したりするような過剰なもの、意味不明なもの、あいまいなもの、境界不分明なもの——要するにあらゆる異常なもの——はすべて、時間的にも空間的にも共同体の外へとはじきだされ、そこでいわば観念の〈他界〉を形造っている。そして、まさにそうすることによって、彼らの日常的現実は、名づけられ、意味づけられたものの秩序ある体系として、明示的で確かな具体性と統一性とを保持しえているのである。

遠野郷のような村落にとって、日常的現実の世界が明示的な〝表〟側の世界であるとすれば、その外化された観念の〈他界〉はいわば眼に見えない〝裏〟の世界を形成している。明確に区分されたこの二つの世界は、互いに他を排除しあうと同時に、互いに他を前提することによって、統一的な世界像を形造っている。日常的現実の世界から見れば、観念の〈他界〉は、自らが生み出した〈影〉のような存在かもしれないが、それはけっして仮象ではありえない。日常的現実の世界をその根底において意味づけ、根拠づけているものこそ、その裏側の観念の体系にほかならないからである。

様々な規制や掟によって秩序づけられた日常的現実の世界と、その外化された非日常的観念の〈他界〉——この互いに相容れない二つの世界の対立の構造こそ『遠野物語』の伝承群を生み出した母胎であろう。すでに見たような村人たちの二元的世界像に支えられて成立している。『遠野物語』の実験談を貫いている二元的構造は、そのままこうした〈山〉と〈里〉、〈現実〉と〈非現実〉といった、『遠野物語』の実験談を貫いている二元的構造は、そのままこうした村人たちの二元的世界像に支えられて成立している。山人譚をはじめとする『遠野物語』の実験談において、〈山〉が人びとの日常的現実の世界とは次元を異にした〈他界〉として表れるのは、こうした二元的世界像の内で〈山〉が疎外された観念の〈他界〉の空間的な表象として村人たちに意識されているからにほかならない。

しかし、むろん〈他界〉は〈山〉としてだけ表れるわけではない。その場面に応じて時には川原や橋や峠が、場合によっては何のへんてつもない炉端の一隅がそうした〈他界〉の顕現する場として表れる。〈他界〉は共同体の裏側の観念の〈他界〉として共同体内の日常のあらゆる場面に伏在しており、時に応じて自在にその姿を現わしてくるのである。『遠野物語』の実験談のような伝承において、私たちはその怪異や不可思議の側面にのみ眼を奪われがちであるが、二つの世界の二元的構造を描き出しているのは、けっしてそうした怪異譚ばかりではない。山人や亡霊の姿が見えざる〈他界〉の象徴的形象であるとすれば、第十一話の母殺し譚では息子の母殺しという異常な出来事が、第四十二話のような狼譚では狼と人との凄絶な死闘が、その出来事の破壊的な異常さによって、そのまま〈他界なるもの〉の象徴的な顕現として捉えられているのである。

この場合、出来事の生起する〈場〉は、いわば二つの異質な世界の交錯する境界領域であろう。そして、出来事の〈異常さ〉は、そこに怪異や不可思議を含もうと含むまいと、つねにそうした二つの世界の境界を惑乱し、かき乱すものとして表れる。〈出来事〉は、いわば、人びとにとって〈他界なるもの〉の理不尽な侵犯であり、こちら側の世界の秩序や掟を根底から覆そうとする異形なる力の顕現にほかならない。だからこそ、〈出来事〉は人びとの日常的現実を震撼させ、その秩序を揺るがすほどの深刻な社会的危機を現出させるのである。もし、こうした異常な出来事を一つの伝承として〈語る〉という行為が、人びとにとって何らかの意味と必然性とを備えているとすれば、それは、まさに、実験談が内包している世界のこうした二元的な構造と不可分に関わっているはずである。

註

(1) 拙稿「遠野物語研究序章――その〈実験談〉の世界――」『芸能』第二十四巻第十号、一九八二年十月。本章第一節所収。

(2) 小田富英「柳田国男『遠野物語』初稿本」『寺子屋雑誌』第七号、一九七八年十一月。同「初稿本『遠野物語』の問題」『国文学――解釈と教材の研究』第二十七巻一号、一九八二年一月。

(3) 以下「草稿」の引用はすべて故池上隆祐氏旧蔵の『遠野物語』毛筆自筆草稿による。

(4) 以下『遠野物語』刊本の引用はすべて、『遠野物語』初版本（聚精堂、一九一〇年）による。

(5) 柳田国男『口承文芸史考』『定本柳田国男集』第六巻、筑摩書房、一九六八年。

(6) 『遠野物語』の実験談と新聞の報道記事の間の類似性については、前節「実験談の世界」を参照されたい。

(7) 吉本隆明『共同幻想論』河出書房一九六八年。

(8) 『定本柳田国男集』第四巻、筑摩書房、一九六八年。

(9) 同前。

(10) 三島由紀夫『小説とは何か』新潮社、一九七二年。

(11) 吉本前掲書。

(12) 「物語化」という言葉は、柳田が一九一九年六月十九日付佐々木喜善宛書簡等の中で使用している用語である。『遠野物語』の実験談における伝承の「物語化」の問題については、稿を改めて考えてみたい。

(13) 『定本柳田国男集』第四巻。

(14) 小田晋『日本の狂気誌』思索社、一九八〇年。

(15) 吉本前掲書。

第三章　転回——山から里へ

展望3　確立期柳田民俗学の視界——雑誌『民族』とその時代

新たなる決意

大正十二年九月一日、関東地方を襲った大震災の第一報を、柳田は、翌九月二日にジュネーブからの帰朝途次のロンドンで聞いたという。そのとき、真先に念頭にうかんだのは、留守宅に残してきた家族たちのことである。「一時は一家全滅ということも考えた」（堀三千、『父との散歩』）というから、その驚愕のほどがしのばれよう。すぐにも帰国しようとするが、思うように便船が得られず、じりじりとして日を過ごしている。ロンドン滞在中の一代議士の思わずもらした震災天譴説を柳田が聞きとがめ、激しい抗議の言をたたきつけたのは、第一報を得てから数日後のことであった。

大震災の当時は私はロンドンに居た。殆と有り得べからざる母国大厄難の報に接して、動顚しない者は一人も無いといふ有様であつた。丸二年前のたしか今日（九月五日—引用者註）では無かつたかと思ふ。丁抹に開かれた万国議員会議に列席した数名の代議士が、林大使（権助—引用者註）の宅に集まつて悲みと憂ひの会話を交へて居る中に、或一人の年長議員は、最も沈痛なる口調を以て斯ういふことを謂つた。是は全く神の罰だ。あんまり近頃の人間が軽佻浮薄に流れて居たからだと謂つた。

私は之を聴いて、斯ういふ大きな愁傷の中であつたが、尚強硬なる抗議を提出せざるを得なかつたのである。本所深川あたりの狭苦しい町裏に住んで、被服廠に遁げ込んで一命を助かろうとした者の大部分は、寧ろ平生から放縦な生活を為し得なかつた人々では無いか。彼等が他の碌でも無い市民に代わつて、この惨酷なる制裁を受けなければならぬ理由はどこに在るかと詰問した。

（「南島研究の現状」定本第二十五巻）

帰国してまもなく、大正十四年の九月に開催した「琉球講演会」での講演「南島研究の現状」を公表するにあたって、柳田は冒頭にこう記している。一人の老代議士がふと洩らした嘆息のごとき『天譴説』は、凄惨な被害をもたらした大災害や大事故の折に、よく耳にするものである。しかし、柳田はその繰言にも似た言葉を聞き逃すことができない。そこには、一人ひとりの個人の個的な生から決して眼をそらそうとしない柳田の歴史認識と思想の原点をまざまざと見る思いがする。

大震災の引き起こした惨事は、柳田にとって、けっして「天災」と呼ぶべきものではなかった。地震そのものは自然の現象であっても、それから身を守り生活を守っていくのが人の営みではないか。しかし現実には、人事は往々にして自然の力に及ばない。そして、その力の及ばないとき、しわよせはきまって社会の片隅でひっそりと暮らしている非力な人びとの上にふりかかる。柳田が老議員の繰言のごとき言葉に対して激しい抗議を投げつけたとき、その怒りは、そうした不条理な世の仕組み、人びとが作りあげ人びとをしばりあげている世の中のしくみそのものへと向けられている。そして、柳田にとっては、そうした世の不条理を改め正していくことこそ、学問の使命であったから、その怒りはまた、自らの志す学問の未熟さ、非力さに対する痛恨の思いとなってその身を打ったのである。

ようやく便船を得た柳田が北米大陸を経て横浜港へ帰着したのは、その年の十一月八日のことである。横浜港に降り立った柳田の荷の中には、ヨーロッパで買い込んできた人類学、民族学関係の書物がぎっしりと詰め込まれていた（『宮良当壮全集』二〇、昭和五十九年）。「本筋の学問のために起つ」という決意は、すでに滞欧中の柳田の胸の中に明確な形をとって育まれていたのである。

帰国後まもなく朝日新聞社に復帰した柳田は、同時に新しい学問の構築に向けて積極的に活動を再開する。帰国後の柳田が最初に手掛けたのは、多数の聴衆に対して直接肉声で呼びかける講演活動であった。大正十二年（一九二三）十一月二十三日の慶応義塾大学政治学会での講演を手はじめに、同月三十日にはふたたび慶応に赴き史学会で旧知の松本信広（一八九七〜一九八一）、松本芳夫（一八九三〜一九八二）、移川子之蔵（一八八四〜一九四七）らを前に講演、十二月十七日には、早稲田大学大隈会館で開かれた社会政策学会で講演を試みた。翌大正十三年（一九二四）には、二月一日から十日までの四国への講演旅行を皮切りに、三月から四月には、北関東・東北へ、五月にはふたたび京都・大阪へ、六月にはまた東北へと、全国を駆け回って講演活動に終始する。

大正十四年（一九二五）にはいると、柳田の講演は、彼の学問とその理念や方法に直接関わるような内容のものが目立って多くなる。「楽観派の文化史学」（五月三十日、長野県東筑摩郡教育会）、「南島研究の現状」（九月五日、啓明会）、「郷土研究の目的」（十月十七日〜十九日、長野県埴科郡教育会）など、のちに『青年と学問』（昭和三年）に収められたような一連の講演がそれである。その中でも、柳田が特に力を込めたのが、啓明会の協力を得て開催した二つの講演会「琉球講演会」（大正十四年九月五日〜七日）と「アイヌ講演会」（大正十五年四月十七日）であった。前者において、東恩納寛惇や伊波普猷、山内盛彬ら在沖縄の研究者を招聘し、自ら「南島研究の現状」と題して講演し、南島研究の必要性と可能性とを広く世に問うた柳田は、その半年後には、北に眼を転じ、北方アイヌの生活や文化をテーマに、金田一京助や八田三郎、ジョン・バチェラーらの専門家を動員して、その研究の意義と必要性とを訴えたのである。

先に南へと眼を向けることを訴えた柳田は、後者では一転して、人びとの関心を北の民の生活へと誘っている。そこには『海南小記』（大正十四年）に対して、『雪国の春』（昭和三年）を対置し、あえて「北と南と日本の両端の是だけ迄ちがつた生活を、二つ並べて見よう」（『雪国の春』定本第二巻）としたのと共通した、きわめて健全な精神の存在を見てとることができる。この時期柳田は、日本列島の南北両端の現実が描き出す大きな振幅の中で、日本文化の全体像を過不足なく捉えようとしていたのである。

柳田にとって、琉球講演会が再開したばかりの南島談話会の推進する学問と事業のデモンストレーションの場であったとすれば、アイヌ講演会は、創立まもない北方文明研究会の趣旨と事業とを広く世に訴えようとする試みであった。大正十四年（一九二五）八月五日、東京京橋の富士見永楽軒クラブにおいて創立された北方文明研究会は、文字通り、東北・北海道を中心とした北部日本の文化の画地的研究の促進を目的としたものであった。柳田としては、この会の設立によって、南島研究に比して人材も少なく、立ち遅れがちな北部日本研究の振興にはずみをつけようとしたのである。

こうした専門の研究者や若い民俗学徒を集めた小集や談話会の開催が、帰国後の柳田が、展開した学問的活動のもう一つの柱であった。

大正十二年（一九二三）十二月二十二日、帰国してまもない柳田は、自宅に身近な研究者を集めて、民俗学に関する第一回談話会を開く。会には、早川孝太郎、金田一京助、中山太郎ら『郷土研究』以来の同志のほか、宮本勢助、三上永人、今泉忠義、松本信広、松本芳夫、西村真次らが集まった。のちに雑誌『民族』の主要な担い手の一人となった東京帝大生岡正雄も、岡村千秋に連れられ、この席ではじめて柳田と対面している。この自宅での民俗学談話会は、忙しい柳田の日程の合い間をぬって隔週の土曜日ごとに定期的に続けられ、雑誌『民族』発刊後は、その同人の会として受け継がれた。

明けて大正十三年（一九二四）一月十八日、柳田は東京朝日新聞社で、大正十一年の一時帰国の折以来途絶えていた南島談話会を再開した。翌十四年（一九二五）八月には、南島談話会の北方版ともいうべき北方文明研究会を金田一京助らと、翌十五年には昔話研究の吉右衛門（きっちよむ）会を設立。昭和二年（一九二七）七月の民俗芸術の会も、翌三年十二月の方言研究会もやはり柳田が自ら積極的に関わり、設立へとこぎつけたものであった。

「談話会」という呼称の示すごとく、これらの会の内容は、会員の採訪報告や見聞談を中心に、主に柳田がコメントをつけたり、関連ある話題を引き出したりしながら、互いに情報を交換しあうといったものであった（岡「柳田国男との出会い」）。それは、いかにも柳田の学問にふさわしく、居ながらにして各地の民俗にふれることができる貴重な「聞き書き」の場であったといってよいだろう。しかし柳田にとっては、それ以上にその場は若い研究者のための教育の場でもあった。柳田は、機会を捉え、効果を計ってそのつど自らテーマを設定し、つねに会を主導して、若い会員たちの胸の中にさまざまな関心を呼び興し、学問の将来のために、たえず研究の前面を広げていくよう気を配ったのである。『青年と学問』（昭和三年）に代表されるようなこの時期の主要な講演が、壇上から多数の若者たちの胸の中へ広く学問の種を投げかけていく行為であるとすれば、柳田が主催した各種の談話会、研究会は、そうして植え付けた学問の苗木を手ずから育てあげ、鍛えあげていく息の長い試みであったといってよいだろう。

柳田は、大正十三年の七月から日本青年館発行の雑誌『青年』誌上に、「誌上談話会」という一風変わった試みを始めた。これは、新渡戸邸での「郷土会」にみられたような自由な談話の精神を継承して、「今度は一つ全国の有志諸君を自由会員とした雑誌上の談話団体を作つて、自分等の今まで気の付かなかつた色々の社会現象、殊に地方居住者の精神生活及び経済生活に於て、何人も之を考へて見ぬうちにどし〳〵と消え又は変化して行く昔からの仕来りなどを、観察し且つ記録して後の学問の為に遺して置かう」（「誌上談話会　序」『青年』大正十三年八月）と企てたものであった。柳田は自らを「座長」と呼び、随時「白髭水伝説」や「若者仲間」、「神隠し」などの話題を提出して、各地の青年たちの投稿を呼びかけた。そうして集まってきた報告を柳田が整理して、次の誌上に新たな話題として、掲載するという試みである。それは、文字通り柳田の自宅での「談話会」をそのまま誌上に移して全国的な規模で展開しようと試みたものであり、また一面では、雑誌『郷土研究』の「紙上問答」欄や「報告」欄を、地方に多くの若い読者を持つ『青年』誌上を借りて再現しようとしたものであった。柳田は、それによって貴重な資料の採集を促すだけでなく、そうした採集活動を通じて、在地の青年たちに、自ら考える〈自省〉の学の根を植え付けていこうとしたのである。

しかし、柳田の意気込みにも拘わらず、青年たちの反応はにぶかった。柳田は、佐々木喜善や早川孝太郎、宮良当荘、中道等らも動員して、直接彼らの寄稿を求めたり、知り合いの青年たちへの呼びかけを依頼したりしたが、それでも反響は少なかった。柳田は、大野芳宜、榎本御杖、桂鷺北、安東危西など『郷土研究』以来おなじみの筆名を使って自ら穴埋めしなければならない有様であった。

柳田はこの「誌上談話会」の連載を大正十四年（一九二五）十一月の第十一回で打ち切っている。この失敗は、改めて柳田に自分自身の雑誌を持つことの必要性を痛感せしめたにちがいない。

「相長屋」の雑誌

雑誌『民族』（昭和四年三月、四巻三号で終刊）は、大正十四年（一九二五）十一月に創刊された。柳田にとっては『郷土研究』に次ぐ二番目の雑誌である。隔月刊で、定価は一冊一円。編輯名義人は、東京小石川茗荷谷町五十二番地、岡村千秋。発行人は、東京麴町区六番地、岡茂雄であった。

創刊号の巻頭には、浜田耕作の「石金両時代の過渡期の研究に就いて」を掲げ、以下、伊波普猷「琉球語の母韻統計」、新城新蔵「十二支獣に就いて」、柳田「杖の成長した話」、鳥居龍蔵「太平洋諸島の巨石文化に就いて」の論文五篇を掲載している。執筆者のこの顔触れを見ただけでも、この雑誌の、『郷土研究』とはやや性格を異にした、汎人類学的な総合誌としての特徴がよく窺える。

柳田の下にあってこの『民族』誌の編集を実質的に担ったのは、東京帝国大学を卒業したばかりの岡正雄とその友人たち、石田幹之助、田辺寿利、有賀喜左衛門、奥平武彦の五人の若い人文学徒たちであった。新しい雑誌を発行するにあたって、柳田が、すでにそれぞれの道を歩みだしていた折口や金田一ら旧来の同志ではなく、まだ自分の進むべき道も定かでないまま新しい学の体系を模索していた若い人文学徒と手を組んだというところに、この時代の柳田が構想していた学問の、開かれた計画の一端を見ることができる。

岡正雄は、当時を回想して、「其の頃、先生は、フォクロア、民族学、人類学、考古学、言語学、歴史学にわたる広い総合的な雑誌を頭に描かれていたと思います」（岡「柳田国男との出会い」）と述べている。柳田にとって雑誌の経営は、長い将来を見通しての啓蒙活動の一つでもあったから、それをそのまま柳田自身の学問的関心と同一視するわけにはいかないが、少なくともこの時期の柳田は、のちの彼からすれば別人とも思えるほど、近隣諸学との提携に楽観的な見通しを抱いていたといってよいだろう。

柳田は『民族』の発刊に際して、「日本民族生活の汎ての現象の根本的研究」（高木敏雄「郷土研究の本領」『郷土研究』大正二年三月）を高らかに掲げた『郷土研究』のときのように、研究の目標や理念を標榜することにあまり力を入れていない。むしろ、研究の対象や目的を限定したり明示したりすることを意識的に避けているようにさえ見える。たとえば創刊第一号に寄せた「編輯者の一人より」と題する一文の中で、柳田自ら同人の集まりを「甚しい烏合の衆」と位置付けたうえで、つぎのように述べているのである。

たゞ一点の合致は日本民族の過去生活の真相が、最も雄大なる単一題目であつて、之を二十日鼠が鏡餅に対するように、方々からかぢるべきもので無いと云ふ見解であつた。若し強ひて学風の共同を指摘すれば、比較研究法である。事実の忠実なる採録と考察である。関係諸学の業績に対する十二分の尊重である。

学問研究の目的や理念ではなく、比較研究や事実の採録といった、学問の基礎となる研究方法や学風の共同を強調しているところに、雑誌『民族』を、学問の将来に向けての「土台づくり」として位置づける柳田の意図を見ることができる。

この「編輯者の一人より」は、巻頭にこそ置かれていないが、『民族』の創刊の辞とでもいうべき内容の一文である。その中で、柳田は、『民族』の担うべき主たる事業として第一に、全国に孤立し、割拠している研究者間の相互連絡と協力の推進を、第二に、正確で効果的な資料の蒐集を掲げている。柳田は、雑誌への資料の寄稿を「手帳」の「公有」といい、「共同の文庫」への「陳列」という。地方に割拠する研究者たちが苦労して採集した資料を、徒《いたず》らに篋底《きょうてい》に埋もらせず、学問の全国的な展開のなかで正当に位置づけ、共有化して、新たな採集作業の手引きとするというのが、柳田が、『民族』に託したもう一つの事業であった。『民族』の発刊は、「雑誌は採集者の栞」（『土俗と伝説』大正七年八月）とする柳田の雑誌観の新たな展開でもあったのである。

柳田はすでにこの時期、自分が構築しようとする新しい学問について、確かな見通しを持っていたように思われる。問題は、それを如何にして多くの人びとの間に定着させ、一国の未来を担うことのできるような大樹に育てあげていくかであった。「編輯者の一人より」というこの一文を、柳田は次のような自信に満ちた言葉で結んでいる。

『民族』という名称は、言はゞ記憶と会話の便の為に選定せられた標語である。我々は雑誌の編輯に由つて、民族に関する学問の範囲を限定せんとする野心を持たぬ。然らば我々の事業の領域はどれ迄かと言ふと、是も亦追々に読者が之を決するであらうと思ふ。而して此の雑誌が繁栄し且つ永続する間には、多数の力は自然に相作用して、真に何々学と名くべき大なる一体を作り上げることと信ずる。我々計画者の之を切望することは申す迄も無いが、読者諸君に取つても之は甚だ楽しみな未来であると言はねばならぬ。

『民族』の誌面には、柳田や中山太郎、折口信夫らの名の隣りに、宇野円空や秋葉隆、岡正雄といった名前が何の違和感もなく並んでいる。民俗学と民族学、のちに截然と袂を分かって別々の道を歩むことになる二つの学問が、ここではまだその境界も定かでないまま手を携えて進もうとしていた。のちにわが国の民族学徒が結集して日本民族学会を設立したとき（昭和十年）、主要メンバーとして会を担ったのは、『民族』誌上に集まった若き日の人文学徒たちであった。『民族』は、草創期の民族学をはぐくみ育てた揺籃でもあったのである。

『民族』の大きな特徴の一つは、二つの大きな柱ともいうべき「論文欄」と「資料報告欄」とが、相異なる二つの人脈によって支えられていたことである。柳田は、郷土史家たちが、その土地で手に入れたわずかな民俗資料だけを手掛かりにして、性急な臆説をものすることを何よりも嫌ったから、報告者たちの論文寄稿はほとんど見られなかった。佐々木喜善や早川孝太郎でさえ、論文欄へはほとんど執筆していない。一方、論文欄への寄稿者たち、とりわけ若い学徒の主要な関心は、もっぱら海外の新しい研究の動向や汎人類的な理論の展開に向けられていたから、自ら野に分け入って煩瑣な資料の蒐集から研究に着手するような者は、有賀喜左衛門などほんの一握りにすぎなかった。その結果『民族』は、内容も担い手もまったく異なる二つの誌面を持ち、相互にほとんど交渉も提携もないといった、一見奇妙な寄合所帯のごとき観を呈するようになったのである。

こうした『民族』の現状を、柳田自ら、「二つの相長屋住居」と呼んでいる。もともと何の関わりもない二つの家族が、たまたま同じ屋根の下に仕切りを隔てて暮らしているようなものだ、というのである。柳田らしい巧妙な比喩だが、それが当の編集責任者の言であるだけに、問題の根は深かった。『民族』の発刊当初、柳田は、『民族』の関与する領域を狭く限定せず、さまざまな分野の人文学徒を結集して、日本の民俗学を大きく育てていこうという構想を抱いていた。しかし、あくまで、「日本民族」という視点から、まず足下のわが国の民衆生活の解明を第一義と考える柳田と、国境を超え、自由に汎人類学的民族学の普遍的展開を追究しようとする若い学徒との間には、柳田が予想した以上に大きな懸隔があったのである。それは研究の対象の差異に留まらず、学問の方法と理念とに関わる本質的な対立を含むものであった。柳田が『民族』の巻を重ね、自らの学問の方向に自信を持つに従って、その懸隔もまた、越えることのできないほど大きくなっていったのである。

『民族』の廃刊と『民俗学』

『民族』は、昭和四年（一九二九）四月刊行の四巻三号をもって休刊した。最後まで編集に携わった岡正雄は、休刊へ至った理由として「休息の必要」や「経済的犠牲」などいくつかを掲げているが、その中で最も大きかったのは、「同人の偕調がこわれたこと」（岡、前掲「柳田国男との出会い」）であった。具体的にいえば、柳田と岡をはじめとする他の若い同人との間の、編集上の意見の対立と感情の齟齬が限界に達し、柳田が一方的に編集から手を引いてしまったのである。その対立の直接の契機となったのは、柳田による折口信夫の論文「常世及びまれびと」の掲載拒否問題であったが、その背後には、柳田と岡正雄を中心とする若い人文学徒との間の学問上、研究上の大きな対立があった。

『民族』の休刊から間もない昭和四年（一九二九）七月、雑誌『民俗学』が創刊された。新たに設立された「民俗学会」の機関誌として発刊されたもので、編集責任者は、『民族』の寄稿者の一人であった小山栄三、発行所も『民族』と同じ岡書院であった。

創刊号には、折口信夫が、「たなばた及び盆踊り」「祝詞考」の二篇を寄せているほか、伊波普猷、南方熊楠らが寄稿、『民族』の編集同人の一人有賀喜左衛門も、『民族』誌上に断続的に掲載していた「炉辺見聞」の続編を載せている。執筆者の顔触れをみても、『民俗学』は、事実上『民族』の後継誌であった。

しかし、柳田はこの『民俗学』には、まったく関与していない。創刊号に掲げられた民俗学会設立趣意書には、十八名の学会委員（幹事）として、伊波普猷、折口信夫、金田一京助、早川孝太郎、石田幹之助、岡正雄、有賀喜左衛門など旧『民族』の主要なメンバーが顔を揃えているが、柳田の名前は見えない。『民俗学』は、昭和八年（一九三三）一月（五巻三号）まで続くが、その間柳田は、一度も筆を執ることなく終わっている。

新学会と柳田との間にどのような経緯があって、柳田が参加を拒むことになったかは明らかではない。しかし、新学会設立に際して事実上根回しを進めてきたのは、小山栄三ら『民族』誌における柳田のやり方に批判的な人たちであった。かれらが柳田の意向を無視する形で設立を推進したために、結果として柳田が排除される形になったのである。

こうして民俗学会が設立され、機関誌『民俗学』が発刊されると、旧『民族』の関係者のほとんどすべてが新学会へと結集し、ひとり参加を拒んだ柳田だけが、学会から孤立する形となった。成城の柳田邸に出入りするのは、柳田のもとに残った橋浦泰雄のほかは、わずかに桜田勝徳、鈴木脩一（棠三）、池上隆祐ら当時新たに柳田の門を敲いた幾人かの若い学徒だけという有様となった。

旧来の同志の離反が明らかとなって間もない昭和四年六月二十八日、柳田は、仙台中央放送局による東北土俗講座の放送を依頼してきた佐々木喜善につぎにように書き送っている。

其後御様子如何と存じをり候処当節ハ少しはのび〳〵と被成候日も有之やとおほえよろこばしく候　日本伝説集は別製本近日出来の上御送り可申御待被下へく候　遠野の松田君などにも送り度候が如何にや　遠慮なく二人でも三人でも御申越被下べく候　放送ハ少し気進まず候　第一には大学の人に対し何か徒党でも組むやうに風説する者ありてハ本意に非ず　次ニ御地方の民俗学はまだあまりに道楽味多く我ゝの仲間といふやうに世間から見らるゝを迷惑に感じ候　出来ることならば自分は孤立し度候　（定本別巻四）

佐々木の依頼に対して腰を上げようとしない柳田の態度には、明らかに、民俗学会の存在が影を落としている。佐々木の構想では、この土俗講座には、折口や中山、金田一らも出演を予定していたのである。だが、怒りのまだ冷めやらぬ柳田にしてみれば、たとえ日時を異にするとはいえ、同じ講筵に名を連ねることなど、いかにも業腹であったに違いない。

柳田と民俗学会との対立は、旧『民族』誌の編集経営をめぐる私的な感情のもつれに端を発していたが、その底には、民衆の自省の学の確立を目指す柳田と他の人びととの間の、学問上、研究法上の大きな齟齬があった。彼らにとって、新学会結成は、柳田の学問との訣別でもあったのである。

これ以後、柳田は、自ら積極的に推進した民俗芸術の会（昭和三年二月創立）にも顔を出さなくなる。南島談話会も、昭和三年（一九二八）九月の例会を最後に中断したままとなった。わずかに前年暮れ、筧五百里、東条操らと設立した方言研究会が、学会活動のほとんど唯一の場であった。

しかし、柳田は、この時期、学界にひとり背を向けながら、日本民俗学の確立を示すような重要な方法論的著作を相次いで発表する。「葬制の沿革について」（昭和四年六月）、「野の言葉」（同年六月）「聟入考」（同年十月）など、いずれも孤独な営為の結晶であった。そして、昭和六年（一九三一）一月には、日々眼前に生起する事実のみによって歴史を描き出すという、従来の歴史学の常識を覆すような実験の書『明治大正史世相篇』を世に問うたのである。

いま、柳田の、生涯にわたる学問の履歴を改めて振り返ってみると、雑誌『民族』の時代からひとり孤立を選んだ昭和初年のこの時期こそ、柳田が最も先鋭なる現実認識と方法的意識を持って新しい学問の創成へと邁進した時期であったということができるのである。

常民史学の創成

一　〈郷土〉の発見

郷土研究という形でその学問をスタートさせた柳田は、『民族』の時代を経て自らの学問を民俗学として体系化すべき段階にいたっても、なおその学問的活動のかなりの部分を、郷土研究という枠組みの下で進めている。そのため、柳田の民俗学と郷土研究は、しばしば同一視されがちであるが、柳田自身は、一科の学としての民俗学と総合的な実践の学としての郷土研究とを慎重に区別し、しばしば意識的に使い分けていた。

おそらく柳田は、民俗学という整序された学問の枠組みでは捉えきれない何ものかを、〈郷土研究〉という形で抱え込んでいたのである。折口信夫の民俗学も、中山太郎の民俗学も、自らの〈郷土研究〉を持たなかった。〈郷土研究〉として出発し、それを足場として展開してきたことが、まさに柳田の民俗学に、「柳田学」としか名付けようのない独自の風貌を与えたのである（千葉徳爾『民俗学のこころ』昭和五十三年）。

郷土研究の第一義は、手短かに言ふならば平民の過去を知ることである。社会現前の実生活に横はる疑問で、是まで色々と試みて未だ釈き得たりと思はれぬものを、此方面の知識によつて、もしや或程度までは理解することが出来はしないかといふ、全く新らしい一つの試みである。平民の今までに通つて来た路を知るといふことは、我々平民から言へば自ら知ることであり、即ち反省である。

柳田はのちに『郷土生活の研究法』（昭和十年、定本第二十五巻）のなかで、郷土研究の意義をこう述べている。郷土研究を実験と観察にもとづいた客観の学であると同時に民衆の自己認識の学として位置付けるこうした視点こそ、柳田に特徴的なものといってよいだろう。

大正二年（一九一三）、柳田が高木敏雄と創刊した雑誌に初めて『郷土研究』という名称を用いて以来、「郷土研究」は「郷土」に関するあらゆる種類のアプローチの汎称のごとくなった。しかし、『郷土研究』時代、柳田がその用語にどれだけの明確な規定を与えていたかは疑わしい。高木は「郷土」の語をほとんど日本民族や国土の意と同一視して使っていた（「郷土研究の本領」『郷土研究』大正二年三月）。柳田はさすがにそれほど無造作な同一化は試みていないが、柳田自身、「わが生まれ在所」や「田舎」という以上にどれほど具体的な規定に達していたか。柳田としては、土地土地の風土や人びとの生活の多様な姿のなかに人間の生活にとって本質的な何ものかの存在を嗅ぎあて、ただ一筋に〈郷土〉への傾斜を深めていったというのが実情であろう。

そうした柳田の〈郷土〉への視点が急速な深まりを見せてくるのは、雑誌『民族』の時代であった。たとえば柳田は、「地方学の新方法」と題する講演（昭和二年二月、『青年と学問』昭和三年、定本第二十五巻）のなかで、つぎのようにいうのである。

局外に居る人の同情とか声援とかいふものは高が知れて居る。殊に日本に於ては其力に限りがあるやうに思ふ。といふわけは我々の国ほど、北と南と東と西と、土地々々の生活事情の幾通りにも変化して居る国は、先づ他には一寸無い。近頃になつて政治屋の間にも、一律教育の弊などと説く者が出て来たが、それは只小学校の読本を、町場と農村と二通りにしてやれば安心する程度のたわいもないものである。そんな事で済まう筈は無い。同じ様な風土気候、生産物も一様に米であり繭であつても、僅かな交通関係の相違、例へば一つの川の上と下といふやうな差からでも、隣人の知らぬ宿題は多い。殊に村々の成立ちが、親方制か組合制であつたかといふやうな差別から、永い間には甲の村では絶対に見られぬ現象が、乙丙の村のみは頻々として現れるといふ時代も来る。況んや山を越え大川を隔てゝ、寒さ暑さのかはつた土地に行けば、同じ話の到底通用しないことは、誰にでも容易に出来る実験である。その土地々々の特殊事情を、若し住民が自身講究しなかつたら、他には考へてくれる人は有り得ないのである。

柳田はまず〈郷土〉の割拠性、特殊性を強調する。わが国においては、個々の〈郷土〉の形造っている生活は、実に多様で変化に富んでいること。したがって、その土地の抱えている問題は、住民自身が明らかにし解決していくほかないこと。これが全国をつぶさに歩いて得た柳田の出発点であった。ここには、わが国の政治風土だけでなく、学問の世界にも根強く巣食っていた中央集権的な画一主義に対する鋭い批判が込められている。〈郷土〉へと眼を向けるとき、柳田はつねにそこに住む人びとの側に身を置き、そこから郷土人自身の自前の学問の必要性を呼びかけたのである。

ところが、柳田はまた、つぎのようにもいうのである。

然るに之と同時に他の一方には、百里二百里の遠い国々に、何時からとも無く分散して住みながら、産土神に対する敬と信、農作に対する熱烈なる執着、血族及び婚姻から生ずる相互の義務心、其他之に伴なふ微細なる慣例、俗信又はをかしな癖と名づけてもよいやうな小さな仕来りに至る迄、無意識に全然同じ型に依り、同じ途を歩んで居る点が算へ切れぬほど沢山に見出される。是が百篇の記録史論又は所謂精神講話よりも、遥かに有効に又切実に、我々遠近の百姓の、久しく同族であつたことを感ぜしめるのである。

（「郷土研究といふこと」『青年と学問』定本第二十五巻）

ここでは、柳田は一転して郷土の同質性を強調している。全国に散在する無数の郷土は、信仰から日常の生活習慣、小さなしきたりにいたるまできわめてよく似ており、それが何よりも確かに、日本人の民族としての同一性を物語るというのである。

郷土の割拠性、固有性の認識が、郷土研究を、郷土人自身の自己認識の学として展開する方向を示しているとすれば、郷土の同質性への眼差しは、柳田の郷土研究が、そうした郷土の枠を越えて、日本人の普遍的なエートスの追究へと展開する可能性を示すものであろう（宮田登『日本の民俗学』昭和五十三年）。この二つの視点は、明らかに異質である。しかし、それは柳田にとって、必ずしも矛盾するものではなかった。この両者は微妙な緊張を孕みながら、柳田独特の郷土観を形づくり、その後の民俗学の展開を支える方法的基底ともいうべき役割りを担ったのである。

柳田の郷土研究が新たな展開を見せた『民族』の時代は、わが国において、郷土への関心が高まりを見せた時期であった。凶作、飢餓、小作争議、離村問題と打ち続く農村の窮状と世相の荒廃は、改めて郷土生活を見直そうとする気運を生み、文部省は、昭和二年（一九二七）以来初等教育における郷土教育の見直しをはじめ、師範学校を中心として各地に郷土教育講習会を開くなどして、郷土教育の実際化を推し進めた。一方、小田内通敏（一八七五〜一九五四）や尾高豊作（一八九四〜一九四四）らは、官製の推進運動とは別に、「郷土教育連盟」（昭和五年）を組織して、郷土の生活に根ざした独自の郷土教育運動を展開した（田嶋一「一九三〇年代前半における郷土教育論の諸相――文

部省・師範学校系、郷土教育連盟系の郷土教育運動と、柳田国男による批判」東京大学教育学部教育史・教育哲学研究室『研究室紀要』二、昭和五十年十月)。

しかし、柳田はこの二つの郷土教育運動のどちらにも加担していない。むしろ、終始冷ややかで、批判的な態度を取りつづけていた。旧態依然たる古文書中心主義や小田内らの進める人文地理学的研究法に対する不満もあったし、また、限られた地域で得たばかりの断片的な知識を、すぐに実地に役立てようとする安易な実用主義に対する批判もあった。しかし、何よりも柳田をこの二つの運動から遠ざけたのは、その郷土観のあまりにも大きな隔たりであった。大正十四年(一九二五)十月、柳田は「郷土研究といふこと」と題する講演のなかで、これから郷土研究を志す人びとのためにつぎのような七項目の指針を掲げている。

一、最終の目的はどんな大きくてもよいが、研究の区域は出来るだけ小さく区劃して、各人の分担を以て狭く深く入つて行くこと。

二、其便宜の為には、成るべくは自分の家の門の前、垣根のへりから始めて、次第に外へ出て行くこと。即ちよくわかるものから解らぬものへ進むこと。

三、文書の価値は勿論軽んじないが、その材料の不足な場合が多いことを知つて、常に力を自身直接の観察に置くこと。

四、それを志を同じくする者との共同の宝物とする為に、最も精確且つ忠実なる記録を遺すこと。

五、如何なる小さい、俗につまらぬといふことでも馬鹿にせず、もと人間の始めた仕事である以上は、何か趣旨目的のあつたものに相違ないといふ推定から出発して、一見解りにくいものは殊に面白く且つ重要なるべしと考へてかゝること。

六、之を解釈する手段としては、出来る限り多くの地方と連絡を保ち、互ひに相助けて比較をして見ること。必要があれば其比較を国の外、世界の果まで及ぼすこと。

七、沢山の無形の記録を保管して居る人々に対して、常に教を受ける者の態度を失はず、正に文字通りの同情を以て之に臨むこと。

（前掲『青年と学問』）

この七項目の指針を、やはり柳田が大正三年（一九一四）に「郷土誌編纂者の用意」のなかで発表した四項目の指針と比べてみると、このおよそ十年の間に柳田の郷土研究の方法的深化が、どのような方向へと進んできたかを如実に知ることができる。彼我を隔てる最も大きな差異は、後者においては、郷土研究の主体である研究者が明確に郷土内の存在として措定され、その郷土内の眼差しによって郷土を捉えようとしていることであろう。自分の身の回りから始めてしだいに外へ。よくわかるものからわからぬものへ。直接観察の重視。これらは、柳田が〈郷土〉をあくまで研究主体としての郷土人との関わりにおいて捉えようとしていることを意味している。また、とるにたりない些末事や意味不明の事象への関心は、柳田の眼差しが外側からの観察では知ることのできないような、人びとの心の内奥や無意識の領域へと向けられてきたことを示している。

柳田はまた、研究区域の小区画化を主張した。研究の便宜的な手続きのためではなく、方法的な必然からである。それによると、柳田自身も幾つかの編纂事業に加わった郡誌ですら往々にして広きに過ぎるという。

故に我々は研究の区域は、出来るだけ小ぢんまりと纏めて行く方がよいと思つて居る。志あり又方法を解した篤学の士が、隅から隅まで知り抜いた我部落、即ち「我町村の史学」から、始めるのがよいと迄考へて居る。或はそれほどに細かく地域を分つことを得ずとすれば、責めては一つの盆地一つの渓谷を単位として、他に何等の解説者通訳者を傭ふこと無しに、総住民の感覚と生存利害との解る区域に、限つて見たらよからうと思ふのである。

（「前掲「郷土研といふこと」）

ここでも研究の主体は郷土人に措定され、対象としての〈郷土〉の広がりは、その主体との関わりにおいて捉えられている。「他に何等の解説者通訳者を傭ふこと無しに」という言葉に端的に表われているように、柳田はあくまで郷土人の眼によって郷土を内在的に捉えようとする。主体としての住民の〈生〉の具体的な広がりを離れては、郷土など存在しない。「隅から隅まで知り抜いた我部落」といい、あるいは「総住民の感覚と利害との解る区域」というのは、またそうした住民たちの〈生〉の広がりとして捉えられた〈郷土〉の謂であった。〈郷土〉へと眼を向けるとき、柳田にとって問題なのは地理地形や気候風土といった生活の外貌ではなく、その上で人びとがくり広げている具体的な〈生〉のすがたであった。だから、柳田の眼は、たえず〈郷土〉の内側へ、内側へと入り込もうとする。それはまた、郷土人の心の奥の〈郷土〉を凝視めることでもあった。

英国では食物のことは、それと他のものとの関連を問題にして居ないが、経済や政治上ばかりでなく、実に信仰とも深い関係を持つて居る。実際食物は餓ゑて食ふのではなく、精神上の拘束の下に斯く斯くの態度で、斯く斯くの形によつて食ふのである。従うて俗信を伴なひ、世間に支配され、しきたりや俚諺を背負うて居る。

（『民間伝承論』昭和九年）

「ものを食べる」という何のへんてつもない日常の行為にさえ、さまざまな規範やしきたりや信仰や感情が、影のごとくに張りついている。「食べる」という個人の行為は、その背後に眼に見えないある種の共同性を背負っているのであり、それによって内的に規定され、意味付けられ、根拠づけられているのである。柳田が郷土において捉えようとしたのは、そうした「外形の背後に内的に横はるもの」(同前)、人びとの心の内側にあって、その〈生〉を深く規定し、根拠づけているところの共同的な意味連関の体系にほかならなかった。

柳田は、郷土へと定位し、郷土を内側から捉えることによって、人びとの心の奥の〈内なる郷土〉を発見したのだということができる。それは、村落の内部に生きるふつうの農民たち——柳田が〈常民〉と呼んだ人びと——が共に暮らし、生活するなかから作りあげてきた心的な共同性の総体であり、また、人びとを共に包み込み、その〈生〉に具体性と固有性とを与えている共同の力であった。その意味で、個々の常民は、それぞれの〈郷土〉で生きていると同時に、それぞれの〈郷土〉を生きてきたのだということができよう。柳田にとって郷土研究とは、そうした常民たちの〈生〉の体系としての〈郷土〉の解明を意味していた。だからこそ、それはまた、郷土人自身の「自己内部の省察」でなければならなかったのである。

この〈郷土〉こそ、さまざまな民俗を育み伝えてきた母胎であった。『郷土研究』の時代、柳田の視線は、厳密な意味で〈郷土〉の内側にまでは届いていなかった。大正初年にすでに柳田は、実地の観察にもとづいた新しい郷土研究の必要性を指摘していたが、自身が進めてきた仕事の多くは、なお、天狗や山人や石神、毛坊主といった、村落の外側に生起する特異な民俗事象を対象としたものに限られていた。民衆の心の奥の〈内なる郷土〉へと定位することによって、初めて民俗学は、〈山〉から〈里〉へと降りてきたのであり、平凡人の平凡生活を歴史として救い上げる道を見いだしたのである。

二　方言研究と民俗語彙

昭和四年は、方言研究が盛んになる口火をきつた年である。第一に、柳田先生の研究やその情熱の中心が今、ここに集注してゐる様に見えた。それで、いろんな形式で発表せられた先生の方言論は、嵐となつて、われ〳〵の心を捲きこんでゆく。その広い触面は、あらゆる学者を呼びさましてよいと思ふ。事実われ〳〵は、その暗示と示唆とに打たれて、ほうとため息をさへつく程である。

（折口信夫「旧年中の民俗学徒の為事」『民俗学』二―一、昭和五年一月）

折口信夫は、昭和四年（一九二九）の民俗学界を振り返って、こう述べている。この年、柳田は「葬制の沿革について」（『人類学雑誌』昭和四年六月）、「野の言葉」（『農業経済研究』同年六月）、「聟入考」（『三宅米吉博士古稀祝賀記念論文集』同年十月）といったすぐれた方法論的著作を相次いで発表した。これらは、のちに両墓制と呼ばれる前代の葬制や親族＝労働組織、婚姻制度など、それまで既成の史学においては顧みられることのなかった前代民衆の社会生活の重要な一側面にメスを入れることによって、民衆史学としての民俗学の有効性と可能性とを世に問うた意欲作であったが、それらのなかで柳田が最も重要な資料として駆使したのが、当時なお全国各地に生きて使われていた方言＝〈民俗語彙〉であった。その研究の内容は、すでに〈ことば〉としての方言研究の枠を大きく踏み出していたが、それらをも包括して方言研究の隆盛を讃える折口の指摘は、柳田民俗学における方言研究の位置と重要性をよく物語っている。

土地土地の歴史に刻まれ、なお生きて使われている固有のことば＝方言への柳田の着目は、すでに明治四十二年

（一九〇九）の『後狩詞記』において明らかであり、『石神問答』や『遠野物語』のなかにもその片鱗をうかがうことができる。柳田自身の回想によると、明治三十一、二年のころ、幸田露伴の「水上語彙」を見ておおいに興味を刺激され、それがのちの『漁村語彙』の企てのきっかけとなったというから、方言への関心は、その学問的閲歴以前にすでに芽生えていたのである（「『分類漁村語彙』序」定本第三十巻）。

その後、柳田の方言への関心は、まず地名の研究として展開されるが、それがしだいに研究の前面を広げ、総合的な方言の研究として開花してくるのは、やはり、『民族』の時代であった。

『民族』創刊後間もなく、柳田は、『郷土研究』以来中断していた「地名考説」（『民族』一巻四号〜二巻二号、大正十五年五月〜昭和二年一月）の連載を皮切りに、昭和二年（一九二七）四月には、「方言」（『アサヒグラフ』昭和二年十月まで七回）、「蝸牛考」（『人類学雑誌』昭和二年七月まで四回）という二つの重要な方言論考の連載を同時に開始する。その間、『民族』誌上では、「私生児を意味する方言」（昭和二年五月）、「末子を意味する方言」（昭和二年九月）などの小文を小きざみに寄稿して地方在住者の興味を刺激し、資料の投稿を呼びかけた。

翌昭和三年（一九二八）十二月八日には、東条操（一八八四〜一九六六）の『方言採集手帖』の刊行を機に方言研究会が設立され、朝日新聞社談話室において、初会合が開かれた。上田万年、簋五百里、橋本進吉、金田一京助、西脇順三郎、小林英夫、斎藤吉彦らが参加し、わが国の方言研究史上大きな功績を残したこの会を首唱し、例会活動をリードしたのも柳田であった。この時期の柳田の学問的関心は、方言資料の蒐集と研究とに傾注されていたのである。

しかし、柳田の方言研究は、けっして〈ことば〉としての方言そのものの研究ではなかった。柳田は〈ことば〉としての方言に対して深い愛着を抱いてはいたが、彼がその採集と整理とに精力を傾けたのは、方言が前代民衆の生活と心を伝える不可欠の資料だと考えたからである。「蝸牛考」をはじめ、柳田には方言そのものに関する論考も少なくないが、そうした場合ですら、窮極の関心は、一つ一つの方言の背後に見え隠れする前代民衆の生活の一断面へと向けられていた。

郷土会以来の若い同志の一人であった今和次郎（一八八八～一九七三）が、昭和二年（一九二七）に『日本の民家』増補版を上梓したとき、柳田は「民間些事」（定本第十四巻）と題する連載の冒頭において、つぎのように述べている。

今和次郎さんの「日本の民家」を読んで居ると、暫らく出て居た故郷の村へ、還つて行く時のやうな気持がする。歴史はいつでもさういふもので無ければならぬのだが、此頃の学者は多くは望遠鏡を持つて小山に登り、もしくは堤に立つて空しく水の流れの迅きをながめ、却つて旅人の袖を引留めて、旅行の術などを説かうとする者さへある。その間に我々の子供の日の、柿や棗の樹は老いて枝淋しくなつて居るかも知れぬ。生まれ在所の音信は、たゞ斯うして路を急ぐ人のみに楽しいのである。

だから好い道連のある時に、少しでも近くへ踏出して見ようと思ふ。今さんの話は画である故に、最も鮮明に故郷の路を案内する。その代りにはあの藁家の中に居て、笑つたり叱つたりする声は聞えない。折角尋ねて見ても留守では無いかといふ様な気遣ひがある。私はちやうどいま言葉の方から、昔の平民の生活を考へて見ようとして居るので、あの本を読みながらぽつ〳〵と心付いたことを、軽い話の種にして歩んで行かうと思ふ。この耳が正しいか否かは、近づいて見れば今にわかる。学問を愛する人たちならば永く迷はされて居る懸念は無いのである。

ここで柳田は、民衆生活を眼で捉えようとする今の民家学に対して、自らの方法を、耳で捉えた言葉による平民の生活誌として対置している。柳田はけっして今の民家学を全面的に否定してはいないが、その穏やかな言葉の端々から、外側からはうかがい知ることのできない民衆生活の内面を明らかにしていくには、言葉を手掛かりとした自分の方法しかないのだという揺るぎない自信を読みとることができる。

この一文において、柳田は、ヘヤ、コヤ、マ、デヰ、ザシキといった語彙を手掛かりとして、小家の分立へと展開してきたわが国の住居の変遷や「接客法の革命」とでもいうべき大きな生活様式の変化を鮮やかに描き出し、さらにその筆は、座礼や食物の調理法の変遷にまで及んでいる。何気ない言葉の用法の微妙な差異のなかに、過去の民衆生活の歴史的な変容の過程を捉えていくその手法は、明らかに『明治大正史世相篇』の叙述の先蹤をなすものであった。

方言を民俗資料として取り扱うとき、柳田は、その言葉が、土地土地において示す用法のわずかな差異や、言葉と言葉が指し示す現実の事象との間に介在する微妙なズレのごときものに着目する。それらのズレや差異は、しばしば、言葉の背後にある民衆生活の歴史的な変容の跡を物語っているからである。

柳田は、無数の民俗語彙の集積の上に立って、これらの差異やズレのなかに、すでに意味のわからなくなった過去生活の断片を的確に探りあて、それらを重ね合わせ、継ぎ合わせることによって、全体像を再構成し、変容の過程をも明らかにしようとする。それはいわば、方言＝民俗語彙が無意識のなかに担っている生きた過去生活の断片を現実に甦らせ、統一的な意味の体系として再構築する作業であった。柳田はのちに、こうした自らの方法を、「重出立証法」（前掲『民間伝承論』）と名づけているが、その方法の内実は、すでにこの「民間些事」という小文のなかに実現されていたのである。

こうした柳田の方法の特質を最もよく示すものは、昭和十年（一九三五）の『産育習俗語彙』に始まる各種の民俗語彙集の刊行である。『分類農村語彙』（昭和十二年）、『分類漁村語彙』（昭和十三年）、『歳時習俗語彙』（昭和十四年）など、柳田は、その後わずか十年たらずの間に十一種もの各種語彙集を刊行しているが、それらは、自ら「分類語彙」と名づけたように、柳田が長い時間をかけて集積した各地の方言＝民俗語彙を、「族制」、「婚姻」、「禁忌」、「服装」といった領域別に整理し、その言葉の指し示す事象の正確な叙述を加えて、「ものを考える順序に従つて」配列し、「一冊を読み終えるとおおよその概観を得られる」という構想のもとに編述したものであった（『分類祭祀習俗語彙』序文、昭和三十八年）。

これらは、その名のとおり民俗語彙の集成であったが、これまでのどの辞書類とも、また各地の方言を五十音順に並べて、標準語の訳をつけたような方言辞典の類とも異なり、可能なかぎり憶断推測を排し、文字どおり言葉とその指し示す事象の積み重ねだけによって民衆の過去生活を再構築しようという、柳田民俗学の方法そのものを、語彙の配列という形で視覚化したものであった。柳田が自ら蒐集編述した民俗語彙集を活字化したのは、昭和七年（一九三二）の「山民語彙」および「山村語彙」の連載を最初とするが、すでにその数年前から柳田は、民俗語彙の構想を抱きその事業に取りかかっていた。そのいきさつを、柳田はのちにこう述べている。

何が最初であつたか今はつきりとは覚えないが、昭和の始めあたりに、娘たちが段々大きくなる頃なので、本を読んでも人の話を聴いても、婚姻の問題が最も深く注意を引いた。それで此事を話題にしたいと思つて居る処へ、ちやうど平泉澄君の世話をして居た大学の史学会から、何か話をしてくれと望まれたので、是れ幸ひと婚姻制の変遷を説いて、民俗学の方法で無ければ、斯ういふ歴史は明らかにすることが出来ないといふことを強調した。それが三宅米吉先生の記念集の中に、聟入考といふ名で載つて居るもので、一部の人には読まれ又問題にもなつて居るが、白状をすると実はこの論文には、資料がまだ甚だしく貧弱であつた。たしかこの講演は昭和三年の春だつたやうに思ふが、是に気が咎めて一時は最も熱心に、各地の民間伝承を蒐集し始めたので、そんな偶然の機縁から「婚姻習俗語彙」といふ一冊が、先づ世の中に出て行くことになつたのである。後に新京の大学へ往つた大間知篤三君が、大きな興味を是に寄せて、助けてくれたので早く纏まつたのだが、それより以前にも、人情地理といふ変つた雑誌が創刊せられ、それに連載する約束で二分の一ほど、自分で筆を執つて見たのであつた。

その雑誌が三号で潰れたので計画は頓挫して居た。それが昭和八年の春のことであつたかと思ふ。
（「窓の燈」『氏神と氏子』昭和二十二年、定本第十一巻）

分類語彙集編纂の最初の構想が、柳田が明確な方法的自覚のもとに既成史学と対決した、帝大山上での「婚姻制の考察」の講演に端を発しているという事実は、柳田の方法における語彙集の重要性を何よりも物語っている。

この構想は、昭和八年（一九三三）の「常民婚姻資料」を経て『婚姻習俗語彙』（昭和十二年）として結実するが、それと同じような関係は、「葬制の沿革について」、「野の言葉」の二論文と、「葬制沿革史料」（昭和九年）、「親方・子方」（昭和十二年）と題する二つの語彙資料との間にも見ることができる。後の二つは、明らかに前者の立論の根拠となった民俗語彙の増補・補強を企図したものであり、その成果は、『葬送習俗語彙』（昭和三十一年）、『族制語彙』（昭和十八年）の企画のなかに生かされるのである。

また、昭和二年（一九二七）の「民間些事」の背後には、のちに、『居住習俗語彙』（昭和十四年）としてまとめられる居住語彙集の存在を読みとることができるし、『先祖の話』（昭和十二年）執筆の動機の一つが、『歳時習俗語彙』や『葬送習俗語彙』編述の体験にあったことは、柳田が自ら述べているとおりである（前掲「窓の燈」）。

柳田は、わが国で当時なお生きて使われていた土地の言葉＝方言を、〈民俗語彙〉として捉え返すことによって、民衆の平凡なる過去生活を内側から描き出す視点と方法とを獲得したということができよう。柳田が方言研究に傾注した昭和の初年が、同時に、衣食住を中心とした民衆の日常生活のあらゆる場面へと学問の領野を拡げ、その内面生活の変遷の過程を生き生きと描き出すことができるようになった時期と軌を一にしているのは、けっして偶然ではなかった。「木綿以前の事」（大正十四年）から「民間些事」、「聟入考」などを経て、『明治大正史世相篇』（昭和六年）へといたる柳田の学問の軌跡は、そのまま〈ことば〉の民俗学としての柳田学が、民衆の生活誌学として新たな展開を見せた過程であったのである。

三　『明治大正史世相篇』

昭和五年（一九三〇）十一月二十日、柳田は朝日新聞社の論説委員を辞任した。論説の筆はすでにその年の九月十四日付をもって止めており、柳田としては予定の行動である。

記者としての日常の業務から解放された柳田が最初に手掛けたのは、前年から準備を進め、〆切りの間近に迫っていた『明治大正史世相篇』の刊行であった。

同書は、朝日新聞社の企画による『明治大正史』シリーズの一冊であったが、柳田にとっては、以前から胸に暖めてきた構想にもとづき、それまでの学問の成果をすべて注ぎ込んで現実科学としての有効性を世に問おうとした意欲的著作であった。「在来の伝記式歴史に不満である結果」、あえて固有名詞や年代を一つも掲げず、「現代生活の横断面、即ち毎日我々の眼前に出ては消える事実のみに拠つて」民衆の生活史を描き出そうとした（『明治大正史世相篇』自序、昭和六年、定本第二十四巻）実験の書でもあった。その目的から、資料の取り扱い方、全体の構成にいたるまで、従来の歴史学の常識をことごとく覆すような試みであっただけに、柳田がその叙述に払った苦心はひととおりのものではなかった。

『明治大正史』の世相篇を書いた時は、ほんとにへこたれてしまつた。資料を集めるのには、桜田君にすつかり骨をおつてもらひ、それを中道等君に整理してもらつたのだが、たゞならべただけの目茶苦茶で、発行予定二ケ月前にせまつてしまつた。処が、その頃私はリウマチで、少なからず神経衰弱になつてゐたので、早速橋浦君に飛電を打つて来てもらひ、労働の章だけ書いて、助けてもらつた。その他は、いろいろ排列に苦心したので、無理があり消化しきれない処があるけれども、とにかく自分でやつたんだよ。

（座談会「民俗学の過去と将来（上）」『民間伝承』昭和二十四年一月）

『世相篇』執筆前後の数年間は、柳田にとって肉体的にも精神的にも微妙な転換の時期であったようである。体調の不全から仕事の能率の低下に悩み、気短でいらだつことが多くなって、「テルラピン」などという正体不明の売薬を常用したりしていた（昭和六年十二月十二日、および同月二十五日付胡桃沢勘内宛柳田書簡、定本別巻四、など）。

そのためもあってか、柳田は『世相篇』執筆のために、〆切りを目前に控えた十月も末になって、自ら全面的に書き改めざるを得なかったのである。橋浦泰雄や桜田の助力を得ながら、ようやく校了にこぎつけたのは年も暮れようとする大晦日のことであった（昭和五年十一月十二日付胡桃沢勘内宛柳田書簡、定本別巻四）。『世相篇』は翌六年（一九三一年）一月に刊行されたが、執筆のために精根を使い果たした柳田は、なおしばらく仕事を離れて休養を取らねばならなかった。

柳田は「自序」において、『世相篇』を「失敗」の書と位置付けている。自らの方法について述べる柳田の言葉はなお自信に満ちているから、その言葉を額面どおりに受け取るわけにはいかないが、『世相篇』の出来映えが必ずしも意に沿うものでなかったことは事実である。この書は、おそらく柳田にとって最も産み出すのに苦労した難産の書であったが、それだけに、そこには当時の柳田の先鋭な問題意識と方法とが鮮やかに映し出されている。

『世相篇』の第一章から第三章は、それぞれ「眼に映ずる世相」、「食物の個人自由」、「家と住心地」と題され、「生活の最も尋常平凡なもの」である、衣・食・住に関わる変遷が、色や香や味や住みごこちといった身体的な感覚を通して描き出されている。

俳諧寺一茶の有名な発句に「手向くるやむしりたがりし赤い花」といふのがある。即ち可愛い小児でさへも仏になる迄は此赤い花を取つて与へられなかつたのである。此気持が少しづゝ薄くなつて、始めて閑ある人々の大規模なる花作りが盛んになつた。さうして近世の外からの刺激も大いに之を助けたのである。（略）家の内仏に日々の花を供へるやうになつたことは、近代の主婦の美徳の一つではあつたが、其為に曾て彼等のたつた一輪の花を手に折つても、抱き得た情熱は消えてしまつた。新たに開き始めた花の蕾に対して、我々の祖先が経験した昂奮の如きものは無くなり、其楽しみはいつとなく日常凡庸のものと化した。是が我民族と色彩との交渉の、やがて今日の如く変化すべき端緒だと、自分などは思つて居る。

（『明治大正史世相篇』第一章）

竈が小さく別れてから後も、村の香はまだ久しく一つであつた。殊に大小の節の日は、土地によつては一年に五十度もあつて、其日にこしらへる食品は軒並みに同じであつた。三月節供の乾貝や蒜膾、秋は新米の香に鮓を漬け、甘酒を仕込んで祭の客の来るのを待つて居る。特に香気の高く揚がるものを選んで用意するといふことも無かつたらうが、ちやうど瓶を開け鮓桶を是へといふ刻限までが、どの家も略々一致して居た為に、すなはち祭礼の気分は村の内に漾ひ溢れたのであつた。

此感覚は地方によつて、無論少しづゝの差異があつたらうと思ふが、それを比べて見る折は誠に少なかつた。しかも各人に取つては余りにも顕著であり、又普通でもあつた故に、単に何々の香と其物の名を指すばかりで、特に五色の如き総称を設けずに居るうちに、時代は少しづつ其内容を更へ、且つ混乱を以て其印象を幽かならしめた。今でも味噌汁とか香の物とか、唯日本人のみが語り合ふことの出来る若干の嗅覚はあるが、大体に於ては空漠たるたゞ一つの台所の香になつてしまつた。さうして、家々の空気は、互ひに相異なるものと化して、徒ら

に我々の好奇心だけを刺激する。是が鼻によつて実験せられたる日本の新たなる世相であつた。（同、第二章）

柳田がまず色や香といった身体的感覚に着目したのは、それらの感覚的体験こそが、同時代のだれもが共有することのできる普遍的体験であると同時に、一人ひとりの個的な〈生〉の具体的な内実をなすものだからであった。柳田は、この感覚的体験を通して、個人の個的な体験の内側に入り込み、そこに息づいている豊富な〈共同的生〉の有様を鮮やかに捉え出す。美しすぎる花や色彩を禁忌とした人びとが「一輪の花を手に折つても抱き得た情熱」。あるいは、村中に漂い溢れるすしと甘酒の香によって醸し出される祭りの日の興奮。これらが感覚を通して捉えた前代生活の共同的〈生〉の内実であった。柳田は、これらの感覚——共同性の感覚と非日常性の感覚——の解体という現実を通して、日本の前代を支えてきた一つの確固たる生活世界の解体の過程を描き出すと同時に、それがそのまま一人一人の具体的な〈生〉そのものの変質の過程にほかならなかったことを明らかにしたのである（見田宗介『新編柳田国男集』四『明治大正史世相篇』「解説」、昭和五十二年）。

民衆の前代生活を包み込んでいた共同体的生活世界の解体というモチーフこそ、大正末年以来、『日本農民史』や『都市と農村』から「聟入考」、「オヤと労働」にいたるまで、柳田が一貫して追い求めてきた課題であった。その視点はこの時期のどのようなささやかな著作にも厳しく貫かれていた。たとえば、「民謡の末期」（『婦人の友』大正十四年九月）と題した一文のなかで、柳田は、町屋の奥にありながらなお数多くの郷里の民謡を正確に伝えているある老女について、つぎのように記している。

殊に我々をびつくりさせたことは、話者としての大なる感興であつた。歌なども四百近いものを、別に順序も無く分類も無く、次から次へ歌つて行つたのに、一つの重複もなかつたさうである。さうして採集者が後日手帖を整理する為に、再び之を問ひたゞさうとすると、もうどうしても思ひ出せぬものが少なくなかつた。つまり文句として覚えて居たので無く、歌としてのみ記憶して居るのだから、今一ぺん順次に歌つて行かぬと、出て来ないのであらう。斯ういふ人々を早く老人にした時の力も恐ろしいが、狭隘な町屋の奥に入れてしまつて、もう又口ずさみの機会も無いやうに、我々の社会はしむけて居るのである。

（のち「民謡と都会」と改題して『民謡覚書』に所収、定本第十七巻）

狭隘な町屋の片隅で胸の奥の歌とともに老い朽ちようとする老女の姿のなかに柳田が見たものは、「民謡の末期」であるという以上にそれをも包み込んだ一つの世界の末期の姿であろう。柳田の眼は、この老女の背後に、郷里を離れることを余儀なくされた無数の、同じような境遇の人びとの姿を捉えている。一つの確固たる生活世界の末期と、それでもなお生きていかねばならない人びとの現実とを見据えているのである。

打ち続く農村の慢性的飢饉。深刻な配偶者難と離村問題。くり返される悲惨な親子心中。これら焦眉の現実的課題に立ち向かうたびに、柳田は、前代農村の民衆生活を支えてきた共同体的生活世界の解体という歴史的現実に直面した。

婚姻制度の外形の変化の背後に「団体生活の弛緩と崩壊」（「聟入考」）を見いだし、農村民衆を捉えて離さない深い衰微感の裏に「平民の結合力の解体」（「史学と世相解説」定本24）を指摘したのも、根は一つであった。柳田は、これらの研究成果のすべてを『世相篇』のなかに注ぎ込み、前代から近代へといたる社会構造の転換の過程を、生活世界のあらゆる部面にわたる不可逆的な変容の過程として描き出したのである。

それは前代民衆の生活をその根底において支えてきた、〈郷土〉という生活世界の解体の過程であった。柳田は、それが不可逆的な歴史的必然であり、もとに戻すことなどできないことは熟知していたが、それでもその現実を座視することはできなかった。この〈郷土〉こそが、郷土人を郷土人たらしめ、日本人を日本人たらしめて、この狭い国土に繋ぎとめてきた絆であると考えていたからである。〈郷土〉の解体は、柳田にとって日本人の日本人たる所以の喪失、日本人の自己同一性の解体にほかならなかった。『世相篇』第十二章の「貧と病」において、柳田は時代の最も深刻な病弊の一つを「孤立貧」と「社会病」に見いだしている。〈郷土〉という一つの生活世界の解体の結果、孤立してばらばらとなり、何の絆もないまま烏合の衆の集まりと化した近代日本の常民たち。『世相篇』前半のモチーフが、そうした常民の生活世界の解体の過程を描き出すことにあったとすれば、後半のモチーフは、そうしてばらばらに解体した日本人の新しい結びつき方、人と人との新しい関わり方の追求に向けられていたということができる。第十三章を「伴を慕う心」、第十四章を「群を抜く力」と題して筆を進めた柳田は、終章「生活改善の目標」の末尾を、つぎのような暗示的な言葉で結んでいる。

我々の考へて見た幾つかの世相は、人を不幸にする原因の社会に在ることを教へた。乃ち我々は公民として病み且つ貧しいのであつた。

しかし、『世相篇』後半のこの試みは必ずしも成功とはいえなかった。柳田の企図は、あくまで事実の積み重ねによって日本人が国民として進むべき道筋を指し示すことにあったが、それは事実によつて当為を示すという至難の事業であつた。冒頭の数章において生活の変遷の過程を鮮やかに描き出していた叙述は、後半に移るにつれて、しだいにその輝きを失い、末尾の数章では、別人の筆かと思うほどその叙述は具体性を失い、やせてくる。柳田自身「徒らに一箇暗示の書の如くなつてしまつた」(『明治大正史世相篇』自序)と述べているように、おそらく柳田にとっても、この事実はきわめて不本意なものであったにちがいない。

この『世相篇』は、柳田にとって、現実の生活世相の全体と最も真摯に対峙した著作であった。これ以後なぜか柳田のなかにあって、現実の生活世相を対象に据えた国民生活誌的視点はしだいに後退する。日本人とは何か、という重い問いを胸に秘めながら、柳田は、しだいに日本人をかくあらしめた過去生活の探求へと傾斜を深め、それとともに固有信仰の問題が、日本民俗学の中心的課題として登場してくるのである。

柳田学の転回――大正から昭和へ

はじめに

あるいは、大正九年こそ、柳田国男の七十年に及ぶ学問の軌跡の中で、最初の、そして最も大きな転機となるべき年ではなかったかと思う。少なくとも、柳田は、そうした自負と自覚とをもってこの年を迎えたはずである。

前年暮れ貴族院書記官長を辞任した柳田は、この年の後半、のちの彼の学問の展開にとってきわめて大きな意味を持つ長期の旅を幾度も試みる。六月には十日間にわたる「佐渡一巡記」の旅。八月から九月にかけては東北への四十日に及ぶ『雪国の春』の旅。十月十一月には、三河から美濃を経て関西へと至る『秋風帖』の旅。そして十二月には、『海南小記』となって結実する沖縄旅行へと出立する。

一方、柳田は、またその忙しい旅の合間を縫うようにして、短い在京の間に精力的に講演活動をくり広げている。

七月一日、三田史学会例会で「Folklore の範囲について」。

九月二十七日、慶応義塾大学で民俗学の講義。

翌二十八日、折口信夫宅の国学院大学郷土研究会例会で「フォクロアの範囲」。

十月五日、同じく郷土研究会で講演。十月六日、早稲田大学で、課外講演「人類学に於ける日本の地位」。

十一月二十九日、慶応義塾大学で「国民生活とFolklore」。

十二月六日、慶応義塾大学で三度び民俗学の講演。

十二月十四日、沖縄への旅の途次、大阪の市民講座で講演。(1)

自らの学問の成果を世に問おうとする時、柳田はきまって活発な講演活動や若い学徒を集めた研究小集を繰り広げるのが常であった。書斎の徒だけを相手にするのではない、という構えは、柳田の生涯を貫いており、自らの学問の転機にあたって、柳田は、しばしば執筆活動以上に、自らの肉声をもって直接多数の聴衆に語りかける講演活動や、膝を交えて若き学徒と語りあかす小集や談話会を選びとったのである。旅と講演とに明け暮れた大正九年の足跡は、柳田自らが、この年を学問の新たな展開期と考えていたことを示している。

しかし、実際にはそうはならなかった。思いがけない国際連盟委任統治委員会委員への就任と、それに伴うジュネーブ行が、その企てを妨げたのである。だから年譜の上で見れば、大正九年の活動は、そのまま帰朝後の大正十三年の活動へと接続されるべきはずのものである。しかし、皮肉なことに、ここでもそうはならなかった。この数年の間に、柳田自身の学問が大きな旋回を遂げたからである。

この大正九年の柳田の講演活動を折口信夫の下にあって、親しく見聞した水木直箭の回想によると、この時期、講演のたびに幾人もの学生を引き連れて聴講にくる折口を柳田はいつも上機嫌で迎え、十一月二十九日の慶応義塾での講演の折には、「千里を遠しとせずして来るのだね」と軽口をたたいて喜びを表したという。(2)大正四年の出会いからはじまり、「わたしがしんから先生と仰いでいますのは柳田様より外にはありません」(3)（大正七年一月一日付、花田大五郎宛折口書簡）と折口に書かしめた二人の蜜月時代は、この時もなお続いていたのである。

しかし、やがて数年後、ジュネーブ時代を間に挟んで二人の関係は一変する。雑誌『民族』の廃刊の直接の契機となったのが、柳田による折口論文「常世及びまれびと」の掲載拒否事件であったことは、当事者の一人、岡正雄の証言によってよく知られている。折口の論文を読んだ柳田は、「こんなものは載せられない」と岡に突き返したという。昭和三年の後半のことである。(4)この出来事を契機として、柳田の編集方針に不満を持っていた若い学徒の大半が柳田から離反、折口らを担ぎあげて新たに民俗学会を設立、柳田は独り学界から孤立した道を歩むことになるのである。

わずか数年の間に、この二人の関係に劇的な転変をもたらしたものは何か。

興味深い証言がある。昭和二十三年九月十二日、成城の民俗学研究所で催された「民俗学の過去と将来」と題する座談会席上における折口と柳田との対話である。

折口　大正六年頃、貴族院で、播磨風土記の輪講会をやつたことがあります。あの時分は、栗田（寛―引用者注）氏の考証しかなかつたようです。その時の顔ぶれは、ネフスキー、中山太郎、私の三人でした。

柳田　あの頃は、いろ〳〵なことをやつたね。

折口　あの時のことを、まじめな人は書いておいたでせうが、今は残つてゐません。

柳田　あれは古典の方で、民俗学とは関係ない。

折口　私にはとても為になりました。

柳田　さうでしたかね。やはり民俗学的解釈をしたのでせう。古典の力をかりなければ民俗学が成立しないと思つてゐたのではないだろうがね。(5)

大正六年の末頃、柳田は、自宅の貴族院官舎に、折口、中山太郎、ニコライ・ネフスキーを集めて『播磨風土記』の輪講会を催している。短期間ではあったが、その会は、折口だけでなく、ネフスキーにとっても、中山にとっても刺激に富んだものであったらしい。その輪講会の評価をめぐるやりとりである。

二人の態度の異質さに着目してほしい。柳田を囲んで、民俗学の揺籃期を語りあう場である。折口がいかにも自然に、なつかしくこの輪講会を回想しているのに対して柳田の態度は、いかにも冷やかである。その問題には触れたくない、触れてほしくないという態度が露わに見てとれる。そこには、明らかに、自分の学問の出発点を柳田の学統の下におきたいと望む折口に対して、それを認めたくない、認めようとしない柳田がいる。

すでに見たように、この輪講会の後も、柳田と折口の蜜月時代は続いていた。当時の輪講会のあり方そのものの中に二人の評価を分けるような何かがあったわけではないのである。それ以後に、柳田の側に、この会の評価を変えるような変化が生じた。端的に言えば、その後の柳田の学問の変質が、この会で進めていたような当時の柳田自身の学問に対する評価を変えたのである。

あきらかに柳田の方が変わったのだ。折口の発言は、暗にその事実を訴えている。

大正から昭和へ、柳田国男の学問は大きく旋回を遂げた。その間に横たわっているのは、沖縄を始めとする幾度もの長期旅行であり、ジュネーブ体験である。これらの体験を経て柳田の学問が、どのような変質を遂げたか。その学問の変質の過程を、その展開の過程に則して内在的に追究してみようというのが、本章の課題である。

一　大正から昭和へ

かつて、有泉貞夫は、柳田民俗学における被差別的民衆や漂泊的宗教者への視点の後退と、のちの柳田民俗学の核ともなる祖先崇拝との関わりに注目し、柳田が「祖先崇拝＝家永続の願い」を常民の信仰の核として据えるに従って、彼の民俗学の中からそうした信仰を共有しない非常民の被差別民への視点も排除されていったのではないか、と指摘した。(6) 有泉の問題提起は、一つの仮説として柳田国男の学問と思想の最も脆弱な部分を照射した先駆的試みであったと思う。その問題提起はいまも生きている。しかし、その仮説は今日なお検証されてはいない。検証されないまま、既成の事実としていつの間にか一人歩きを始めているのである。

大正後半から昭和の初年にかけて、柳田の民俗学において、山人や被差別民や漂泊的宗教者への視点が著しく後退し、かわって稲作農耕民を中心とした常民の生活が彼の研究の対象として前面に出てくる。これは事実である。この視点の転換を、柳田民俗学の質的転換＝変容の過程として捉える理解も、ほぼ定着したように思われる。しかし、この転換を、柳田民俗学の学的展開の中でどのように位置づけるかについては、なお意見の統一を見ていない。というより、柳田の学問の展開に即してそれを内在的に検証していくという作業そのものが、ほとんど行われていないというのが実状であろう。

昭和初年における柳田民俗学の転回を認める人たちの多くも、なぜか、柳田の学問がその後も幾度かの変容、転換を経ているという事実を見ようとしない。そのため、その後の柳田学の展開が孕む問題点のすべてを、昭和初年の柳田学の転回期の問題として集約して論じるという過誤を犯しているのではないか。

祖先崇拝＝固有信仰の問題こそその最大のものであろう。かつての有泉貞夫も、近年の赤坂憲雄も、昭和初年のこの時期、柳田は、漂泊民から常民へと視点を転換すると共に、家と祖先崇拝を軸とした固有信仰へと傾斜して行ったと捉えている(7)。しかし、有泉も慎重に留保しているように、柳田はこの時期、祖先崇拝をもって唯一の固有信仰とし、それによって日本人の信仰を一元化して捉えようとは、けっしてしていない。柳田は、確かに、「家」への関心を深めつつあった。固有信仰の語も、早く、大正八年の「祭礼と世間」や同九年の「立烏帽子考」に登場する。昭和二年の「雷神信仰の変遷」や昭和三年の「木思石語」にも見える。しかし、そこでは、その語は、日本人が古来から持ち伝えてきた在来の信仰、という以上の意味は与えられていない。そこには、祖先崇拝をもって日本人の信仰を一元化して捉えようとする視点は、見られないし、そもそも祖先崇拝の問題は、この時期の柳田が精魂を傾けた主要テーマの一つですらないのである。

「固有信仰」の語が柳田の民俗学の中にあって特別の意味と重みをもって使われ出すのは、もっとずっと後、具体的にいえば、昭和十四年の「祭礼と固有信仰」、昭和十七年の「日本の祭」、そして十八年の「神道と民俗学」以後のことである。柳田が被差別民や山人に対する積極的な関心を捨て、その視点を常民の生活へと大きく転換させた時期と、「固有信仰」の名の下に、日本人の信仰を「祖先崇拝」によって一元化して捉え始める時期との間には十年以上の大きな隔たりがあった。そして、この二つの時期に挟まれた昭和初年の数年間こそ、柳田が最も先鋭なる問題意識と明確な方法論とを持って諸課題に取り組み、民俗学の新たな領野を次々と切り拓いていった時期だったのである。

昭和初年における柳田学の転回を特徴づけるのは、漂泊民から常民へ、という対象の単なる転換だけではなかった。その視点の転換にともなって、柳田の研究領域は、衣食住をはじめとして、年中行事、人生儀礼、家族構成、労働組織、方言、昔話、謎、ことわざ、民謡など、ほとんどのちの民俗学が対象とするに至る民衆の日常生活のあらゆる場面に一斉に広がっている。そして、その広がりに従って、彼が農政学時代から持ち続けていた現実的課題に対する関心もまた、先鋭な問題意識となって、その研究の中に蘇っている。「聟入考」「オヤと労働」「葬制の沿革について」や『明治大正史世相篇』は、そうした問題意識と新たに獲得された方法との結合によって生み出されたこの時期の柳田民俗学の瞠目すべき達成なのである。

かつて益田勝実は、この昭和初年における柳田学の劇的な転回を「伝説の〈怪奇〉を追うことから、平民生活の〈日常〉を追うことへの転換(8)」として把握してみせた。私も益田の指摘を受け、その転換を「共同体外の世界から共同体内への視点の転換」として、また「特別なもの奇異なものから、ありふれたもの平凡なものへの転換(9)」として指摘したことがある。

昭和初年の数年間の柳田国男の学問的活動は、彼の以前のそれとも以後のそれとも異なる、独自の位相をもって屹立している。その学問の多様な展開は、他のどの時期よりも豊かな可能性を秘めている。しかし、その可能性はやがて、「固有信仰への一元化」へと転化していった。それが、常民史学としての柳田の民俗学が否応なく至るべき不可避の道筋であったのか、それともまた、別の道を切り拓いて進みうる可能性がありえたのか。なお問題は私たちに突き付けられたままである。その検証を欠落させたまま、漂泊民から常民への視点の転換を、固有信仰への一元化と同一視して論じることは、昭和初期の柳田の学問と思想の持つ多様な可能性をも、同時に葬り去ることになってしまうのではないか。

二　柳田国男・西村真次論争――視座と方法の転換

大正から昭和へ。柳田の民俗学は、その周囲にいた人びとの理解をも超えて、劇的に転回した。山人＝先住民説との訣別を示す「山の人生」（大正十三年）。周圏論を提示した昭和二年の「蝸牛考」の連載。既成史学との方法論的な対決を鮮明に打ち出した東大山上の史学会における「婚姻制の考察」（「聟入考」）の講演（昭和三年）。昭和四年における「野の言葉」（「オヤと労働」）「葬制の沿革について」の発表。これらは、そうした柳田の学問の方法的転回の軌跡を鮮やかに刻印した碑（いしぶみ）である。あまり知られていないが、昭和二年に柳田が自ら主宰する雑誌『民族』誌上で繰り広げた論争も、そうした柳田の学問の転回点を示す興味深い軌跡の一つである。

論争は、まず柳田が『民族』二巻二号（昭和二年一月）誌上に発表した「松王健児の物語」の冒頭に記した次のような一節から始まる。

自ら歴史家を以て任ずる当世の学者の中にも、説話はたゞ史実として其真偽を判断すべきのみと考へて居る人

> があるらしい。史実として真なる説話といふものが、折々は存在するかの如く想像して居るのならば、誠に気の毒なる楽観である。何となれば説話の内容は、常に史実では無いからである。もし此態度を以て国民の前代生活を尋ねるとしたら、事苟くも有名なる大臣大将の伝記にでも関せざる限り、嘸かしいつも史料の欠乏に不自由をすることであろう。蓋し我々の解する説話は、存在其ものが厳然たる一箇の史実であり、全国を通じてその区々たる類型の散布することが、有力なる第二の史料である。個々の口碑の内容の如きは、単に比較の目標として役立つに過ぎぬのである。自分なども実は一個の歴史家の積りで居るのだが、主として学びたいと思ふ点が、記録証文を持たない平の日本人の過去に在るが故に、斯うして彼等の取伝えて居る昔の物、殊に其中でも複雑にして特徴の多い説話の類を、粗末にする気にはなれぬのである。[10]　（傍点筆者、以下同じ）

ここで、名を伏せて手厳しい批判の俎上に乗せられているのは、文化史家で早大教授の西村真次である。これより先、『民族』第一巻全六冊の刊行を終えた柳田は、その読後感の寄稿を詩人の日夏耿之介と西村に依頼した。それを受けて西村が『民族』二巻一号に寄せた「読後感」で、柳田の「争ひの樹と榎樹」（一巻三号）などを取りあげて開陳した説話の取り扱い法をめぐって、柳田が正面から批判を試みたのが右の文章である。

柳田の立場は明快である。説話を史実として取り扱って真偽の判断を下すことを説話学の課題とする西村に対して、柳田は、「説話の内容は、常に史実ではない」と断言してその主張を一蹴する。柳田はまた、「我々の解する説話は、存在そのものが厳然たる一個の史実」であるともいう。そこに史実を含もうと含むまいと、その内容に拘わらず、説話が人びとによって語り伝えられてきたということが、すなわち紛れもない歴史的事実であり、そこに前代日本の民衆生活を明らかにする資料としての説話の価値がある、というのが柳田の立場であった。こうした立場こそ、『遠野物語』以来の柳田の説話伝説研究の到達点を示すものである。

こうした柳田の批判は、西村にとって実に思いがけないものであったらしい。西村は早速『民族』二巻三号誌上に「説話伝説神話対歴史」と題する反批判を寄せて柳田に反論する。一方、柳田もその西村の小論の後に続けて「柳田申す」として西村の批判に再度答えている。

この両者の文章は対照的で興味深いものである。西村は、タイラー、ゴンムら欧米の学者の学説を挙げて改めて説話の史実を含むという自己の立場を主張しながら、次のように述べる。

或は『民族』二巻一号の私の批評文には、表現の誤りがあつたかも知らぬが、柳田氏が真意を誤解せられようとは信じなかつた。「平の日本人の過去」を知る為に、説話の殊に特徴の多いものを粗末にせぬといふことは、是亦正しく私の意見の代弁であつた。別に意見の径庭は無いやうに考へられる。

西村の論調は驚くほど楽観的である。おそらく、西村は、柳田の提起した問題の本質も、柳田の怒りの拠ってきたるところも、少しも理解していない。それに対して、柳田の加えた筆鋒は次のように容赦ない、非妥協的なものであった。

西村氏がまこと日本平民の過去を知るに熱心であり、又是が為にさほど豊富な此方面の資料を持たれるなら、何故にたつた一つなりとも我邦の説話研究裡より採り得たる史実なるもの、例を示して、説話にも亦史実あることを解明せられなかつたか。徒らに外国人の言葉ばかりを引用せられるのは、不親切で無いまでも人を説くの手段が拙劣だと思ふ。我々はラング、ゴンムの後に生れ、又空想に豊かなる Perry の諸著を読み終つて、進んで自己の祖先の伝承する所を詳かにせんとして居るのである。英人等がポリネシヤの旧話を伝聞し、乃至は希臘埃及の昔を知らんとするが如き、及び腰の望遠鏡式の研究では無く、言語環境感覚を共同にするところの日本人そのものの口碑を、血族たりまた後裔たる者の親しみと懐しみとを以て、詳かに知らんとして居るのである。（中略）

　然るに我が西村教授の如きは、日本人の元来ツングース人であつたといふ仮定説を釘付けにしい《ママ》て置て、それから出発して一切の伝承を判断してやらうといふ人なのである。如何に其方法が科学的であらうとも、就いて学ぶ気には到底なれない。それでは折角此学問に入込んで来た甲斐がないから。[11]

柳田の西村に対する非妥協的な態度は、この時期の柳田の方法的意識の先鋭さを物語るものである。昭和四年には、旧友喜田貞吉が「オシラ神に関する二三の臆説」で展開したオシラ神＝アイヌ宅神説に対しても、柳田は激しい批判を寄せて、喜田を切歯させている。[12] この時期、独り我が道を突き進む柳田の批判の的に晒されたのは、折口信夫だけではなかったのである。

　この柳田と西村との「説話伝説神話対歴史」論争が私たちにとって興味深いのは、そこに初期柳田民俗学における山人研究の方法的転回の帰結を見ることができるからである。

　柳田は、伝説・説話の中に史実を見出そうとする西村の態度を厳しく批判した。しかし、そうした西村の立場と、かつて山人や山神の説話の中に実在する山人＝先住民の姿を追い求めた柳田との間に、はたしてどれほどの開きがあるだろうか。

　むろん、柳田は、伝説の価値をそこに史実を含むかどうかで判定するような無造作な態度を取ったことはない。しかし、柳田が、その山人研究の当初から右のごとき認識に達していたら、柳田の山人論が山人＝先住民説として展開されることはなかったにちがいない。説話の存在そのものを「厳然たる一個の史実」とするその立場には、山人＝先住民説が存立しうる余地はないのである。

大正期後半に至って大きく旋回をした柳田国男の山人研究が、やがて右のごとき認識へと至るであろうことは、すでに彼の山人研究そのものの中に窺うことができた。『山の人生』発刊後まもなく書かれた「山姥奇聞」（大正十四年）と題する小篇の中で、柳田はすでに、次のように述べているのである。

> 第一には、現実に山の奥には、昔も今もそのやうな者がゐるのではないかといふことである。駿遠でも四国でも、または九州の南部でも、山姥がゐるといふ地方には必ず山爺がゐる。或は山丈ともいふが、ジョウとは老翁のことである。山母に対しては山父といふ語もあり、山姥に向つてはまた山童がある。これを総称しては山人と呼び、形の大きいために大人といふ名もあつた。果して我々大和民族渡来前の異俗人が、避けて幽閉の地に潜んで永らへたとしたら、子を生み各地に分れ住むことは少しも怪しむにたらない当然のことである。問題は寧ろ文明の優れた低地人が、何故に彼等を神に近いものとして畏敬したかといふ点にある。

ここでも、柳田はなお、「山人実在説」を捨ててはいない。しかし、柳田の主たる関心は、もはやそこにはない。「問題は寧ろ文明の優れた低地人が、何故に彼等を神に近いものとして畏敬したかといふ点にある。」この問いの答えは、山の怪異を実在する山人に求めた従来の山人論からは、けっして得られない。これに答えるためには、柳田は、否応なく山人実在説と訣別し、山の神秘をわが心の影と映し出す里人の側へと眼を向けていかなければならなかったのである。

柳田の山人実在説と西村の説話学とが、伝承の内容そのものの中に直接歴史的事実=史実を見出そうとしている点において共通しているとすれば、山人譚を里人の心の内側に映し出された心意の問題、共同の幻想の問題として捉えようとする右のごとき立場は、伝承の存在意義をそれを生み出した人びとの心意やメカニズムに見出すという点において、伝説の存在そのものを「史実」とみなす、のちの柳田の立場と共通した土壌の上に立っている。前者から後者へ至る道は、ただ一筋の道程だといってよいだろう。

少し後になるが、「妖怪談義」（昭和十三年）の中では、柳田はさらに明快にこう述べている。

（オバケが）無いにも有るにもそんな事は実はもう問題で無い。我々はオバケはどうでも居るものと思つた人が、昔は大いに有り、今でも少しは有る理由が、判らないので困つて居るだけである。

山人実在説と同様に、柳田は一時期、山人や天狗などの様々な山の怪異や妖怪・お化けなどの不可思議の担い手をある種の実在の生物に仮託していた時期があった(13)。ここでは、そうした実在説が見事に払拭されて、問題の核心が、様々な怪異や不可思議を共同の幻として描き出す人びとの心の内側へと向けられている。その転換の位相は、先の「山姥奇聞」における山人論の場合とまったく同質のものである。柳田民俗学における山人＝先住民説の放棄が、単なる対象の転換や欠落ではなく、伝承の取り扱い方を巡る大きな視点の転換、方法的な転換によって裏付けられていたことを、右の事実は物語っている。だから、柳田は、次のように述べることができたのである。

諸国里人談その他の近世の見聞録に、隠れ里の話は余るほど出て居るが、それは悉くめでたい瑞相とあつて、人に災ひしたといふ言ひ伝へなどは一つも無い。しかもこまぐ〳〵とした内容が忘れられて、名称ばかりが後に残ることになると、とかく人はこれをお化けの方へ引付けたがる。信仰は世につれて推し移り又改まるが、それが最初から何も無かつたのと異なる点は、かういふ些細な無意識の保存が、永い歳月を隔てゝなほ認められることである。その中でも殊に久しく消えないものは畏怖と不安、見棄てゝは気が咎めるといふ感じではなかつたかと思ふ。

もしさうだとするとこの隠し神の俗信などは、前期の状態の殊に不明に帰した場合である。私の方法以外には、これを遡り尋ねて行く道は恐らくあるまい。（「妖怪談義」）

「私の方法以外には」と柳田はいう。私たちの知りたいのは、むろん、その方法の内実である。

三　民俗語彙の発見

方言周圏論と重出立証法。柳田が自らの民俗学の方法を解説したとされるこの二つの用語には、どこか作家自らの手になる「小説作法」や「作品論」のごとき趣きがある。作家の「小説作法」は、その作家が自分の小説世界をどのように捉えたかを示す興味深い資料ではあるが、その作家の創作の秘密の、最も知りがたい深奥部を明らかにしてはくれない。

『民間伝承論』や「実験の史学」において柳田が自ら与えた「重出立証法」という方法の解説は、民俗学の体系化理論化を企図した柳田が、自らの方法を簡明に解き明かす必要にせまられてものした、きわめて便宜的な概論的説明であった。これから民俗学へと進もうとする人びとに、最も典型的な事例を用い、簡明にわかりやすく「方法」を提示する必要があったのである。

柳田民俗学のあの彪大な成果が、はたして、比較と寄せ集め、重ね合わせによって民俗の地域差を時代差に置きかえていくといった単純な「重出立証法」なる方法によって生み出されたものであるかどうか。試みに「聟入考」や「オヤと労働」などの論考一篇に目を通してみればよい。作家の作品論は、けっして創作の秘密を語らない。それを明らかにするには、その作家の作品世界そのものに分け入っていくほかないように、私たちも、柳田国男の民俗学の方法を知るためには、その著作の一篇一篇の内側から、その方法を内在的に明らかにしていくほかないのである。

柳田国男に「民間些事」と名付けられた小文がある。民衆生活の中の些事、小事、という意味ありげな題を持つこの一文は、昭和二年の七月から九月まで『近代風景』誌に三回にわたって連載された。その内容は、住居の変遷から始めて、接客法や座礼、調理法の変遷へと展開した、文字通り民衆生活の最も尋常平凡なる場面をテーマとしたものである。のちにどの著作にも収められなかったこともあって注目されることが少ないが、柳田の民俗学が漂泊民の歴史から常民の平凡生活へと旋回したことを示す資料としては、「木綿以前の事」（大正十三年十月）に次いで早い時期のものである。

その冒頭において、柳田は次のように述べる。

今和次郎さんの「日本の民家」を読んで居ると、暫らく出て居た故郷の村へ、還つて行く時のやうな気持がする。歴史はいつでもさういふもので無ければならぬのだが、此頃の学者は多くは望遠鏡を持つて小山に登り、もしくは堤に立つて空しく水の流れの迅きをながめ、却つて旅人の袖を引留めて、旅行の術などを説かうとする者さへある。その間に我々の子供の日の、柿や棗の樹は老いて枝淋しくなつて居るかも知れぬ。生まれ在所の音信は、たゞ斯うして路を急ぐ人のみに楽しいのである。

だから好い道連のある時に、少しでも近くへ踏出して見ようと思ふ。今さんの話は画である故に、最も鮮明に故郷の路を案内する。その代りにはあの藁家の中に居て、笑つたり叱つたりする声は聞えない。折角尋ねて見ても留守では無いかといふ様な気遣ひがある。私はちやうどいま言葉の方から、昔の平民の生活を考へて見ようとして居るので、あの本を読みながらぽつ〳〵と心付ひたことを、軽い話の種にして歩んで行かうと思ふ。この耳が正しいか否かは、近づいて見れば今にわかる。学問を愛する人たちならば永く迷はされて居る懸念は無いのである。

ここで柳田が自らの民俗学と対比しているのは、今和次郎の民家論である。のちに日本の生活学の草分けとなった今和次郎（一八八八～一九七三）は、郷土会以来柳田の下にあってその薫陶を受けた最も早い時期の若い同志の一人であった。しかし、この時期、今は、柳田の民俗学的手法とは袂を分かち、民家研究の方法をさらに進めて、「考現学」という呼称の下に、現代風俗を観察と写生と統計的手法によって科学的に把握しようとする実験的試みに踏み出していた[14]。表立っては、何一つ触れていないが、柳田は、今の民家論の向こうに、明らかに彼の新しい考現学の試みを意識している。その上で、あえて自らの学問をそれとは異質な試みとして対置してみせたのである。

私たちにとって興味深いのは、そうした対比に際して、柳田が、眼で捉えた今の民家研究に対して、新しく世に問うべき自らの方法を、耳で捉えた「ことば」による平民の生活誌として位置づけていることである。

柳田がここで開示してみせたのは、ことばを手掛りとして民衆の過去生活を明らかにするという方法である。あくまでことばが、ことばだけが、自覚的に活用されている。イナベヤ、コナヒベヤ、キビヤ、ネビヤ。柳田はまず、今が「日本の民家」において住居の中の区画をマ（間）あるいはヘヤ（部屋）と呼んでいる事実を取りあげ、その語の多様な用例を提示するところからおもむろに筆を起こす。そしてその用例の多様な分布の中にヘヤが本来、独立した小家屋を指す用語であり、それが、住居内の区画を指すようになる用語法の変化の中に、前代の日本家屋が間仕切りのない大家から、やがてヘヤという小区画を分立させていく住居の変遷を的確に描き出していく。そして、さらにその筆は、デキ・デー（出居）と呼ばれる場所の多様な用例やネマル、スワルといった語彙へと展開して、住居の変遷から客を迎える接客法の変遷、さらに、座礼や食物の調理法の変遷にまで及んでいくのである。

柳田がここで示した方法は、いわば、ことばを手掛りとして民衆の過去生活へと分け入り、その変遷の歴史を再構成するというべきものである。柳田は、あくまで「ことば」にこだわる。ほとんど「ことば」を唯一の資料として民衆の過去生活に分け入ろうとする。そのことばとは、むろん、地方地方に今も生きて使われていることば＝方言の謂である。のちに柳田は、民衆の過去生活を照し出す資料として捉え返されたこのようなことば＝方言を「民俗語彙」と名付けた。この「民間些事」という小文は、この時期確立されつつあった柳田の新しい民俗学の方法が、何より「民俗語彙」に根ざしたものであったことを伝えているのである。

大正から昭和へと至る柳田民俗学の転回を示す里程標は、少なくないが、私はその転換点を、柳田がこの小篇「民間些事」を執筆した昭和二年に置きたい。柳田の学問の軌跡は、この年に至って彼の関心が「ことば」へと傾注され始めたことをはっきりと物語っているからである。

この年の一月「国語の管理者」（『新政』四―1）を発表した柳田は、四月には「方言と昔」（『アサヒグラフ』八―15～九―17、～昭和二年十月）、「蝸牛考」（『人類学雑誌』四二―4～7、～昭和二年七月）という長篇の連載を同時に開始、「蝸牛考」の連載を終えた九月には「蟷螂考」（『土のいろ』四―4）、「末子を意味する方言」（『民族』二―6）を相次いで発表している。

こうした方言への傾注の中で、「民間些事」はまとめられた。しかし、「民間些事」一篇を、柳田のこうした方言研究の副産物と見ることはできない。方言そのものを対象としているように見える場合でも、柳田の眼差しは、つねにその背後の人びとの生活へと向けられているからである。むしろ、民衆の過去生活を映し出す民俗資料としての「ことば」への関心が、「蝸牛考」や『方言覚書』のごとき方言研究を生み出したとこそ見るべきであろう。柳田の「ことば」への関心が、言語としての方言研究の枠に留まるものではないことは、その後の彼の学問の展開がはっきりそれを示している。

ちょうど「民間些事」の連載を続けていたころ、柳田はカマキリの方言をめぐる考察「蟷螂考」（昭和二年九月）の中で次のように述べている。

> 古人の天然を観察する態度の親切で又精確であつたことは、既に学者の感歎を吝まざる所であつた。其上に性情の自然は、往々にして東西異種民の間にすら、著しい事蹟の一致を偶発せしめたことは、拝み虫の僅かな例からでも之を認めることが出来る。しかも其観察の要点は次から次へ、移つて暫くも停止しなかつたのである。其結果が蟷螂の如く、別に人生と深い交渉を持たなかつた動物の名をさへも、無数に変化せしめて今日に至つたので、之を綿密に記録して見るならば、或は言語の史料ばかりでも、一篇の国民生活誌を作り上げることが出来る。少なくとも此民族の文化過程には、僅かに斯ういふ方面との交渉に於て、其痕跡を留めて居るものが多いのである。之を度外視した国史の研究は、恐らくは方法を尽したものとは言はれないであらう。

蟷螂――カマキリのごとき民衆の生活とは深い交渉を持たなかったはずの小動物の名ひとつを取っても、ことばは、前代の民衆生活の一端を鮮やかに映し出す。民衆が生活の中から生み出した「ことば」の持つ民俗資料としての可能性が如何に大きなものであるか、と柳田は語りかけているのである。

カマキリの方言を取り扱ったこの「蟷螂考」は、「周圏論」で名高い「蝸牛考」の、続編とも姉妹編とも見るべきものである。しかし「蝸牛考」と比較してみると、「ことば」を使った柳田の方法と視点の深まりは明らかである。そこでは、柳田の関心は、方言の発生や分布といった言語事象そのものへの興味を越えて、一つの方言の背後にあってそれを生み出した民衆生活の内奥へと、明確に視点を移している。

「言語の史料ばかりでも、一篇の国民生活誌を作り上げることが出来る」という柳田の言葉は、誇張でも何でもない。以後、柳田の学的活動の主力は、まさしくその作業に向かって傾注されるのである。「婚姻制の考察（聟入考）」（昭和三年三月、史学会講演）、「野の言葉（オヤと労働）」（昭和四年六月）、「葬制の沿革について」（同）などの一連の論考は、いずれもそうした先鋭なる問題意識に裏付けされた実験的試みの成果であった。右の三部の論考は、この時期確立しつつあった民俗学の方法を柳田が自覚的に駆使してその有効性を世に問うた著作として、方法論三部作とも称されてきた。しかし、柳田がそこで世に問うた「方法」が、あくまで「ことば」を核としたものであり、「ことば」を資料として民衆の過去生活を再構成しようとするものだという事実は、戦後の日本民俗学の展開の中で、なぜか不当に軽視されてきた。

たとえば柳田は、前代の家族制度を労働組織との関わりで追究した「オヤと労働」の冒頭において、この一篇の目的を、次のように明らかにしている。

> これまで経済史の資料として、偶然にまだ利用せられて居らなかつた言語現象、及び我々が同時代人として、それから直接に受け得られる言語感覚に拠つて、今一度前代の労働組織、其他農村の生活を支配して居た国の特徴を考へ直して見よう、といふのがこの論文の小さな目的である。

柳田は右の冒頭の一節に続く一文で、この論考で用いた自らの方法を「私の方法」と称している。その「私の方法」が、ほかならぬ「言語現象」と「言語感覚」に根ざしたものであることを、右の冒頭の一文は明快に宣言したものである。「ことば」を用いて前代日本の農村生活を支配していた国の特徴を考え直すという自らの試みについて、柳田はあくまで自覚的なのである。

「オヤと労働」の続編ともいうべき「厄介及び居候」（昭和六年七月）の冒頭でも、やはり柳田は次のように述べている。

> 実際我々常民の平和時代の生活に就ては、信用してよい記録文書が余りにも乏しい。もし何か書いたものを証拠として古今変遷の跡を究めようとすると、事によると我邦の農民は災害に遭ひ一揆を起す以外に、一切無為であつた人間の如く見えるかも知れぬ。村の文字は専らこの二種の大事件と、納税事務とのみに使はれるのを常としたからである。文字以外の歴史を知るには、是非とも他の種類の資料を集めて見なければならぬのだが、それには尚如何やうなる資料が伝はつて居るか。以前年久しく行はれて居た慣習は、果して痕形も無く消え失せて居るかどうか。それを言ひ現はして居た我々の言葉は、或は偶然にでもまだ其片端を残留しては居ないか。それを突留めて見ようといふのが、私の新しい試みであつた。

「私の新しい試み」がことばに拠るものであることが、ここでもはっきりと自覚されている。

四　歴史の中の個人、今に生きる過去

野のことば――民衆が土地土地の実際生活から紡ぎ出したことばを、柳田は、こう呼んでいる。のちに「オヤと労働」と改題された論考を発表するにあたって、柳田があえて「野の言葉」と題したのは、それによって、これまでの歴史学が省みてこなかった民衆の過去生活をことばを手掛りとして明らかにしていく方法の根拠と有効性とを具体的

に提示しようと考えたからである。この呼称の中に、この時期深く「ことば」に捉えられた柳田の思いを見ることができる。ことばこそ昭和初期における柳田の学問の方法的基底であった。柳田の民俗学は、その出発の初めからして深くことばに憑かれ、ことばに捉えられた「ことばの民俗学」であったのである。少なくとも柳田自身はそう考え、意識的にそれを世に問うていたことを、「民間些事」から「婚姻制の考察」や「野の言葉」を経て『明治大正史世相篇』へと至る、昭和初期の彼の学問の軌跡は物語っているのである。

柳田がこれほどまでにことばに執着したのは、ことばこそが、民衆の現在生活と過去とをつなぐほとんど唯一の生きた資料だと考えたからである。昭和二年二月、社会教育指導者講習会で行った講演「地方学の新方法」（『青年と学問』所収）の中で、柳田は、そうした言語資料の重要性を次のように述べている。

> 例へば人間の気力勇気真率さ、其他色々の男らしい好ましさを名づけて、中部地方ではいつ頃からかヅクと謂って居た。ヅクガナイといふことは何といふこと無しに、最も感心しない青年の癖であった。しかも之を標準語に訳して見よといふと、奥羽では臆病のことゝいひ、信越では怠惰のことゝいひ、西の方の府県ではヅツナイといつて苦しがることだといふ。方言に一旦さういふ訳がきまると、適用の範囲がずつと狭くなるのである。さうして昔此等を総合した「よき男」の理想とも名づくべきヅクの概念が、散漫になつてしまふのである。勿論言葉そのものにも分化し限定せられて行く傾向はあるが、尚多くの人多くの場合を寄せ集めて見ると、単なる漢字の一又は二を以て、代用せられない古くからの内容が感じられるのである。其他全国的に行はるゝ形容詞のウタテイとかオトマシイとか、カナシイとかメグイとかいふ類で、言葉を棄てれば其心持ちにも別れねばならぬものは幾つと無くあつた。それが土地々々で少しづつの用法の差を示して、郷党感覚の永い間の歴史を語つて居り、従つて別の表現法を使ふとすれば、結局は今日の文学の如く、やたらに沢山の文字を用ゐて尚近所までしか行かれ

ぬといふことになるのである。しかも完全に学校で仕込まれた少青年以外の者は、さういふ古風の語を自在に使ひ、土地に生れた者ばかりが辛うじて其心持ちを会得するといふ状態である。親々の代からの村の社会倫理や芸術観で、言葉以外には何等の記録も無く、斯うして幽かに伝はり将に亡びんとして居るものは非常に多い。苟くも地方の前代を学ぼうとする者が、之を棄て置いて他の断片の記録に走つたのは、心得ちがひといつてよいのである。

ここには、柳田の「方法」の前提をなす「言語観」が明快に述べられている。ことばは生きた過去の姿を映し出す鏡である。ヅクガナイというわずかな一語の中にも、土地の者だけにしかわからない微妙な心持や感情、美意識が息づいている。それは、人びとがことばと共に前代から受け継いだものである。そこに前代の生活が生み出した過去が息づき、人びとの「生」に働きかけている。柳田が「ことば」の中に見出したのは、民衆生活の「いま」にあって人びとの「生」に働きかけている、こうした生きた過去の姿であった。

ことばは生きている。生きて少しずつ変化しながら、その変化の故に「郷党感覚の永い間の歴史」を語ってくれるというのである。

柳田は、また、こうも述べている。

言語は我々の厳然たる生活事実、十分なる由来無しにはこの社会に発現し得る道理が無い。（「オヤと労働」）

ことばは、人びとの生活が生み出したものであり、その具体的な表現である。一つのことばの変化、その用法のわずかな差異にも、必ずそれをもたらすべき生活の変化があった。柳田は、過去へと眼を向ける時、まず、そうしたことばの変化、少しずつの変化を示しながら各地に分布する物の名＝呼称の変化や、それが土地土地において示す用法のわずかな差異や意味の微妙なズレのごときものに注目する。そうしたズレや差異が、しばしば民衆生活の歴史的変容の過程を物語っていると考えたからである。

諸君に取つても或は多少の興味があるかと思ふのは、村で「親類」といふことが本来は何を意味して居たかといふこと、もつと具体的にいふと、是と農作業との間にどんな関係があつたかといふことである。シンルヰといふ語は固有の日本語では無い。此語が輸入せられ採用せられる以前から、斯邦には今の「親類」に該当する事実は認められて居た。それを旧日本語で、果して何と呼んで居たであらうか。（「オヤと労働」）

前掲「オヤと労働」の冒頭に続く一節である。イチルイ、イッケ、ナカマ、ウチコ、テマワリ、エージ、オヤコ、イトコ……。微妙な意味と用法の差を示しながら全国に散在する無数の方言例。柳田は、そうした方言例の差異と分布とに細心の注意を払いながら、すでに眼には見えなくなった前代日本の家族制度の中に分け入っていく。そして、そこに長老制とでも呼ぶべき前代日本特有の家族組織と労働組織の存在を明らかにし、その今日に至る変容と解体の過程を描き出していくのである。その方法は、ヘヤ、コヤ、デヰといった呼称を手掛りに、わが国の住居の変遷を説き明かした「民間些事」の方法と一つのものである。そして、それはまた、「葬制の沿革について」において展開された方法でもあった。

そこで自分は地方誌の調査者に向つて、先づ斯ういふ第一次の葬地を、俗言で何と謂つて居るかに注意せられんことを勧めたい。土地の言葉は僅かでも心持が変るたびに、努めて新語を使つて其変化を際立たせようとして居る傾きがある。だから或場合には用語の比較と時代別とに由つて、葬制其もの、沿革が辿られるのである。
（「葬制の沿革について」）

ここで柳田が述べている方法は、後年、柳田が自ら「重出立証法」と名付けたものと寸分違わない。「重出立証法」と呼ばれるその方法の実質は、「民間些事」から「オヤと労働」や「葬制の沿革について」に至る昭和初期の著作の中に、ことばを資料として過去生活を再構成する方法として具現化されていたのである。

後年、重出立証法の説明に際して、柳田は、この最も重要な「ことば」の側面をすべて切り落として説明して見せた。なぜだかはわからない。しかし、そのために重出立証法は生命を失い、画餅のごとく無意味なものに堕してしまった。

「ことば」は生きているかぎり、そこに生きた過去を伝えている。そのようなことばの中に眠る過去の断片――わずかだがしかし確かに生きている過去の断片――を探りあて、より合わせ、重ね合わせて過去を再構成していくのが柳田の方法であったのである。

こうした柳田の方法は、「重出立証法」の説明よりも、むしろ後年相次いで編纂された『産育習俗語彙』（昭和十年）、『分類農村語彙』（昭和十二年）などの各種の分類民俗語彙集の中に具体化されている。分類民俗語彙集は、いわば、柳田の思考の過程の基本的な枠組みを、語彙の配列という形で視覚化して提示したものである。むろん、『民俗語彙集』の配列は、空間的に固定されたものであるから、柳田の方法の複雑な過程のすべてを伝えてはくれない。しかし、その分類と配列とは、語彙を資料として過去を再現する柳田の民俗学の方法の最も骨格の部分を眼に見える形で提示してくれる。そこには、そのデータの上に立って柳田と同様の方法を用いて過去を再構成するという可能性が開かれている。試みに「聟入考」の記述と「常民婚姻資料」や『婚姻習俗語彙』とを、「オヤと労働」の記述と『族制語彙』とを、「葬制の沿革について」と『葬送習俗語彙』とを対比してみればよい。柳田がこうしたことば＝民俗語彙をどのように使って常民の過去生活を再構成しようとしたか、その目に見えない方法の道筋を、きわめて具体的に追体験することができるはずである。

後年、柳田はこうした『民俗語彙集』の撰定編集にあたって、「活きて居る言葉でないと採らない」(「窓の燈」『氏神と氏子』)と明言している。死んだことば、人びとによって使われなくなったことばは、何も過去を語らない。その生命ともいうべき語感が、すでに失われてしまっているからである。生きたことばの伝える語感は、私たちが前代から受け継いだものである。そこには、民衆生活の過去が息づいている。そうしたことばの伝える過去の断片こそが、民衆生活の過去を再構成するための生きた資料だ、と柳田はいうのである。

ほんの百年か二百年前の親々の生活ぶり、それが今日あるに至つた事情のやうなものが先づ知りたいのである。さうして之を知る為の遺物は山のやうにある。骸骨では無くして生きてさへ居る。生きて居るのは昔の本物で無いといふかも知らぬが、親が無くては子は生れず、子は皆先祖の形を追うて居る。彼等の今使つて居る言葉も古物である。土中の土器石器が割れたり欠けたりして居る様に、言葉も久しい間にちよい〳〵、損じては居るが、尚且つ民族と不可分なる日本語だ。後に中華から又亜米利加から、教へてもらつたものは別として、残りは悉く斯邦の内に発生し、もしくは古くから有つたのばかりである。我々は是を用ゐて色々の事物に名づけ、又はその時々の状況動作を言ひ現はして居る。字引といふものゝ助けを少しも借らずに、甲が使へば乙丙が直ちに其意味を会得し、是でことわざを拵らへて使へば皆が笑ひ、歌が出来て居て歌へば皆が面白がる。其言葉を文字に書き本にして残して置いたものが少ないといふのみで、一度でも中断せずに連綿として伝はつて居たといふ、証拠ならば幾らでも挙げられる。どの一つを拾ひ上げて見ても、過去の同国人の生活の痕を、留めて居ないといふ言葉は無いのである。

（「郷土研究とは何か」）

柳田は、生きていまも使われていることばの中に「過去の同国人の生活の痕」を見出す。しかしそれは、けっして死んで生命を失った過去、過ぎ去った過去生活の遺物や化石ではなかった。柳田がことばの中に見出した過去は、たとえわずかな断片であったとしても、それは、生きている。生きて人びとに語りかけ、人びとの心を動かし、行動を規制し、拘束する。それは、人びとの「生」の「いま」に働きかける生きた過去なのである。

郷土研究の第一義は、手短かに言ふならば平民の過去を知ることである。社会現前の実生活に横はる疑問で、是まで色々と試みて未だ釈き得たりと思はれぬものを、此方面の知識によつて、もしや或程度までは理解することが出来はしないかといふ、全く新らしい一つの試みである。平民の今まで通つて来た路を知るといふことは、我々平民から言へば自ら知ることであり、即ち反省である。

（同前）

過去生活の探究を民衆の自己省察と見なす柳田特有の右のような認識も、「ことば」に定位した柳田民俗学の方法的成熟と不可分のものである。柳田は「平民の過去を知ること」が「郷土研究の第一義」であるという。この場合、「過去」とは、けっして民衆生活の「いま」と切り離された、「いま」と無縁な「過去」ではなかった。「過去」がもし私たちの現実の生活とも私たちの「存在」そのものとも無縁なものであるなら、それを知ることがどうして「自分を知ること」になるだろう。柳田が求めるのは、いつも、「いま」の生活の中にあり、生きて私たちの生活に語りかけ、働きかけている「過去」の姿であった。

つまり文化は継続して居るので、今ある文化の中に前代の生活が含まれて居るのである。(「郷土研究とは何か」)

柳田はまたこうも述べている。「いま」という時は、過去のさまざまな時間の流れが一気に流れ注ぐ大河の河口のごときものであろう。そして、また人びとは「いま」という一時の時の中に、さまざまに意味づけられた重層的な無数の過去を生きる。人びとの「生きる」という現実の行為が、「過去」に生命を吹き込み、「いま」という時間の中に、それを蘇らせるのである。

ここに、柳田に固有の歴史認識を支えた独特の時間の観念を見ることができる。「過去」は、現実の対立物でもなければ、遠く過ぎ去った時間の彼方のものでもない。「過去」はいま眼前に生きられている「生」の中にある。柳田にとって問題なのは、そうした、人びとによっていま「生きられている過去」の姿にほかならなかった。

柳田の歴史を見る眼差しには、つねに「いま」という現在の時間と、「自己」という個人の存在が見据えられている。いまこの時、現実を生きている一人の個人。これが柳田の歴史認識の基点である。柳田は、「ことば」を手掛りとして、この「いま」を生きる個人の「生」の内側へと入り込んでいく。そして、そこで見出したものは、個人の「生」の内部にあって、それに働きかけそれを意味づけ、根拠づけている「過去」の姿であった。その意味で、柳田にとって探究すべき「過去」とは、民衆生活の「いま」にあって、それを意味づけ、根拠づけている共同的意味連関の体系そのものだといってよいだろう。だから、民衆の過去生活を明らかにする郷土研究とは、すなわち、自分自身を知ること、「郷土人自身の自己内部の省察」(「郷土研究と文書史料」)でなければならなかったのである。

五　固有信仰へ——もう一つの転回

「ことばの聖」——柳田国男が方言＝民俗語彙の研究——に傾注していた時期に、雑誌『方言』の編集者として柳田の身近にいた高藤武馬は、柳田のことをこう呼んでいる。[15]「ことば」との出会いは、柳田の民俗学にとって本質的なものであり、また、必然的なものであった、と思う。柳田が「ことば」による自らの　民俗学の方法を確立したちょうど同じ時期に、柳田の研究の対象が、衣食住をはじめとして、年中行事から口承文芸に至るまで、民衆生活のほとんどあらゆる領野にまで一気に拡大したのは、けっして偶然ではなかった。「ことば」への定位が、衣食住のごとき生活の平凡事些事をも歴史の大道として救いあげていく道を拓いたのである。

「ことば」への着目は、また柳田の民俗学に余の民俗学にはない独自の相貌を与えた。「郷土研究」と「一国民俗学」。ことばが、土地土地の生活に根ざしたものであるかぎり、その言葉に拠る過去の探求は、郷土生活の探求でなければならなかった。ことばを手掛りとした民衆の生活誌である以上、その至るべき目標は、そのことばの通用しうる範囲、この「日本」という国の外を出ることはできなかった。

柳田の「郷土研究」に特徴的な歴史認識が、「ことば」を通じて獲得された時間認識と結びついていたことは、すでに見た通りである。柳田が高木敏雄と始めた最初の雑誌が「郷土研究」と名づけられたために、柳田の学問そのものが当初から「郷土研究」としての性格を持っていたかのように見られがちであるが、柳田が「郷土研究」の名を自覚的に用い始めたのは、大正十四年十月の講演「郷土研究の目的」以降のことである。柳田が「郷土研究」の名の下に自らの学問や事業を展開して行った時期と、「ことば」に拠って民衆の過去生活の探求に傾注していた時期とは、ほぼその軌を一にしていた。

一方、ジュネーブからの帰国後、雑誌『民族』を若い人文学徒らと協力して発刊し、人類学や民族学など隣接諸学との提携に積極的に見えた柳田の志向が、急速に一国民俗学へと傾斜していくのも昭和二年以降のことであった。「ことば」というものの性格が、柳田の学問に否応なく「日本」という逃れがたき性格を付与したのである。

柳田国男の民俗学は、深くことばに根ざしたことばの民俗学として出発した。今日の日本の民俗学は、この事実を忘れている。いや正確にいえば、柳田の死後、彼の強力な呪縛から離脱する道を選んだ日本の民俗学は、その過程の中で「ことば」への視点をも捨てたというべきであろう。その結果、柳田が郷土人の自己省察の学として構想した「郷土研究」も、「一国民俗学」も、古びたお題目と化し、民俗学とは無縁のものとなってしまった。それが科学としての日本民俗学の発達にとって避けることのできない必然的な歩みであったかどうかはわからない。しかし、少なくとも、日本民俗学は、柳田の民俗学の持つことば＝方法としての民俗語彙へのこだわりを捨てることによって、自らの中から「日本」という命題をも排除してしまったのではないだろうか。

その責めの一半は、柳田自身が負わなければならないだろう。自らの学問の新しい方法を提示するにあたってあれほどことばの重要性を声高に唱えていた柳田が、「郷土生活の研究法」（昭和十年）や「民間伝承論」（昭和九年）などの概論書の編集執筆を契機として、昭和七、八年頃から、そうした方法の特質についてふれることがめだって少なくなる。柳田が昭和十年の「実験の史学」において示した、「灯火」の歴史を例とした方法の説明（「重出立証法」の説明として最も知られているものである）には、「ことば」は、その影すらも見せていない。

同じ頃、柳田は、『婚姻習俗語彙』や『山村語彙』をはじめとする各種の民俗語彙集の刊行に精力を注いでいたのであるから、ことば＝民俗語彙のもつ重要性そのものを捨てたわけではないだろう。しかし、おそらく、柳田自身の中で、その関心のあり方に何か大きな変化があったのである。

昭和七、八年から十年代にかけては、新しい民俗学の方法の確立に自信を深めた柳田が、次代のために民俗学の体系化と組織化に向けて力を注いだ時期である。そうした取り組みの中で、「ことば」への視点は後退し、また、民衆生活のあらゆる分野にわたっていた平凡事、些事への関心も薄れ、「明治大正史世相篇」に見られたような、民衆の現在生活に対する生き生きとした関心は、彼の研究の前面から急速に姿を消していく。大正末年以来、彼が自らの学問や事業を表すのに最も愛着を込めて用いていた「郷土研究」という呼称も、昭和十年以後ほとんど使われなくなってしまう。そうした変化の中にあって、新たに日本人の固有信仰の問題が彼の研究の前面に登場し、やがて、彼の学問体系のすべてを統轄するような、中心的テーマとなって行くのである。

柳田国男の学問は、昭和八年から十年前後を境にして、もう一度大きな旋回を遂げたのである。

注（1）柳田国男研究会編『柳田国男伝別冊年譜・書誌・索引』昭和六十三年、三一書房、による。

（2）水木直箭「郷土研究会蘇生会前後——大正八、九年頃——」『随筆折口信夫』昭和四十八年、角川書店。

（3）池田弥三郎『日本民俗文化大系2折口信夫』昭和五十三年、講談社、に拠る。

（4）連載インタビュー「柳田国男との出会い・岡正雄」『季刊柳田国男研究』創刊号、昭和四十八年二月、白鯨社。

（5）「民俗学の過去と将来　座談会（上）」『民間伝承』一二巻一一、一二号、昭和二十三年十二月。

（6）有泉貞夫「柳田国男考——祖先崇拝と差別」『展望』昭和四十七年六月。

（7）たとえば赤坂憲雄は『柳田国男の読み方——もう一つの民俗学は可能か』（平成六年、筑摩書房）の中で次のように述べる。「昭和三（一九二八）年に刊行された「雪国の春」が、大きな画期をなす。そこに収められたいくつかの論考は、鮮やかなまでに稲と常民と祖霊信仰とが三位一体となった『民俗学』への旅立ちを告知し、山人、アイヌや漂泊の民らを捨象した『民俗学』への道行きが開始される。」

(8) 益田勝実「解説　柳田国男の思想」「現代日本思想大系29柳田国男」昭和四十年、筑摩書房。
(9) 拙稿「柳田民俗学における山人研究史の変容と展開」『共同研究柳田国男の学問形成』昭和五十年、白鯨社。本書第一章所収。
(10)『妹の力』『定本柳田国男集』第九巻、筑摩書房。以下、柳田の著作の引用はすべて同『定本』による。
(11)「柳田申す」『民族』二巻三号、昭和二年三月。
(12) 上田正昭『日本民俗文化大系5喜田貞吉』昭和五十三年、講談社、による。
(13)「実在説」を中心とした柳田の山人、妖怪研究の展開については、本書第一章「山人論の展開と変容」参照。
(14) 川添登「今和次郎」「日本民俗文化大系7早川孝太郎今和次郎」昭和十三年、講談社。
(15) 高藤武馬『ことばの聖　柳田国男先生のこと』昭和五十八年、筑摩書房。

第四章　成熟——外から内へ

展望4　内化する視界——末期を視る眼差し

民衆生活のあらゆる部面にわたって民俗学の鍬を入れた柳田国男も、民俗芸能にだけはあまり関心を示さなかったといわれている。しかし、柳田が当初から終始民俗芸能に対して冷淡であったかというと、それは事実と違う。

民俗芸能への関心

柳田が『人類学雑誌』に「踊の今と昔」を五回にわたって連載したのは、明治四十四年、『遠野物語』刊行の翌年のことである。雑誌『郷土研究』の時代には、「獅子舞考」（大正五年一月）や「掛け踊」（大正五年九月）を書いている。あまり知られていないが、戦前の民俗芸能研究興隆の礎となった「民俗芸術の会」の創設にあたって主導的役割を果たしたのも、柳田国男であった。機関誌『民俗芸術』第一号（昭和三年一月）の巻頭に掲げられた「創刊のことば」は無記名だが、柳田のものである。その創刊号の誌面には、折口信夫の「翁の発生」と並んで、柳田の「人形舞はし雑考」が掲げられている。

ところが、柳田のこうした民俗芸能への関心は、まもなく、急速な冷却を見せる。昭和五年に至ると、柳田は、一月号に旧稿の再録を掲げた以外、一篇の論文も寄稿していない。そしてこの時期を境に、民俗芸能を直接取りあげた柳田の仕事は、ぷっつりと跡を絶ってしまうのである。

この時期、はたして柳田に何が起こったのか。

考えるべきことが二つある。

一つは、柳田の学界における孤立である。雑誌『民族』の編集などをめぐって岡正雄ら若い『民族』同人たちとの感情的対立を深めていた柳田は、昭和四年三月の『民族』廃刊後、新たに少壮の民俗、人文学徒らを結集して設立された「民俗学会」には一切関与していない。学会には、『民族』時代に柳田の下にあった若い研究者らがこぞって参加し、リーダーには柳田をはずす形で折口信夫や金田一京助らを担ぎあげたため、ひとり参加を拒んだ柳田だけが学界から孤立したのである。柳田の、民俗芸能と民俗芸術の会の双方に対する関心の急速な後退には、明らかに、こうした人事の問題が影を落としている。

しかし、むろん、それだけではあるまい。柳田にとってもし民俗芸能の研究が真に切実なる課題であったとしたら、どのような事情があろうとも筆を折ることはけっしてなかったはずである。

見る者と見られる者

興味深いエピソードがある。先述「民俗芸術の会」の設立会は、柳田の肝煎りによって、昭和二年七月八日、東京朝日新聞社楼上にて開催されたが、早川孝太郎によれば、その席上、柳田はあえて調査者の「見学上の態度」に言及し、「当事者及び関係者の心理を興奮に導びかぬ用意」をくれぐれも求め、会の申し合わせとしたという。

民俗芸能研究の出発に際して柳田が最も意を砕いたものは何か。ただ見るだけの者、村人とは違った心持ちで芸能に接する者が外から入ることによって、芸能を担う村人たちの意識が変わる。それによってまた芸能そのものが変質する。柳田が恐れているのは村人たちのそうした心の内側の有様の変化の問題である。

昭和四年の「郷土舞踊と民謡の会」に与えた批評の中では、また、こんなことも言っている。

兎に角に毎年の地方の踊なり歌なりが、非常に晴がましい改まつた意気込を以て、馴れぬ舞台に登つて来ることは一つであるが、其中には演奏の興が高まつて来て、知らず識らず故郷の心持に戻つて行かうとする者と、段々に所謂観客の方に向ひ進んで来る者との、かなりはつきりとした差別があるやうである。是が我々の郷土芸術の定義に、何か一つの目安を提供するものでは無かつたか。

ここでも柳田の視線は、壇上の演奏者の心の内側へと入り込んでいく。そして、そこで見出したのは、見るものと見られるものに引き裂かれた村人たちの心の有様であった。「故郷の心持に戻つて行かうとする者」と「観客の方に向ひ進んで来る者」。演奏者の心の内側に入って立てたこうした二者の差別を、柳田はまた別の所で、「内に在つて共に楽しむ心持」と、「外から近づいて美しさを見付けようとする態度」とも記している。表現は違っても見ているものは同じ一つのもの、それまで村人たちの心の内側を支えてきた共同体的紐帯の裂け目とでもいうべきものである。

こうした視点は、また、そのまま柳田の民謡研究を貫く主調音でもあった。

歌を聴く人の趣味が少しでも、歌う人の心持とちがつて来ると、いつの間にか珍しい流行唄が入つている。

（『民謡覚書』）

ここでも柳田の視線は、村人たちの心の内側の共同体の裂け目を凝視めている。こうした視点こそ、この時期の柳田に特徴的なものであり、また、舞いや踊りの担い手たちの「漂泊」的な生のかたちへの関心に主導された、彼の初期の民俗芸能研究にはけっして見られないものであった。あえていえば、これこそ、柳田をしてそれまでの自らの民俗芸能研究と訣別させ、新たに民謡研究へと向かわせた眼に見えない力だったのではないか。

柳田は、民謡と流行唄とを、「歌謡の二大類別」と考え、同じ一つの根から生い出でながら、互いに相対立するものと捉えていた。流行唄を称して「民謡の敵」と呼び、「人を歌はぬ生類と変化せしめんとして居る」とまで極言している。しかし、そうした彼の民謡観の外面だけを見て、その奥に働いている眼差しを見落とすと、彼の民謡論は生命のない抜けがらのごときものになってしまう。

柳田にとって、民謡が共同体の生活の中から生み出された「自ら醸して汲みかはした酒甕」であったとすれば、流行唄は、共同体の外から、人びとの心の紐帯の裂け目に入り込んできた異質な歌声であった。流行唄の隆盛は、そのまま、それまで民謡をはぐくみ育ててきた確固とした精神世界の解体と結び付いている。だから、柳田は、民謡がやがては消えて行くことを熟知しながら、なお流行唄の隆盛を座視することができなかったのである。

民謡の末期

柳田国男の数多い民謡論考の中で、特に一篇を選ぶとすれば、私は躊躇なく「民謡と都会」と題する小篇を選ぶ。「民謡覚書（一）（二）」「山歌のことなど」など、ほかにも恩恵を受け続けている論考は少なくないが、この一篇をはじめて読んだ時の、思いがけないところで柳田民俗学の原点に出会ったという、新鮮な驚きが忘れられないからである。

この一文は、当初「民謡の末期」と題され、大正十四年九月の『婦人之友』に発表された。柳田の民謡論としては、最も早い時期のものである。内容は、都府の只中にあって、郷里の歌をなお正確に伝えている次のような老女の話を記したものである。

　殊に我々をびつくりさせたことは、話者としての大なる感興であつた。歌なども、四百近いものを、別に順序も無く分類も無く、次から次へ歌つて行つたのに、一つの重複もなかつたさうである。さうして採集者が後日手帖を整理する為に、再び之を問ひたゞさうとすると、もうどうしても思ひ出せぬものが少なくなかつた。つまり文句として覚えて居たので無く、歌としてのみ記憶して居るのだから、今一ぺん順次に歌つて行かぬと出て来ないのであらう。斯ういふ人々を早く老人にした時の力も恐ろしいが、狭隘な町屋の奥に入れてしまつて、もう又口ずさみの機会も無いやうに、我々の社会はしむけて居るのである。

　その原題が示しているように、柳田がこの一老女の姿の中に視たものは、まさしく「民謡の末期」の姿であった。その意味で、柳田の民謡研究は、まずその「末期」の確認から始まったといってよいだろう。しかし、ここで柳田の眼が凝視めているものは、けっして「民謡」の「末期」だけではない。彼の眼差しは、同時に、この老女の背後に郷里を離れることを余儀なくされた無数の、同じような境遇の人々の姿を捉えている。一つの確固たる生活世界の末期をこそ、彼の眼は見据えているのである。

　この一文が発表された大正十四年といえば、ジュネーヴから帰国した柳田が、雑誌『民族』によって、新たな学問活動を精力的に再開した時期である。柳田の民俗学は、こうした民俗世界の末期——それまで民衆生活を支えてきた生活世界の解体を厳しく見据えるところから、その第一歩を踏み出したのだ。そんな当たり前だが往々にして見落としがちな基本的な事実を、この一文は、改めて私たちに教えてくれているのである。

史心と平凡——柳田国男の歴史認識と民俗語彙

はじめに——「歴史対民俗学」

柳田国男の学問は、その本質において、「歴史学」であった、と思う。「民衆の過去生活」の解明がその目的であったからではない。民衆のいま眼前の現実の生活を「過去」との関わりにおいて、すなわち、歴史的相の下に捉えようとする眼差しが、どのような場合にもつねに働いて、その学問の性格を決定付けていたからである。少なくとも昭和初年に自らの学問の方法を確立した後の柳田は、その自分の学問が「歴史学」であるべきことを誰よりも自覚していたはずである。だから、柳田がその学問の方法と成果を世に問おうとしたとき、それは必然的に、旧来の「歴史学」との先鋭なる対峙となって表れざるを得なかった。

昭和三年（一九二八）三月、柳田が東京帝国大学史学会において行なった講演「婚姻制の考察」は、そうした柳田の既成史学に対する厳しい態度を端的に示すものであった。当時、雑誌『民族』の同人の一人として、親しく柳田の下にあった有賀喜左衛門は、その頃の「鋭利な刃物でも見るような柳田の厳しい態度に深い印象を持っている」と述べ、さらに「古文書史学帝国の懐に刃を擬しているようにも見えた」と記している。[1] この有賀の評が少しの誇張でもないことは、「聟入考」の次のような一節からだけでも十分に窺うことができる。

自分は今日の史学の先生の中に、国史といふものは優れたる人格の自ら意識して為し遂げたる主要事績だけを、跡付けて居ればそれでよいと、言つた人のあることを知つて居る。さう考へて居られゝば楽でよからうが、然らばこの微々たる無名氏の、無意識に変化させた家族組織の根軸、婚姻といふ事実の昔今の差異は国史の外かどうか。如何なる学問が其研究を怠つて居たことを責められてよいのか。是が社会からの率直なる詰問である。(2)

この論考を「聟入考」と改題し、史学者三宅米吉の古稀記念論集に掲載するにあたり、柳田は、「歴史対民俗学」と題する副題を添えた。「歴史学対民俗学」ではない。対するに、「歴史学」でも「史学」でもなく、あえて「歴史」としたところに、この論考を通じて、これまでの歴史学を支えてきた「歴史」の捉え方そのものを根底から問い返そうとする、柳田の気魄を見ることができる。

この「聟入考」は、それまでの文献偏重の講壇史学、古文書史学に対して、民俗学の立場から採集資料に拠った新しい研究方法を提示したものといわれている。そうした理解が間違っているとは思わない。しかし、そうした方法の提示の背後に、従来の歴史の捉え方に対する妥協を許さない深い懐疑と異議のあるところを見ないと、柳田の企図した問題提起の最も大切なものを見落としてしまうことになるだろう。

それまでの歴史学の欠点を採集資料やそれに拠った新たな方法によって補うことが、彼の本意ではなかった。彼が求めていたのは、あくまで、歴史の捉え方そのものの根底からの転換であり、具体的にいえば、それまで民衆生活と無縁であった「歴史」を、民衆の現実の実際生活の部面にまで引き戻すことであった。柳田がこの時期、採集資料とそれをもとにしたことばによる民俗学の方法に固執したのは、それだけが、彼が求める「歴史」へと至る唯一の方法だと考えたからである。

「聟入考」に先立って、柳田はすでに、次のように述べている。

然らば其事実とはどんなことか。それを語る前に、先づ歴史を取り扱ふ精神について、言ひ換へると歴史の取り扱ひ方について、一言申し述べておく必要がある。諸君は歴史と言へば、すぐ学校で教はつた御歴代の御事蹟や英雄豪傑の物語を思ひ出すかも知れぬ。然しそれはいま我々が此処で歴史を取り扱ふ扱ひ方とは別の扱ひ方である。我々はそんな表向きの、はでな、にぎやかな歴史の下にかくれて、黙々として世を動かす力の源泉となつて居た地方農民の、じみな、静かな生活を、長い時間の流れにさかのぼつて見たい。そして今日と違つた生活方法がもしもあつたなら、それはどうして起つたか、またどうして亡んだか、その原因結果を調べて見たい。斯くして行くことに依つて自然に、今日及び将来の我々の生活の上に大きな教訓や暗示も生れて来るであらう。これが我々の歴史を取扱ふ精神である。

（「農村家族制度と慣習（一）」）

ここには、すでに深く「歴史」に捉えられた柳田がいる。平凡人の平凡生活への眼差し。現在から過去へと遡って行く時間認識。後に「私たちの知りたがつている歴史には一回性はない」と断言した柳田の歴史観の核をなす基本的認識が、ほとんどそのままの形で、すでにある。

この文章が発表された昭和二年が、「ことば」による民俗学の方法を柳田がはじめて自覚的に打ち出した大きな画期であったことは、すでに前章で述べた(3)。「ことば」による方法の確立と歴史観の新たな言挙げとは、相即している。方法の獲得が、新たな歴史観の提示を可能にしたのである。柳田が新しい自らの方法を最も先鋭に打ち出した「聟入考」が、同時に、既成の歴史学の懐に刃を擬するような挑戦の書となったのも、当然の展開であった。

昭和初年の数年間は、柳田国男が、その方法の確立を武器に、農村の疲弊、都市の貧困、内縁・非嫡出や農村青年の結婚難に見る家族、婚姻問題、普通選挙問題など、眼前に生起する現実的諸課題に対する切実なる関心を胸に秘めながら、衣食住や婚姻、葬送、族制といった民衆生活のあらゆる部面にわたって、新たな民俗学の領野を次々と切り拓いていった時期であった。その問題意識の先鋭さ、方法の徹底、射程の長さと深さにおいて、この時期の柳田は、彼の長い学問的閲歴の中で屹立している。

「民俗学」という、後に整序された学問の枠組みから一旦離れてみると、この時期の柳田の学問活動を特徴づけているのは、一つには、民衆の平凡生活へのあくなき関心であり、もう一つは、その眼前の民衆生活を、あくまで過去との関わりの上で、すなわち歴史的相の下に捉えようとする歴史的精神である。

この「今に依つて古きを尋ねること」（「セビオの方法」）、過去の事象をあくまで現在の自分の生との繋がりにおいて把握しようとする精神を、柳田は後に「史心」と名付けた。この「史心の普及と長養」こそ、昭和初年の郷土研究から戦後における教科書『日本の社会』編纂事業に至るまで、柳田の学問を貫いていた実践的課題であったことは、すでに杉本仁が指摘している通りである。(4)

「史心」と「平凡」。この二つのキーワードを軸に、昭和初年の確立期以降の柳田の学問と思想をその根底において支え続けてきた独特の歴史認識を、その方法の確立とからませながら、あくまで彼の著述に即して内在的に明らかにすること、これが本章の課題である。

一　平凡という思想

柳田国男に「秋の山のスケッチ」と題する一文がある。大正十四年（一九二五）十一月、岡正雄らと発刊した雑誌『民族』の創刊号に載せた、わずか数頁の小文である。

一文は、こんな何気ない会話から始まる。

おう、竹さんどうした。をら死んだかと思つたぜ。あまり酒がえらいでえ。時は大正九年十月三十日の朝の九時過ぎ、処は三河美濃尾張の境なる三国山の東、金毘羅様の峠の大きな松の樹の蔭である。斯く謂ふ人物は、大きなカバンを自転車にくゝり付け、此手帳の主を案内してくれる飯野の経師屋、年は四十三四、清洲の生れで方々を知つて居る一癖ある男だ。竹さんは六十に近い親爺、だまつて聴いて徐ろに煙草入れを抜いた。つれが一人ある。

大正九年秋、柳田は、遠江から三河を経て美濃へと県境の山々を越えて旅をした。のちに『秋風帖』にまとめられたその旅の山中での一点景である。声をかけたのは、下心あって柳田の峠越えの旅の案内人を務めた尾張飯野の経師屋。「竹さん」は美濃の下石《おろし》の鶫《つぐみ》仲買人で、鳥屋の好景気の時に高値で引き取る約束をして今になって逃げ回っている。案内人の経師屋も、捕獲した鶫を引き取らせようと、竹さんを捜していたのである。

この一文は、そうした二人の県境の峠での切実でいながらどこかのどかなやりとりの一コマを、そのままに書き留めたものである。一文の大半は会話の描写で、その会話の中身も、低落した鶫の相場と、難儀している山の鳥屋たちの現状の外に出ない。右のごとき何のへんてつもない会話の、いったい何が柳田を惹き付けたのか。この一文を見過ごすことができなかったのは、同じ『民族』創刊号誌上の「編輯者より」の中に、次のような柳田の言葉を見たからである。

「秋の山のスケッチ」の如き実際の会話を集めて見たい。船の中、停車場、茶店などで暇のあつた時に、精々御

注意を乞ふ。(5)

右のように呼びかけているのは、むろん、単なる旅の愛好家ではなく、『民族』の編集代表者であり、民俗学者である柳田国男である。そこには、旅の途次に耳にした何気ない会話をも、自らの学問の対象として取り込まずにはいられない柳田がいる。

右の一文を認めたとちょうど同じ頃、柳田はまた「人の顔」と題する短い随想の中で、こんなことをいっている。

旅をすればこそ見られる、他には別にもつと簡便な手段が無いと云ふやうな、有難味のある旅の見ものは、一体全体人間生活の、如何なる方面どんな部分に在るのか。其問題をこなひだから私は考へて居る。

おそらく「秋の山のスケッチ」を認《したた》めた時の柳田の胸にも、この同じ問いが去来していたにちがいない。柳田は、旅を「人見の修行」といい、「人間を見に出て人間をうんと見る」のが旅の何よりの醍醐味だという。しからば、人の何を見るか。

そんならこの概して無用なる公開講演者の、受取るべき無形の報酬、即ち満足はどの辺から見出し得るかと謂ふと、私などは地方の多くの人の、ちつとも修飾の無い普通の顔を、見る点に在ると思つて居る。仮令暫くの間なりとも、此だけの同種民族と一堂に対面して、別に心置も無くほゞ共通の話題で、話し合ふと云ふことは兎に角にサムシングである上に、自分が其集団に於ける中心で無い迄も、少なくとも一方の代表であつて、自分の為に人がごく手軽に集まつて来てくれるのである。世間を見たい、時代を知りたいと謂つたところで、本を読んで考へる一事を除いては、此ほどに有効の手段が他に有らうか。（「人の顔」）

それよりも何でも無い人の只の顔、普通の生活の不断着の姿、写真機の前に立つた時で無いやうな、有りの儘の平凡ならば、まだ幾らでも見てあるきたいと思つて居る。汽車は全体に落付かぬ旅ではあるが、通りすがりに村を見、町を見るのには何よりの便宜である。小児などの自然の姿は、斯うした瞬間の物の隙からで無いと、実は之を窺ひ知ることが難いのである。自分の眷属ばかりが無性に親しく且つ憎み難いのも、他に色々の微妙な道理もあらうが、一つにはこの所謂心の隔てが無くて、常に最も安らかな、如何にも普通な生活を見せてくれるからであらう。（同前）

右のごとき文章を読むと、「秋の山のスケッチ」の筆を執らざるを得なかった柳田の、胸の中がまざまざと見えるような気がする。要するに、柳田は、秋の山での経師屋と竹さんとの会話の中に、民衆生活の「ありのままの平凡」を、「普通の生活の不断着の姿」を見たのである。

旅に出て「人の顔」を見る。何気ない、不断着のままの「人の顔」を見る。それが柳田を安らがせるのは、そこに、人びとの日々の生活をその内面において支えている、豊かな「生」の実質をそのまま感じとることができたからであろう。柳田にとって、「平凡」とは、他の何ものかによって説明されたり、意味づけられたりするべきものではなかった。「平凡」それ自体が、一人ひとりの個人にとっては、他の何ものにも置き換えることのできない「生」の実質であり、それ自体が、そのまま、意味あり価値あるもの、それ自体としてすでに根拠づけられているものであった。「ありのままの平凡」とは、そういうことであろう。

我々が知りたがつて居る歴史には一回性は無い。過去民衆の生活は集合的の現象であり、之を改めるのも群の力によつて居る。

（『国史と民俗学』）

後に柳田は、自らの求めている「歴史」を、右のように明快に規定して見せた。その独特の歴史認識を支えている、民衆生活の平凡に対する眼差しの原点とでもいうべきものが、ここにある。

「平凡」とは、いわば、大事をのみ追い続けた旧来の歴史学が、歴史とは無縁のものとして排除してきたものであろう。後に改めて見るように、柳田は逆に、その旧来の歴史学の中に「歴史」の不在を見た。そして、その歴史学が排除した「平凡」の只中にこそ、「歴史」を見出したのである。

我々の平凡は、この国土に根をさした歴史ある平凡である。少なくとも其発生の根源に於て、必要も無く理由も無いといふものは一つだつて有り得ない。さうしてそれが又大なる集合の力となつて、我々を統制する時代を形づくつたのである。

（「平凡と非凡」）

柳田の手にかかると、私たちの眼にはありふれて何の意味もないものにしか見えなかった生活の些事平凡事が、生き生きとした豊かな内実を伴った生の実質として、鮮やかに蘇ってくる。平凡生活の大切さを「理念」として示すのではない。平凡の豊かさを、それ自体の豊かな内実を、具体的に示すことによって、それを私たちに「実感」させるのである。そこには「平凡の思想」とでも呼ぶよりほかない、確かな揺るぎのない精神の軌跡がある。そしてそれが、柳田独特の歴史認識の核となって、その学問の展開を根底において支えているのである。

しからば、その「平凡の思想」の根はどこにあるか。それはどのように練りあげられ、鍛えあげられて、柳田独特の歴史認識を生み出して行ったのか。

二　ありのままの事実、ありのままの平凡

民俗的世界に対する柳田の志向を表す、その最も早い時期のものは、明治三十八年（一九〇五）九月に雑誌『新古文林』に発表された「幽冥談」であるといわれている。確かに「幽冥談」やそれに続く『遠野物語』に見られる「不可思議」への関心が、民俗学への大きな誘引の一つであったことは間違いない。しかし、「不可思議」そのものにあまり眼を奪われてしまうと、柳田が「不可思議」を通してその向こうに見ようとしたものを見落としてしまうのではないか。むしろ、私は次のような何気ない一文の中に、柳田を民俗学へと向かわせた根底的な初発の契機を見る思いがする。

私は此頃昔の凡人の心持を研究しやうと思つて地理書を読んで居るが、なか〳〵興味の深いものだ。所謂日本歴史といふものには、大きな事件とか、大きな人物とか、若くは地位の高い人のことばかりしか書いてないが、古い地理書の類を読んで居ると、当時の凡人の心持がよく解る。この間も大学から出版された古文書類を読んで居ると、其中にかういふことがあつた。それは矢張高野山の古文書で、ある堂を建つる時に信徒から奉つた寄進状の一通に、あるお婆さんが自分の可愛い孫を失つて、せめては孫の冥福を祈らうと云ふ志のあまり、その所有地何段を燈明の油代として寄進するといふことが書いてあつた。全く真情の流露した文面で私はそれを読んで、古も今も人情に変りのないといふことを思つた。

平凡人の生活に対する柳田の関心の根は、私たちが予想するよりその拠って来たるところがはるかに深い。この一文は、明治四十一年十一月、柳田が『文章世界』第三巻十四号に寄せた「事実の興味」と題する小文の一節である。明治三十五年二月、農商務省から内閣法制局参事官へと転任した柳田は、同じ法制局記録課の管理する内閣文庫を自由に閲覧する便宜を得た。柳田が文庫所蔵の厖大な地誌、随筆、雑書類を寸暇を惜しんで渉猟耽読していた様は、当時の読書日録、「困蟻功程」「困蟻労程」などによって知ることができる。そうした地誌記録類の渉猟がかなり明確な意図を持った計画的なものであり、そこで見出した様々な「偶然記録」を通して、少しずつ民衆の生活世界へと眼を開いて行った柳田の足跡の一端を、右の一文は物語っていよう。

しかし、いま、私たちにとって問題なのは、右のごとき逸話を記録の中に見出して、それを語り聞かせずにはいられない柳田の、その関心の持ち方である。右に続けて柳田は次のようにいう。

> それから『尾張誌』といふ、なか〳〵大部な本であるが、それを読んで居るうちにかういふことがあつた。それはあるお母さんが、十八になる男の子を小田原戦争に出したところが、とうとう討死してしまつた。そのお母さんも信心の人だつたと見えて、我子いとしさの余り、熱海の方へ通する通《みち》に橋を掛け、その橋の両方の入口の柱に、自分の息子がかういふ訳で死んだから供養の為に此橋をかけた、どうか此橋を渡る人は我子の為に一遍の題目を唱へて呉れろといふことが和漢両様の文で書いてあるさうである。是などもその時代の一部の凡人の心持が現れて居て面白い。何故かといふに、かういふものは少しの誇張も修飾もない在りのまゝの事実だからである。

ここには、歴史の大綱から洩れた庶民の生のささやかな点景から眼をそらすことのできない柳田がいる。旅の途次の何気ない会話や、人の顔に魅せられる柳田と同じ眼差しを持った、もう一人の柳田がいる。

柳田が右の話から眼をそらすことのできないのは、子や孫を亡くした母や老婆の思いが、一つのかけがえのない生の軌跡として、供養のために土地を寄進したり、橋を架けたりする現実の具体的な行為の中に描き出されているからであろう。

柳田は、それを「在りのままの事実」という。この場合、「事実」とは、けっして単なるファクトでもなければ、「ほんとうのこと」でもない。柳田が「事実」というとき、それは、つねに人間の「生」に関わり、その「生」において「体験されたもの」でなければならなかった。だから、柳田にとっては、『遠野物語』の山人譚や天狗、河童などの妖怪譚も、それが人の眼や口を通して伝えられている限りは、紛れもなく「事実」であり、のちには、眼で見、耳で聞く眼前の生活事象のすべてが、言葉そのものでさえもが、「事実」であった。

要するに此書は現在の事実なり。単に此のみを以てするも立派なる存在理由ありと信ず。（『遠野物語』序）

一般に「郷土研究」の時代に比べて、事実が自ら発光する所の智識が、其量を加へたといふ評を受けて居る。是は個々の寄稿者に於ても、本意とせられる所であらう。(6)（「編集者より」『民族』三巻二号）

言語は我々の厳然たる生活事実で、十分なる由来無しにはこの社会に発現し得る道理が無い。（「オヤと労働」）

打明けて自分の遂げざりし野望を言ふならば、実は自分は現代生活の横断面、即ち毎日我々の眼前に出ては消える事実のみに拠つて、立派に歴史は書けるものだと思つて居るのである。（『明治大正史世相篇』自序）

民俗学の初発の時期から、後の確立期、体系期に至るまで、「事実」への眼差しが一貫して貫かれていることがわかる。右の例に限らず、柳田は、それまで歴史の闇の中に埋もれていた何ものかに光を当てようとするとき、きまって、この「事実」という言葉を使った。そのような時、柳田はつねに個々の常人の生の側に身を寄せており、その生の具体的な手ざわりを伝えてくれるものこそが、「事実」にほかならなかった。柳田にとって、「事実」とは、すなわち、一人ひとりの個人の生によって染めあげられた「体験された事実」なのである。

ずっと後になって、柳田はこの「事実」について、次のような明快な定義を与えている。

私などの見る所では、「事実」といふものは自分の目で耳で又は感覚で、実験したもの以外には無いと思つて居る。

（「郷土研究と郷土教育」）

後に改めて見るように、これが柳田の歴史認識の原点ともいうべき立場である。むろん、「事実の興味」を執筆した明治四十一年当時、柳田がすでにかくのごとき明快な認識に達していたとは思えない。しかし、そこで柳田が、「少しの誇張も修飾もない在りのまゝの事実」というとき、柳田が見ているのは、一人の人間が抱え込んだ一回限りの生の軌跡、「体験された事実」以外の何ものでもなかった。一人の人間の生が抱え込んだ、けっして他に置き換えることのできない一回限りの「体験の重さ」。その民俗学の出発点において柳田を捉えて離さなかった「事実」とは、そうした「体験の重さ」をこそ伝えるものであった。

次のごとき話も、やはり同様の「事実」に対する柳田の関心を伝えるものである。

○特赦の（二）△葱

海岸線の一寒村にデロレン左衛門の夫婦あり、子三人なしたるに、夫妻を捨て、逃ぐ、妻三人の子をか、へて貧に陥り、物もロク〳〵食へぬ身となる。

ある夕あまりの飢に子の最も小きを背負ひ棚畑の葱を盗み引き束になしてブラ下げ、山を下りつ、ありし時、知り人に逢ひき、知り人何心なく「葱かネ」と云ひしに女全身震ふばかりゾッとしたりと云ふ。しばらく行て振り返り見るに、今の知人他の人と話をし居たり、女、これは的キリ自分の葱盗みが知れたと思ひ葱を捨て、山の林に走り入りぬ、飢ます〳〵甚だし即ち児も殺しわれも死なむと思ひ、先づ児を絞めたるに、俄に自分の死ぬのが嫌になりて逃げのびぬ、二日にして捕はる、故殺。(7)


一読してわかるように、田山花袋の小説「ネギ一束」の素材となった話である。語り手は、むろん柳田国男。書き手は、花袋と共に同席して柳田からこの話を聞いたという、龍土会仲間の後輩、小山内薫である。

内閣法制局参事官として柳田が従事した仕事の一つに、懲役受刑者の特赦に関わる事務があった。柳田自身の回想によれば、煩雑な関係資料の閲読を要するため、皆が敬遠しがちであったその事務を、ひとり柳田はおもしろがって他の誰にも渡さず、いつまでも独占していたという（『故郷七十年』）。そこで知り得た衝撃的な事件の数々を、「家の会」などの席で花袋を始めとする文士たちに話して聞かせたのが、右のごとき「特赦の話」である。

この「ネギ一束」の話が伝えているのも、やはり「ありのままの事実」、一人の人間がある極限的状況の中でやむにやまれず選び取った生のかたちにほかならない。ずっと後になって、『アサヒグラフ』に連載した「山の人生」の冒頭に、柳田はやはり特赦の事務で知り得た二つの話を書き留めている。極限的状況の中で娘と幼い息子の二人の首を、その求めるままに、斧で斬り落とした奥美濃山中の炭焼の男。ある山奥の村で病弱の夫と赤子と共に滝壺に身を投げ、ひとり生き残ってしまったという女。これらの話に、さらに『遠野物語』第十一話の母殺し譚などを加えて重ね合わせてみると、柳田がこれらの犯罪の記録のどこに心を捉えられていたのか、はっきりと見えてくる。

　これらのすべてが、あるいは親子心中であり、子殺しであり、あるいは母殺しであるのは、けっして偶然ではない。柳田が凝視めているのは、いわば「家」あるいは「親と子」といった観念で捉えられた人と人との繋りの、ある極限のかたちとでもいうべきものであろう。社会的通念の側から見れば、それは、社会的規範から逸脱した落伍者が描き出した転落の軌跡にすぎない。同情的に見ても、自分とは関わりのない他者の個人的な体験にすぎない。

　しかし、柳田はそれ故にこそ、それを見過ごすことができない。「家」や「親子」という観念の下に、同じ現実を生きるひとりの個人の、ぎりぎりの生の軌跡であるかぎり、柳田にとって、それはけっして他人事ではない。現実に「家」が存在し、現実の「親子」の関係を私たちが生きているかぎり、それは私たち自身の問題であり、社会のすべてが抱えている共同の現実なのである。

　右のような「事実」を知ると、柳田はそれを人に語らずにはいられない。「語る」という行為が、その本来の意味において「一人称」において「語る」ことを意味するとすれば、柳田はそれをあたかも自分の体験であるかのように語る。「語る」ことは体験を共同化することにほかならないが、それは同時に、その体験を自らのものとして内に抱え込むことでもあった。だから、柳田は、『山の人生』の冒頭で二つの特赦の話を語った後、次のようにいわざるを得ないのである。

> 我々が空想で描いて見る世界よりも、隠れた現実の方が遥かに物深い。又我々をして考へしめる。

「隠れた現実」とは、すなわち見いだされた現在の事実、「歴史」によって置き去りにされた「ありのままの事実」にほかならない。柳田は、ここでも、それをあくまで個人の「体験」の側から凝視めている。しかし、それは個人の体験を超えて、普遍的な共同的生の有様として鋭く柳田に問題を突きつける。「ありのままの事実」から「ありのままの平凡」へ。この両者の間は近くて遠い。前者において、あくまで体験された個人の生の具体的軌跡にこだわり続けた精神は、後者においても生きている。一方、その眼差しが捉えているのは、彼では、極限的状況において選択された一回限りの生の軌跡であり、此方では、日々生起する平凡なる生活事象である。「事実」から「平凡」へと、視線が転換したのではない。「事実」を視る眼差しが、日常生活の「平凡」の只中へと突き進んできたのである。「ありのままの平凡」とは、いわば「平凡」の相の下に捉えられた「ありのままの事実」であった。私はここに、柳田の「事実」を視る眼差しの深まりを、その「平凡の思想」の徹底を見る。

柳田の求め続けた「一回性のない歴史」とは、この「ありのままの平凡」の中に「歴史」を見るものである。「一回性のない歴史」は、いわば、けっして他に置き換えることのできない一回限りの生の事象への、徹底したこだわりをくぐりぬけてきているのである。この事実は重い。

三　歴史の欠乏

「歴史的事象の一回性に固執してきた」古文書史学と、「一回性を超えた生活事象の伝統を捉えようとした」柳田民俗学。この両者の差異を、後に有賀喜左衛門は、「非常に大きいようにも思われるが、これを盾の両面と見れば、必ずしも遠く隔ってもいない」といい、「双方がこの差異を大きく見すぎた所に日本史学の不幸があった」と述べている。(8) しかし、私は、そうは思わない。両者を隔てているのは、歴史認識の本質的な違いであった。少なくとも、柳田自身は彼我の懸隔の大きさを、はっきりと自覚していたはずである。

旧来の歴史学の立場と、柳田国男の歴史観の違いを際立たせる興味深いやりとりがある。戦後の昭和二十四年に思想史学者家永三郎と柳田が「歴史観」をめぐって交わした対談、「日本歴史閑談」の一節である。個人の頭で明瞭に自覚された思想のほうに重点を置きたい、という家永に対して、柳田は、目に一丁字しかなくて事理の明確に言える、優れた判断力を持ちながら表現力のない人がたくさんいる、そんな人の思想はどうして調べるのかと問い返す。それに続くやりとりである。

家永　ただそういう人の思想は、いわゆる一世を動かすというようなそんなことはできないでしょう。
柳田　そんなことは絶対にないのです。村が半分インテリで、半分無学の人ならばインテリの奴に引っ張ってゆかれますけれども、村挙って、お寺の坊主、神主を除けばインテリでないような村だったら、村を動かしているのは無識の者の判断なんです。[9]

見事なすれ違いのやりとりである。「そういう人の思想は一世を動かすということはない」という家永に対して、「そんなことは絶対にない」という柳田は、「村を動かしているのは……」と応じている。「一世」と「ムラ」。その言葉の落差が、そのまま、二人の歴史観の、超えることのできない懸隔である。その差異は、「歴史」の中に求めるものが、家永の場合は「一世を動かすもの」であり、柳田にとっては「ムラを動かすもの」であったと理解するとわかりやすい。事はむろん、ミクロ的かマクロ的かといった視野の広狭の問題ではない。

柳田にとって、「世の中」とは、すなわち「ムラ」の謂であり、「世の中を動かす」とは、「ムラを動かす」ことと同義であった。なぜなら、ムラこそが個々の大多数の民衆が実際に生きていく生活の場であり、そうした具体的な生活の場を離れては、「歴史」は存在しないと考えていたからである。一方、家永の視野には、そうした個々の常人の生活は一切入っていない。

家永が、そういう人の思想は「一世を動かす」ということがない、というとき、彼は、歴史を、そうした個々の生活とは関わりのない、自立した外的展開の過程のごとくに構想している。そこでは、出来事も思想も、後世への影響力の大きさによってのみ判断されるべきもの、家永自身の言葉を借りれば、「役立った」かどうかだけが問題なのであった。柳田がその「一回性のない歴史学」によって批判の刃を突きつけているのは、まさしくこうした歴史認識のあり方であった。

ジュネーブから帰国してまもなく、ある講演の中で柳田は、旧来の歴史に対する自らの「違和」を次のように述べている。

歴史は此通り誠に大きな意味のある公けの学問である。がそれにしては今ある教科書は如何にも物足らぬ様である。過去三千年間の出来事を、一年間で学ぶやうに出来て居るのはい丶としても、其本の中に書上げてある国の大きな事件と、我々自身の生活との関係が何分にもよく呑込めないので、「昔」は別世界よその国であるやうな感じがする。

（「旅行と歴史」）

既成の歴史への違和を、「よそよそしい」とでもいうべき「感じ」として捉えているところに、柳田の思考の特徴がよく表れている。柳田にとって、「歴史」とはまず、個人の「感覚」的レベルにおいて捉えられるべきものなのである。ここには、「一回性のない歴史」を実現しようとした『明治大正史世相篇』において、まず「眼に映ずる世相」といった視覚や聴覚、味覚といった感覚的体験から世相の変化を捉えようとしたその方法と通じるものがある。「感覚」とは、あくまで個人的なもの、一人ひとりのものである。しかし、それは、同じ時代に同じ社会を生きるすべての人が同様の感覚を共有しうるという意味において、同時に、共同的なものでもあるのだ。

柳田にとって、「御歴代の事蹟」や「英雄豪傑の物語」は「歴史」ではなかった。どんな大きな事件も、それと「我々自身の生活」との繋りを私たち自身が「実感」できなければ、そこに「歴史」はない。柳田は、既成の歴史が、自分たちの現在の「生」と何ら関わってこない現状を「歴史の欠乏」と呼んでいる。既成の歴史の只中に、まさに、「歴史」の不在を見たのである。だから、柳田の民俗学の試みの第一歩は、いわばそうした私たち一人ひとりの生活から遊離した「歴史」を我々自身の手にとりもどすこと、柳田自身の言葉によれば、「歴史を毎朝の鏡の如く我々の生活に親しいものとする」(『明治大正史世相篇』)ことであった。

だから、柳田はくり返し次のように言うのである。

諸君は世界の一個人にして同時に日本人である如く、亦同時に県民であり町村の人であり家の人であるが、どうして又さうであるのか。如何なる因縁原因を以て今日此付近の或村に、栃木県の青年として生存するやうになつたのであるか。之を考へることが公生活の初歩であるが、書物はまだ此問には何物をも答へて居ないのである。

(「旅行と歴史」)

ましてや如何にして今ある屋敷に、今在るやうな家を興し、貧富さまぐの生活方針を立て、置いてくれたのかを、最も利害関係の深い者に説明してやることなどは、今迄の歴史では出来ない。

(「郷土研究とは何か」)

肝腎かなめの我々の疑問、即ち我々はどういふわけで今の村の住民であるか。何物の力が我々を某県人又は某郡人にしたかといふ問、それが答へられなければ実は我々の歴史であり、人文地理であり得ない筈で、是が帝国全部の平民の総てが、此学問に対する唯一つの要求であると思ふが、今日迄の「歴史」はそれに答へようとはしなかつたのである。それでも致し方が無いといふ意味に於てのみ、地方にも「歴史」は存在したのである。

（「郷土研究といふこと」）

「今までの歴史」「今日までの『歴史』」に対して、柳田が構想している「我々の歴史」とはいかなるものであったのか。要するに、柳田にとって「歴史」とは、私たちの一人ひとりが今、かくある現実の根拠を明らかにするものでなければならなかった。その根拠を具体的に指し示してくれるものでなければならなかった。

柳田は歴史について語る時、きまって「我々」という主体に立ってそれを語る。「我々が知りたがつている歴史には一回性はない」「我々はどういふわけで今の村の住民であるか」というふうに。この場合、「我々」とは、けっして「日本人の総体」や、「国民の全体」を意味していない。「我々」というとき、柳田が見ているのはそんな集合的な総体ではなく、むしろ、現実に生きている一人ひとりの個人的な生の姿なのである。

次の一文には、そうした柳田の捉えた歴史の主体としての「我々」の独自な位相が、さらに明確に表れている。

其上に尚一つ、神武天皇以後の事蹟ならば、既に判つて居るといふ予断も之を促して居る。何がわかつて居るものか。めい〳〵の家でいふなら五代七代前は戒名俗名ばかり、村でいふならば二百年か百五十年ほど昔に、誰かゞもう居たといふことを知るのみで、甚だ信じ難い伝説すらも、自分等に関するものは無いのが普通である。一言でいふならば郷土史はまた空であつた。国史は一国の最も重要なる事項に就いて、二三の記述を存するといふのみを以て、そこに有史以前と以後とを劃しようとしたことが、そも〳〵の大きな誤謬であつたのである。我々をして言はしめるならば、別にこの左右に宏大なる有史以外が有つたのであり、個々の常人から見れば、現に今朝までが有史以前であつたのでは無いか。

（「郷土研究の将来」）

ここでは、「我々」という主体が、すぐにそのまま「個々の常人」という立場に置き換えられている。それでいて何ら齟齬をきたしていないのは、「我々」という主体そのものが、最初から、「個々の常人」の立場から発想されているからである。

「個々の常人から見れば」。これが柳田の歴史認識の出発点である。柳田の歴史を見る眼差しは、けっしてここから離れようとしない。しかし、同時に柳田は「我々」という集合的主体において「歴史」を語る。「我々」という集合的主体と、「個々の常人」という個別的主体とを、ほとんど同置する。異質なものの差異を無視し、その溝を飛び越えてそうするのではない。あくまで個々の常人の生に執し、そこから離れないまま、全体的な集合主体に至ろうとするところに、柳田が自らの「歴史」に課した強靱な意志をこそ見るべきであろう。

このような立場を突き詰めて行けば、どのような認識に至るか。すでに先に見た「事実」についての次のごとき認識を、再び想起してほしい。

> 私などの見る所では、「事実」といふものは自分の目で耳で又は感覚で、実験したもの以外には無いと思つて居る。所謂史実も亦過去の事実ぢや無いかと言ふであらうが、それは過去であるが故に実験には入らず、今あるものは其痕跡でしか無いのである。
>
> （「郷土研究と郷土教育」）

あくまで個々の常人の生に定位し、その生が実験できる「事実」のみによって「歴史」に至ろうとする「経験主義」の極北が、ここにはある。あらゆる歴史史料を相対化し、懐疑の淵に投げ込んで、「史料」の中に「歴史」が内在していることを疑うことのなかった世の史学者たちを顔色なからしめる、徹底した現在の「生」への拘泥がある。むろん、柳田が主張しているのは、文献資料の限界性や、採集資料の優越性といった問題ではない。問題なのは、「歴史」という名の下に求めているものの、決定的な違いなのである。

柳田にとって、「歴史」は「事実」の中にしか存在しない。その「事実」が、個々人によって体験されたもの、体験し得るもの以外にないということは、すなわち、個々人の体験し得る「生」の拡がりにおいてのみ「歴史」を見ることにほかならない。今に生きる個人の具体的経験を離れては、歴史は存在しない。柳田にとって「歴史」とは、そういうものであった。

かつて、柳田のこうした事実認識に根ざした経験主義的立場に注目した川村二郎は、そこに「全体よりはむしろ部分に執したい意向」の存在を見出している。[10] しかし、あえて言えば、柳田が執しているのは、けっして単なる「部分」ではない。そもそも柳田は、全体と部分とをそのように区別し、対立させてもいない。柳田が執しているのは部分ではなく、一人ひとりの個人の、他に置き換えることのできない固有の体験なのである。同時に、そこで柳田は全体を志向する。個人の具体的体験に執しながら、そのまま全体へと至ろうとする。いや、より正確に言えば、柳田にとって、個人の具体的生の内部においてのみ求めるべき「全体」、すなわち「歴史」は存在している、と言うべきであろう。

柳田は全体のために個人の経験を捨象しようとはしない。すでに見たように、個人の現実的な生から隔絶した歴史学の中に「歴史の欠乏」を見たところから、柳田の学問は歩み出していたからである。

四　史心と内省

柳田国男が歴史に向かう時、その眼差しはけっして「個々の常人」の立場を離れようとはしない。時間的には、私たちが現に生きてあるいまこの時。空間的には、日々の生活をくり広げているここ。これが柳田の求める歴史の座標軸の原点である。

戦後、小学校教育のあり方に多大な関心を寄せた柳田は、実際に国語や社会科の教科書編纂に積極的に関与し、主導した。その一つ、『日本の社会』の『学習指導の手引き』の中では、次のように述べられている。

それは絶えず現代またはここでの問題であること。即ち学習する児童の境遇を時間的空間的に土台として、ここから、遠い時代や遠くの世界へ発展させていくものである。(11)

柳田はまた、別の所で「今から昔へ、ここから向うへと歴史も地理も身の回りから遠くへ及ぼすような方法で教えたいものだ」とも述べている。(12)個々の常人が生活する「いま」と「ここ」から出発する限り、歴史は、時間的には、現在から過去へと遡って行く遡及的、倒叙的なものにならざるを得ず、空間的には、近くから遠くへ、よく見知った身近なものからよくわからぬ遠いものへと展開して行かざるを得ない。

柳田の社会科における歴史叙述が倒叙式であるのは、けっして教育の現場における教育技術の問題ではなかった。私たちの「生」のあり方、存在の仕方がそれを求めているのであり、私たちの生の「いま」と「ここ」を原点とするかぎり、歴史は、そのように表れるほかないのである。

柳田の社会科教科書の具体的考察を通して、そこに右のごとき「いま」と「ここ」を基点として歴史と生活の拡がりを捉える基本的理念を見出した杉本仁は、大正末年以来展開されてきた柳田の「郷土研究」を支える理念も同じものであったと指摘している。(13)教科書編纂に表れたその理念は、あくまで「個々の常人」の立場に定位し、そこから歴史を捉えようとした柳田の歴史認識の、いわば必然的な帰結であり、その教育現場における実践的展開にほかならなかったのである。

「我々が知りたがつている歴史には一回性はない」と柳田はいう。しかし、常識的な時間の観念に従うかぎり、どこに、一回性のない歴史的事象があるだろう。歴史的時間をただ過去から現在へと一方的に流れていく直線的時間として捉えるかぎり、どんな歴史的事象もすべて、くり返されることのない一回限りの事象として表れる。過去から現在へと流れていく時間の中で、後世に大きな影響を与えた事象だけをとりあげて繋げたのが、いわば、柳田が「事件主義」と呼んで批判した旧来の歴史学の立場であった。そのような歴史的時間の立場に立っているかぎり、「一回性のない歴史」はどこにも存在しない。

柳田の「歴史」に一回性がないのは、彼が「歴史」を過ぎ去った過去の時間の中にではなく、いま、現に生成しつつある現在という生きた時間の中に見ようとしたからである。柳田にとって、過去とは過ぎ去った時間の彼方のものでもなければ、現実の対立物でもなかった。過去は、いま、生きられている現実の「生」の中にある。柳田の言葉を借りれば、その「生」の中にあって「生きてさへいる」。

いまに生きる人びとの立場から、新しい地方史創出の試みに携わった歴史学者の阿部謹也は、その意義に触れて次のように述べている。

かつての歴史学は過去を掘り起こすことに終始していた。過去はそこにあるものと考えられていたのである。しかし過去は求める者にしかその姿を現さない。ムラの過去を求める者とはムラの今を生きる人々である。(14)

ムラのいまを生きる人びとにしか、過去はその姿を現さない。この、阿部のいう「過去」は、おそらく、柳田が求め続けた「歴史」の時間に限りなく近い。ムラの歴史の掘り起こしが、そのまま人びとにとって新しいムラ空間の創出であるのも、柳田の郷土研究と軌を一にしている。その試みは「歴史を毎朝の鏡の如くに我々に親しいものとする」という柳田の希求の、新たな展開であるにちがいない。

過去は、いま私たちがくり広げている現実の生の中にしか存在しない。少なくとも私たち一人ひとりにとって、意味ある過去とは私たちの現在の生の中にあり、生きて私たちの生に働きかけ、それを意味づけ、根拠づけている、そんな「生きられた過去」以外にはあり得ない。柳田にとって歴史とは、私たちすべての生の中に生きている、そうした「過去」の姿を明らかにするものでなければならなかった。

柳田が、ことば＝民俗語彙をその方法のほとんど唯一の拠り所としたのは、ことばこそが、人びとの生にあって、過去と現在とを繋ぐものと考えたからである。人びとが前代から受け継いだことばは前代に生きた人びとの共同の経験や感覚を、他のことばではけっして置き換えることのできない微妙な語感として保持している。「どの一つを拾ひ上げて見ても、過去の同国人の生活の痕を、留めて居ないといふ言葉は無い」（「郷土研究とは何か」）のである。

柳田はまた、「我々の語彙に出て居ない一つの言葉があるといふこと」は、「一つの事実の、今まで気付かれないものが見つかつたこと」を意味するとも述べている（『分類山村語彙』序）。柳田にとって、ことばとは、「事実」を伝えるものである。その「事実」とは、人びとによって経験された事実、より正確に言えば、多くの人びとによって共有されるべき「共同の経験」にほかならない。

かつて柳田国男の学問と思想の全体にわたって鋭い洞察を加えた柄谷行人は、その民俗学におけることばの本質的な重要性を指摘して、次のように述べている。

> くりかえしていえば、「共同の事実」とは、われわれが言葉によって存在するということにほかならない。たしかに諸個人は感覚的に、心理的にそれぞれ異なった経験をしているであろう。しかし、〝経験〟が成り立つの

は言葉によってであり、言葉は諸個人より先に存在している。つまり、われわれがまったく個別的な経験とみなしていることでさえ、すでにそれは「共同の事実」なのであり、「我思う」という意識でさえ、「我」という言葉、すなわちある共同的なもののなかにのみ成立する。(15)

私たちは、「ことば」を使うことによって、その内に幾層にも堆積した過去の経験を自らのものとして生きる。過去はそれによって、また現実の中に自らを蘇らせる。その意味で言葉は、文字通り、私たちの外側の世界と内側とを、過去の時間と現在の時間とを繋ぐものである。だから、柳田はこの「ことば」を手掛りとして、人びとの生の内側へと入り込んで行く。そして、そこで個人の生の内部にあってそれに働きかけ、それを根拠づけている幾層もの過去の姿を見出したのである。

従つて眼前に在つては極度に平凡なる事態が、一歩過去に踏み入れば忽然として神秘と化して、薄暗い忘却の陰から、多数の無意識の行動を左右して居るのである。（「オヤと労働」）

「眼前に在つては極度に平凡なる事態」が、一歩過去に踏み入ると、豊かな意味を担った内実として蘇り、多くの人びとの無意識の行動を左右している。この場合「過去」とは、むろん、人びとによって内的に生きられている時間の中の「過去」である。直線的、一回的な旧来の歴史的時間の中では置きざりにされてきた「平凡」が、そうした幾層もの過去を統合した重層的な時間の中に置かれたとき、けっして他に置き換えることのできない豊かな生の実質として蘇ってくる。「平凡」そのものが、他の何ものによっても根拠づけられる必要のない、それ自体、意味あり、価値ある、「歴史ある平凡」として立ち現れてくるのである。

柳田にとって、歴史とは解釈されるべきものではなく、いま、眼前に生きられているものである。歴史は過去の幾層もの時間の流れを統合して、いま、生きられている現在の生の内にある。いやむしろ、歴史とは、過去から現在にわたる重層的な時間をいまの一瞬の内に生きる、私たちの生の存在の仕方そのものだというべきであろう。

勿論是は書いた物、文字に著はしたものを歴史とする結果で、人が省みずとも歴史は厳存し且つ進展して居る。しかも一昨年の空の虹の如く、消えて痕形も無く過ぎ去つては居ない。孫が祖父母に似、生き残る者が友を懐ふやうに、記念は寧ろ永く故地に留まることを努めたのであるが、奈何せん我々は特に此間より獲るもの無しとして、未だ史料の整理法を講究せざる前に、片端から之を忘れて来たのであつた。

（「郷土研究の将来」）

歴史は、文字で書き表されたものの中などには存在しない。歴史は、ただ、私たちの現実の生と共にある。しかし、私たちは、その「歴史」を見失い、忘れている、というのである。だから、柳田にとって、「歴史」とは、私たちが忘れていたことを思い出すことにほかならなかった。

近年漸く台頭せんとする日本民俗学が、未だ史学の一部として其地位を安定することを得ないのは、半分は之に携はる人々の散漫なる態度に、他の半分は之を利用しなければならぬ史学者の臆病さに、其責任を帰属せしめなければならぬ。歴史は要するに我々の忘れて居た事を、想ひ出す迄の仕事では無いか。それが多量の論議弁証を経て、僅かに口の達者な者の言ひ勝ちに決着しなければならぬといふことが、既に史料利用の技術の未進歩を意味して居る。

（『聟入考』）

歴史を「忘れて居た」といい、「想ひ出す」という。けっして比喩ではない。柳田にとって、「歴史」とは、「想起されるべきもの」、あくまで個人の経験と記憶に関わるものなのだ。この場合、「想起する」のはむろん私たち「銘々」、「想起されるべき」は、その「銘々」の個人の経験である。しかし、その「経験」は、同時に、他の多くの人たちの経験を内に含んで我がものとし、「共同の経験」、「我々の経験」としている。過去の経験、他者の経験をも共同の経験として我がものとして生きる。そうした生の拡がりの中に、私たちは生きているのである。

柄谷行人は、この間の事情を、また次のように指摘している。

つまり、柳田にとって、〝歴史〟とは想い出すものであり、まなぶものではない。そして想い出される過去は、過ぎ去ったものであると同時に現存するものでもある。また、それは私が個人的に体験したことでなくても、なにか私自身がそのなかにつつまれていたような〝経験〟として想い出されるのである。[16]

この想起と経験とが、「ことば」の本質に関わるものであることは、すでに見た通りである。

柳田は、また、こうも述べている。

第三の方法といふのは、是から自分が話して見たいと思ふことで、前の二つのものに比べるともう一段と手軽なものである。簡単な語でいへば、銘々がもう少し以前の生活を考へて見ることである。考へて見ると謂つたところで、種無しには考へて見やうが無い。だから先づ其種を、取揃へる必要がある。書物は勿論有力なる参考資料の一つであり、友人先輩の現に試みて居る先例も無視することは出来ぬが、それ以外にまだ一つ、以前はどうであつたかといふこと、我々の親たちは斯ういふ場合にどうして居たかといふことを、回顧して見ることが非常に必要である。是が往々にして今日の思索から、粗末に取扱はれ総括的に見錯られて居る。歴史は要するに我々の経験であり、たゞ文明人のみが失敗蹉跌し、それを教訓として復興前進するの特権をもつて居る。

（「平凡と非凡」）

ここでも柳田は同じことを言っている。要するに、柳田にとって、「歴史」は、私たち一人ひとりの存在の態様に関わる問題なのだ。私たちは、過去によって根拠づけられていまかくある。幾層もの過去の堆積した重層的時間の中で、現在を生きる。「歴史」とは、過去から現在へ、重層的時間の流れを統合して「いま」という一瞬を生きる私たちの生の存在のあり方そのものだ、というべきであろう。私たちは「いま」において「歴史」を生きているのである。しかし、私たちは、その事実を見失い、忘れている。「想ひ出す」とは、すなわち、そうした過去によって根拠づけられた私たちの生の態様を、無意識の領域から表に出し、意識化することにほかならない。

柳田にとって「歴史」とは、個々の常人一人ひとりが、自分の存在の仕方を明らかにするべきものであった。だから、柳田にとって、「過去」を知ることは、すなわち己れを知ること、ことばの本来の意味において郷土人自身の「反省の学」、「自己内部の省察」でなければならなかったのである。

注（1）有賀喜左衛門「『聟入考』と柳田国男」『柳田国男研究』第八号、昭和五十年四月。

（2）『婚姻の話』（『定本柳田国男集』第十五巻、筑摩書房）。以下、柳田の著述の引用は特に別記しないかぎり、すべて同『定本』による。

（3）永池「柳田学の転回―大正から昭和へ」柳田国男研究会編『柳田国男・ジュネーブ以後』平成八年、三一書房。本書第三章所収。

（4）杉本仁「郷土研究から社会科へ—柳田国男の教育運動」前掲『柳田国男・ジュネーブ以後』。
（5）「編輯者より」『民族』一巻一号、大正十四年十一月。
（6）「編輯者より」「民族」三巻二号、昭和三年一月。
（7）小山内薫「花袋集合評」『趣味』明治四十一年五月。
（8）有賀、前掲論文。
（9）柳田国男・家永三郎「日本歴史閑談」『改造』昭和二十四年六月。但し『柳田国男対談集』昭和三十九年、筑摩書房による。
（10）川村二郎「経験主義と神秘」『群像』昭和四十七年六月。
（11）『(日本の社会) 学習指導の手引き』（各学年用）。但し、第一書房復刻版（平成二年）による。
（12）民俗学研究所編『社会科の諸問題』昭和二十四年。但し、長浜功編『柳田国男教育論集』昭和五十八年、新泉社による。
（13）杉本、前掲論文。
（14）阿部謹也「ムラの歴史に新たな光—『田主丸町誌』刊行に寄せて」『毎日新聞』平成九年六月十二日付夕刊。
（15）柄谷行人「柳田国男試論8　文学と民俗学（その三）」『月刊エコノミスト』昭和四十九年八月。
（16）柄谷行人「柳田国男試論4　言葉・経験・記憶（その二）」『月刊エコノミスト』昭和四十九年四月。

物語作者の肖像

柳田国男を一人の物語作者として規定してみる。そこから何が見えてくるか。

いま流行の「物語論」の尻馬に乗って、柳田のもう一つの虚像を作りあげるつもりはない。新たな鋳型を作ってそこに柳田の像を押し込めてしまうような、そんな試みをするつもりもない。

七十余年に及ぶ柳田国男の精神の軌跡は、一筋縄ではいかない複雑な相貌を呈している。人びとの実際的な経験に根差してそこからけっして離れようとしない実証的、経験主義的精神と、想像力を時空の彼方に羽ばたかせて、そこに人間存在の普遍を捉えようとするがごとき浪漫的精神。悠久の自然の中で人間存在の寂寞を凝視め続ける孤独な旅人の貌と、人類の叡智を信じて前へ進むことを疑わない強靱な現実主義と楽観主義。柳田国男は、時代により、時に応じて実に様々な貌を見せて私たちを翻弄する。そうした複雑な柳田の貌の内奥にある見えざる精神の深部を、「物語作者」という鍵によって照らし出すことができるのではないか。そんな手さぐりの試みである。

柳田国男の民俗学の歩みの劈頭に『遠野物語』と名付けられた一篇の物語の書がある。日本の民俗学は、この『遠野物語』の作者によって、開創され、大きな果実を生み出す大樹となった。この事実は、その後の民俗学の展開にとってどのような意味を持っているのだろうか。それは、たまたま文学的資質に恵まれた碩学の若き日の筆のすさびにすぎず、その存在は民俗学にとって単なる記念碑的意義以上のものは持ち得ていないのか。

物語の刊行からおよそ十五年後、ジュネーブから帰国して新たな学問活動を再開した柳田は、その最初の著作『山の人生』（大正十四年）の冒頭に、二篇の子殺しの物語を書き留めた。民俗学の歩みの劈頭に置かれた『遠野物語』と、確立期の出発点に位置する二篇の子殺しの物語。長い歳月を隔てて共に大きな転換期に残された、この二つの物語行為の中に、私は、柳田国男という存在の深奥部に時間を超えて息づいている、確かな精神の煌めきを見ずにはいられない。

「殺された詩人」。近年の仕事の中で岡谷公二は、民俗学者としての柳田国男をこう規定してみせた。(1) 柳田国男という存在の最も本質的部分に「詩精神」の存在を見出し、その意識的禁圧とそこからの解放＝詩精神の回復の中に、実証主義的経験科学から出発し、『海上の道』に代表されるような浪漫的な日本人起源論へと至った彼の学問の軌跡を描き出して見せたのである。

しかし、私は、岡谷が「詩人」を見出したちょうど同じ場所に、ひとりの「物語作者」の姿を見る。若き日の柳田の詩人としての資質を否定するのではない。その若き日の詩作を貫いている詩精神とは、紛れもなく物語作者のそれであり、その精神は、彼が詩作を捨てたのちも、彼の学問の軌跡の中に、その主調音となって貫かれていると思うからである。

一　物語作者の貌

柳田にとって「物語作者」であることは、生来の資質そのもののごとく、本質的なものであったと思う。『遠野物語』の作者だというだけでなく、そうした資質は、彼の仕事のあらゆる部面にわたって、目に見えない伏流となってその基層に流れている。私が民俗学者柳田国男の中にそうした「物語作者」の存在を感じるのは、たとえば、こんな文章の一節を読んだときである。

珍しい事実が新聞に時々伝へられる。門司では師走のなかばの寒い雨の日に、九十五歳になるといふ老人が只一人傘一本も持たずにとぼ〳〵と町をあるいて居た。警察署に連れて来て保護を加へると、荷物とて背に負うた風呂敷包みの中に、たゞ四十五枚の位牌があるばかりだつたといふ記事が、ちやうど一年前の朝日新聞に出て居る。斯んな年寄の旅をさまよふ者にも、尚どうしても祭らなければならぬ祖霊があつたのである。我々の祖霊が血すぢの子孫からの供養を期待して居たやうに、以前は活きた我々も其事を当然の権利と思つて居た。死んで自分の血を分けた者から祭られねば、死後の幸福は得られないといふ考へ方が、何時の昔からとも無く我々の親達に抱かれてゐた。家の永続を希ふ心も、何時かは行かねばならぬあの世の平和のために、是が何よりも必要であつたからである。是は一つの種族の無言の約束であつて、多くの場合祭つてくれるのは子孫であつたから、子孫が祭つてくれることを必然と考へ、それを望み得ない霊魂が淋しかつたのであらう。(2)

『明治大正史世相篇』第九章「家永続の願ひ」の冒頭の一節である。いま、試みに傍線部分だけを本文から取り出して読んでみてほしい。できれば声を出して。それがあたかも、これから語り出されるべき長い物語の開巻の一条であるかのように感じるのは、けっして私だけではあるまい。

ここで語られているのは、ある日の新聞の伝える市井の一挿話である。けっして柳田国男自身の直接的な体験ではない。それを柳田は、あたかも、物語の語り手たちが、自らの不可思議な体験を語り出すかのように語る。その叙述の不思議な力によって、私たちは、他のどんな説明よりも強く、これから語り出されるべき「家」という「時間」を超えた人と人との繋がりの一つの形の提起する様々な問題へと、誘なわれて行くのである。

もう一つ例を掲げてみよう。今度は、『先祖の話』の冒頭近く、「御先祖になる」の項の一節である。

それをもう大分久しい間、耳にする折が無くて居た私は、最近になつて偶然に、自分で御先祖になるのだといふ人に出逢つたのである。南多摩郡の丘陵地帯を、毎週の行事にして歩きまはつて居た頃に、原町田の町に住む陸川といふ、自分と同じ年輩の老人と、バスを待つ間の会話をしたことがある。我が店のしるしを染めた新しい半纏を重ね、護謨の長靴をはき、長い白い髯を垂れて居るといふ変つた風采の人だつたが、この人が頻りに御先祖になる積りだといふことを謂つたのである。生まれは越後の高田在で、母の在所の信州へ来て大工を覚えた。兵役の少し前から東京へ出て働いたが、腕が良かつたと見えて四十前後には稍〻仕出した。それから受負と木材の取引に転じ、今では家作も大分持つて楽に暮して居る。子供は六人とかで出征して居るのもあるが、大体身がきまつたからそれ〴〵に家を持たせることが出来る。母も引き取つて安らかに見送り、墓所も相応なものが出来て居る。もう爰より他へ移つて行く気は無い。新たな六軒の一族の御先祖になるのです、と珍しく朗らかな話をした。一時にほゞ同等の六つの家を立てゝ、おもやひに自分を祭らせようといふだけは、少しばかり昔の先祖の念願とはちがふが、ともかくもそれを死んだ後までの目標にして、後世子孫の為に計画するといふことは、たとへ順境に恵まれて他の欲望が無くなつたからだとしても、今時ちょつと類の無い、古風なしかも穏健な心掛だと私は感心した。

ここにも、ある興味深い出来事に遭遇したとき、それを一つの「物語」として語らずにはいられない柳田がいる。そして、その手にかかると、バス停の前の立ち話ですら、含蓄に富んだ一編の珠玉の物語に変貌する。『遠野物語』の著者が卓越した物語作者であることは、改めて指摘するまでもあるまい。私たちにとって問題なのは民俗学の論考著作の中に、こうした自らのささやかな体験や見聞をはさみ込まずにはいられない、柳田の心性の拠って来たるところである。

右の二つの例にかぎらない。柳田には、これからまだ見出されていない新しい問題や重要な課題について述べようとするとき、まず右のごとく自らのささやかな見聞や体験から語り出すという、あるくせのごときものがあるように思われる。この場合語られるのは、自分自身の体験でなければ、他者からの見聞談であり、いずれにしろ、誰かが実際に生活において体験した体験談であった。右の最初の『世相篇』の例に見られるように、柳田はそうした体験された出来事を「事実」と呼んだ。そうした「事実」と向き合ったとき、柳田はしばしばそれを一つの「物語」として語ることへと駆り立てられてきたのである。

二　「事実」と「物語」

「事実」という言葉で世の中の様々な出来事を把捉しようとする柳田の試みは、その民俗学の歩みと共に古い。たとえば、明治四十一年十一月の『文章世界』に寄せた「事実の興味」と題する一文の中で、彼はすでにこう述べている。

> 是なども其の時代の一部の凡人の心持が現れて居て面白い。何故かといふに、かういふものは少しの誇張も修飾もない在りのまゝの事実だからである。

ここで述べられているのは、あるいは、可愛い孫を亡くした老婆が、その冥福を祈ってその所有地何段かを燈明の油代として高野山に寄進する旨を記した寄進状の一節であり、あるいは、小田原戦争で息子を失った老母がその供養のために橋を架け、その傍で道行く人びとに我子のために一遍の題目を唱えてくれるように願ったという『尾張誌』

の逸話である。柳田はそれを「在りのままの事実」という。この場合、「事実」とは人びとの生の歴史の中で幾度となくくり返されてきたささやかな、しかし、当の当人にとっては、けっして他に置きかえることのできないかけがえのない体験の重さを伝えるものである。

この「在りのままの事実」を捉える眼差しは、『明治大正史世相篇』の中で、寒い雨の日に、傘も持たず四十五枚の位牌ばかりを背に負ってとぼとぼと歩いていたという、九十五歳の老人の話を「珍しい事実」として記した柳田の眼差しと寸分違わない。のちに改めて述べるように、後年、ひたすら「ありのままの平凡」を追い求め、その平凡の伝える事実の中に歴史を見ようとした、民俗学確立期の柳田の方法の基底をなす「事実」観の祖型とでもいうべきものが、すでにここには見てとれる。

これより先「読者より見たる自然派小説」（明治四十一年四月）の中でも、すでに柳田は、次のように述べている。

> 私などの経験では、余程傑れた小説を読んだよりも、旅行などして人生の生きた或事実を観てゐる時の方が余程感が深い。[3]

ここでも柳田にとって「事実」とは、人びとの生によって染めあげられたものであった。同じ頃、佐々木喜善の語る遠野郷の口碑を記録するにあたって、その序に「此は是目前の出来事なり」「要するに此書は現在の事実なり」と記した柳田も、やはり同じ「事実」を凝視めている。

内閣法制局参事官として柳田が従事した懲役受刑者の特赦事務にまつわる逸話も、この時期の柳田の、そうした「事実」に対するあくなき関心を伝えるものである。煩雑な関係資料の閲読を要するこの特赦事務を、柳田はひとりおもしろがって独占し、そこで知り得た興味深い犯罪の数々を「特赦の話」として牛込加賀町の自邸での集まりなどにおいて、花袋を始めとする仲間の文士たちに語って聞かせた。そこから、花袋の「ネギ一束」や「一兵卒の銃殺」などの作品が生み出されたことは、前述の通りである。

しかし、柳田は、文士たちの会合のホスト役として、単に小説のネタだけを彼らに提供していたわけではない。いま手元に、柳田が特赦の話の幾つかを花袋に語って聞かせた時同席したという小山内薫が、その時の様子を書き記した小文の写しがある。(4) そこに収められた「特赦の話（二）葱」は、すでに前節で紹介したように、(5)「ネギ一束」の素材となった同じ柳田の特赦の話を小山内が書き留めたものである。この「特赦の話（二）」の「葱」と花袋の「ネギ一束」とを読み比べてみると、花袋の小説のモチーフも、細部の主要部分も、その話の展開も、そのまま、すでに小山内の走り書きのノートの中にあることがわかる。即ち、「ネギ一束」の中で花袋が描き出した「物語」の生命は、すでにそのまま、柳田の語り出した話の中に凝縮されていたのである。小山内によれば、「ネギ一束」という題名そのものも、柳田の示唆によるものという。柳田は、作家たちに単なる話のネタを提供していたのではなく、一つの「事件」を一つの「物語」として丸事語ってみせ、その話の中の「物語」が、作家たちの創作意欲を突き動かしていたのである。

「斯る話を聞き斯る処を見て来て後之を人に語りたがらざる者果たしてありや」。『遠野物語』の序の中で柳田はこう述べている。興味深い「事実」に遭遇したとき、それを人に語り伝えたいという思いは、柳田にとって、心の奥底から湧き出た深い衝動のごときものであった、と思う。そうした「事実」に向かいあったとき、柳田は、その衝動に忠実に、それを人に語る。家の会での談話の形にしろ、文章の形にしろ、それが、一つの語りとして表出されたとき、その話は、自《おの》ずから、一つの「物語」を成したのである。

三　「山に埋もれたる人生ある事」と「新四郎さ」の話

一つの「事実」と真正面から向かいあったとき、柳田はすでに一人の卓越した「物語作者」であった。
そうした柳田の中の隠れた「物語作者」の姿を最もよく伝えてくれるのは、『山の人生』の冒頭に記された、あの有名な奥美濃山中の子殺しの物語であろう。

　今では記憶して居る者が、私の外には一人もあるまい。三十年あまり前、世間のひどく不景気であつた年に、西美濃の山の中で炭を焼く五十ばかりの男が、子供を二人まで、鉞で斫り殺したことがあつた。

　女房はとくに死んで、あとには十三になる男の子が一人あつた。そこへどうした事情であつたか、同じ歳くらゐの小娘を貰つて来て 山の炭焼小屋で一緒に育てゝ居た。其子たちの名前はもう私も忘れてしまつた。何としても炭は売れず、何度里へ降りても、いつも一合の米も手に入らなかつた。最後の日には空手で戻つて来て飢ゑきつて居る小さい者の顔を見るのがつらさに、すつと小屋の奥へ入つて昼寝をしてしまつた。

　眼がさめて見ると、小屋の口一ぱいに夕日がさして居た。秋の末の事であつたと謂ふ。二人の子供がその日当りの処にしやがんで、頻りに何かして居るので、傍へ行つて見たら一生懸命に仕事に使ふ大きな斧を磨いて居た。阿爺、此でわしたちを殺して呉れと謂つたさうである。さうして入口の材木を枕にして、二人ながら仰向けに寝たさうである。それを見るとくら〳〵として、前後の考も無く二人の首を打落してしまつた。それで自分は死ぬことが出来なくて、やがて捕へられて牢に入れられた。

　此親爺がもう六十近くなつてから、特赦を受けて世中へ出て来たのである。さうして其からどうなつたか、すぐに又分からなくなつてしまつた。私は仔細あつて只一度、此一件書類を読んで見たことがあるが、今は既にあの偉大なる人間苦の記録も、どこかの長持の底で蝕み朽ちつゝあるであらう。

この一文は、幾たび読み返しても、人を静かな戦慄と感動の中に引き込まずにはいない。ここに描き出されているのは、貧困のあまり途方にくれた親が二人の子供を斧で斫り殺したという、この上なく凄惨な一場の惨劇である。それが柳田の手にかかると、まるでその惨劇が、はるか悠久の時間の彼方から語り継がれてきた始源の物語でもあるかのような荘厳な神話的相貌をもって現れる。ここには、惨劇に至る動機も、原因も、人びとの微細な心の動きも、何一つ描かれてはいない。ただ極限の状況の中で人びとが選びとった行動と言葉とが、夾雑物を排して端々と描き出されているだけである。しかし、その叙述は、ぎりぎりの状況の中でただ一つの選択へと追い込まれて行く人間の生の極限のかたちを確かに描き出しており、それが読む者の心を捉えて離さないのである。

「この日美濃郡上の深山で子供を殺した山番の老人の特赦がある」。「定本年譜」明治三十九年三月十三日の条にこう記されたこの凶行の主人公は、通称を「新四郎」といい、事件の発生は、明治三十七年四月六日の早朝であったこと、特赦で出獄した老人は、美濃の在所近くの山村に帰り、ささやかな行商や大家の手伝いなどをしながら、その生を終えたということが、その後の調査や資料から明らかになっている。(6) その「新四郎」が、晩年、世話になった金子家の若主人信一に、その重い口を開いて、一度だけ自らの犯した罪の一部始終を語り、それをさらに四十年もの後、信一氏の話として、金子貞二氏が書き留めたものが、聞き書き「新四郎さ」である。(7)

青木茂と谷川健一によって、この「新四郎さ」の存在が世に公にされて以来、その内容と『山の人生』冒頭の柳田の文章との比較が、柳田の学問と思想に関心を持つ多くの論者の注目を浴び、様々な論議を生み出すことになった。現実に起こった事件と「新四郎さ」の話を中心としたそれをめぐる様々な「言説」と、柳田の文章との狭間に生起する様々な問題については、すでに内田隆三の、精査に基づいた周到な考察があり、両者の間に見られる言説の差異をことごとしく取りあげて柳田批判の格好の種とするような不毛な試みについても、岩本通弥の意を尽くした批判があるので、ここではくり返さない。

　すでに多くの論者が注目しているように、この「新四郎さ」の話と柳田国男の「山に埋もれたる人生ある事」の文章との間には、事件の細部にわたって少なからぬ異同が見受けられる。しかし、あえていえば、私には、この二つの文章を比較した論者の多くが、ただその差異のみに注目する理由が、どうしてもわからない。この「新四郎さ」をはじめて読んだとき、私はむしろ両者の間に深く通底する、差異を超えた本質的な同質性に強い衝撃を覚えた。その思いは、幾たび読み返してみても変わらない。なるほど、この両者の間には、細部に幾多の異同があり、その語り口も、文体も、筋の展開も著しく異なっているが、両者はそうした差異をはるかに超えて、同じ一つの「生」のかたちをくっきりと描き出している。

　同じ一つの出来事を伝えるのだから似ているのは当然だ、という意見がもしあるとすれば、それは、こうした出来事にまつわる「言説」の生態を無視した妄言といわねばならない。出来事の記録や叙述といった行為が、その出来事に対する働きかけの行為であり、〈表現〉を通して出来事に関わろうとする主体的な創造行為である限り、それによって描き出された様々な「言説」は、表現者としての主体の立つ地平や出来事との関係の取り方によって、様々に異質な世界を作りあげていくからである。

　その動機が飢えであるにしろ、他の何ものかであるにしろ、柳田が『山の人生』冒頭の文章で描き出したのは、外の世界から全く孤立してしまった三つの魂が、親と子の心の結びつきという最後の絆だけを頼りに一筋に死へと突き進んでいく、そのぎりぎりの〈生〉の形であった。柳田の筆は、三人の親子の苦しみや悲しみについては何一つ語らない。ただ彼らがその苦しみの果てに選びとっていった一つ一つの行為を、ふだんと何一つ変わらない自然の移り行きをさりげなく対置しながら、淡々と叙述しているだけである。しかし、まさにそのことによって、この話は、人間の苦しみが、その極北においてこのような形を自ら選びとることがありうるのだということ、人間の魂と魂とがこのような形で結びつき得るのだということを、他のどのような説明の言葉よりもはるかに強く、私たちの胸に伝えてくるのである。

そして、「新四郎さ」の話が伝えるのもまた、まぎれもなくこれと同じものであった。「新四郎さ」はいう。

「おとっつぁん、わたしを殺いとくれ。おっかさんとこに行かしとくれ。わたしは、もう柿洞へは戻らんつもりで、黙って出てきたんやで。おとっつぁん、ご免しとくれよなあ。」

そう言って、あの子は、オレにしがみつくし、黙って聞いとった坊までが、ネイちゃんが死ぬんなら、オレも殺いとくれって泣くしの。二人のこどもに両方からしがみつかれて、オレの体はこわばって、どうこうの勘考もつかずに、三人がひとかたまりになって泣くしかなかったわいの。

オレは、頭が狂ったんか、それとも死に神がとっついたんかしらんが、その時、こりゃ、この子の言うたち、三人で一緒に死ぬが一番やと思えてきての。

「そうか、そんなら、そうせんか。三人で一緒におっかさんとこへ行かまいか。」

オレがそう言うと、こどもたちは、おとつつあんも一緒か、と急に元気づいての。まるで、珍しいとこへでも遊びに出かける前みたいに、二人で向かい合って、

「これがおっかさんで、これはわたし、これがおとっつあんで、これはおまい。」

こんなことを言ってや、石を並べとった。オレは、そのそばで、キリヨキをといだんや。(10)

律儀で口数も少なかった「新四郎さ」がその重い口を開いて語り出したという長い物語の中の、わずかこの一部を読んだだけでも、この話が、柳田が〈偉大なる人間苦の記録〉と呼んだのと全く同じ、一つの生の極限に至る苦しみの軌跡を伝えているのだということを、まざまざと知ることができる。

「新四郎さ」の話は、刑を終えて出てきた「新四郎さ」が、長い沈黙ののち、金子信一氏にその重い口を開いて語り出した物語を、さらにそれから四十年ものち、信一氏が採集者に語ったものである。

一方、『山の人生』の文章は、事件から数年後、特赦の業務に携わった柳田が、無味乾燥な犯罪記録の記述の中から救いあげ、そこから二十年もの後に記憶だけを頼りに書き留めたものである。このまったく異なった経路を経て伝えられた二つの「物語」が、共に同じ一つの〈生〉の極限の形をこれほどまでに確かに伝えきっていることに、私は、改めて一種異様な感動を覚えずにはいられない。

父親が二人の子供の首を自らの手で斬り落とす。この恐るべき凶行の動機は、貧困による飢えであったか、あるいは、娘の奉公先でかけられた無実の盗みの罪であったのか。この動機の違いが、両者の文章の差異を論ずる人たちにとっては、最も大きな関心の的であるらしい。

しかし、二つの文章をよく読み返してほしい。

柳田の文章には、一合の米も手に入らず、子が飢えているという事実が淡々と叙述されているだけで、そこには、飢えのために凶行に走ったのだというような説明は何一つ加えられていない。自らの手で斧を磨き、殺してくれといった子供たちの行為も不可解なままである。一方、「新四郎さの話」でも、娘の奉公先での事件によって、三人の家族が追い詰められていく様は、細かに叙述されているが、凶行に至る動機は何一つ説明されてはいない。「オレは、頭が狂ったんか、それとも死神がとっついたんか」とあるように、その行為は、当の新四郎さ自身にとってすら不可解なままなのである。

四　経験伝達の普遍的形式としての物語行為

出来事の細部の精確な叙述は、物語の生命である。しかし、優れた物語は、動機や原因を語ることはない。それらは、出来事に内在するものではなく、つねに出来事の外側から押し付けられた心理的な憶測や説明にすぎないからである。

「物語作者」という一文の中で、ロシアの民族作家ニコライ・レスコフの作品を素材に、「物語る」という創造的行為の奥行と拡がりとをつぶさに描き出したヴァルター・ベンヤミンは、次のように述べている。

> 毎朝世界中のニュースがぼくらに伝えられる。にもかかわらず注目すべきはなしには乏しい。それは、ぼくらのもとにとどく事件はすべて、すでにさまざまな説明がくわえられているからだ。言いかえれば、発生する事件はもはや何ひとつ物語の役には立たず、ほとんどすべてが情報に役立つものばかりなのだ。つまり、ひとつの話を再現することによって、それをあれこれの説明からとき放ってやることが、すでになかば物語る技術だといってよい。(11)

「物語」と対立する近代の新しい伝達形式を、ベンヤミンは「情報（インフォメーション）」と呼んでいる。ベンヤミンによれば、「情報」とは、「ただこの瞬間にのみ生き」るものであり、「自己を完全にこの瞬間にゆだね、時をおかずに説明されねばならない」ものである。「情報」にとって必要なことは、「肯定しうるひびきをもつこと」。すなわち、不可解な出来事、異常な出来事に対して外から様々な説明や解釈を加え、それ自体として「了解可能」なものとして差し出すのが、「情報」という伝達の新しい形式であった。新聞の三面記事や朝昼のワイドショーの、あの姦しいおしゃべりを想起してほしい。世を揺るがす衝撃的な事件を前にしたとき、きまってくり返される、出来事の原因や動機、背景をめぐる果てしのない憶測、忖度の応酬。それは、そのまま、出来事について了解可能な「情報」を求めてやまない現代の私たち自身の心の反映である。この点において、まさに「情報は物語の精神とは相容れぬ」と、ベンヤミンはいう。物語の中に動機や原因を求めたとき、私達は、いわば、そこに物語ではなく、その対極にある「情報」をこそ求めているのである。ベンヤミンは、先の一文に続けて、さらにこう述べている。

この点で、レスコフは名人なのだ。(『歎き』や『白鷺勲章』のような作品を考えられたい)。異常なこと、奇蹟的なことは、このうえなく精確に語られるが、出来事の心理的な関係が読者に押しつけられることはない。事柄を理解したとおりに解釈することが、まったく読者の自由にゆだねられており、語られた内容は、それによって、情報には欠けている振幅の広がりを獲得することになる。

ニコライ・レスコフについて記されたこの文章を、私たちは、あたかも『遠野物語』や「特赦の話」の作者について書かれたもののように、そのまま置き換えて読むことができる。それが可能なのは、ベンヤミンの透徹した洞察力が、一人の優れた物語作者の中に洋の東西を越えて物語作者を物語作者たらしめている普遍的精神の本質を的確に把み出しているからである。

物語行為とは、単に二つ以上の事象を時間の連鎖によって継起的につなげていくことではない。「すべての偉大な物語作者に共通しているのは、かれらがその経験の段階を、梯子にでも乗るように自在に上下するあの身軽さだ」とベンヤミンはいう。物語作者とは、時を超え、空間を超えて自他の様々な経験の内側に自在に入り込み、それを余すところなく描き出して、一つの普遍的な型として差し出すことのできる者だ。だから、優れた物語の中には、その経験の内側に深く入り込み、当の本人よりもその経験を究め尽くした内的眼差しと、それをはるか天空の彼方から眺め下ろしているような超越的な眼差しとが、つねに同居している。

「物語の精神」が「情報」と相容れないのは、「物語る」という行為の本質が、伝えるべき経験の固有性と全体性に関わるものだからである。経験は、それを体験した当人にとっては、つねに、けっして他に置き換えることのできない固有なものとして、また、一つの完結した世界を内包したある種の全体として表れる。そうした経験の固有性と全体性を解体し、個々の要素に分解して、それ自体として了解可能、説明可能な形にして差し出すのが、「情報」と呼ばれる近代の新しい伝達の形式であるとすれば、そうした経験の固有性と全体性にあくまで拘わり、それをけっして損なわないまま、伝達可能な普遍的形式として差し出すのが、「物語」という太古からの叙述の形式であった。「物語る」という行為は、ある個人の固有の経験によりながら、それを、ある種の全体性の運命に関わる共同の経験として語るという契機をその本質の中に含んでいる。物語りの語り手は、ある個的な経験が、同時に多数の共同の経験でもありうるような地平に身を置いた時、はじめて「語り手」となる。だから、物語るという行為は、語り手にとって、つねに、その物語の織りなす諸々の経験を、そのまま自分自身の問題として自らの内に抱え込むことでもあった。柳田は、これら犯罪の記録の数々を、一つの「物語」として語ることによって、それらの犯罪の軌跡を自分自身の「歴史」として自らの内に抱え込み、同時に他のすべての人びとに向かって、我々自身の「歴史」として提示してみせたのである。

柳田が厖大な裁判資料の中から眼に留め選び出した「特赦の話」は、いずれも、ある際立った共通した特徴を持っている。それに『遠野物語』第十一話の有名な母殺し譚などを重ね合わせてみると、これらの事件の何が柳田の心を惹き付けたかが明確に見えてくる。

これらの話に共通しているのは、前代の日本の村落社会を支えていたはずの強固な共同体的紐帯の見事なまでの欠落であり、その結果、丸裸となりむきだしとなった「家」という人と人との繋がりの最も小さい単位の、ある極限のかたちであった。共同体的世界の解体が日本近代の生み出した不可避の歴史的過程であるとすれば、その歴史の力は、こうした山村の小さな生にまで否応なく及んでいる。柳田は、これらの犯罪の描き出した小さな「生」の極限のかたちの中に、日本の近代をおおう不可避の歴史的過程を見通していたはずである。

家とは何か、家族とは何か、親子とは、血縁とは何か。これら親子心中や子殺しの犯罪をけっして見過ごすことなく、人に語り、書き留めずにはいられなかった柳田の胸の中には、おそらく、こうした本源的な問いかけが谺《こだま》していたに違いない。そして、これらの問いは、昭和初年以降、新たな民俗学の領野を切り拓くべく、「聟入考」（昭和四年）や「野の言葉（オヤと労働）」（同年）などの論考を次々と公にしていった柳田の学的活動の底辺を流れる基本的モチーフでもあった。だから、私には、この、『山の人生』という著作の冒頭に置かれた二篇の子殺しの物語は、一著作の射程をはるかに越えて、この後、「家」を中心として人と人との結びつき方とその変容についての眼差しを通奏低音として展開された「民俗学」という終わりのない壮大な物語の、序章のような思いがしてならないのである。

五　通底する〈事実〉への眼差し

「事実」。何か人びとの「生」のかたちを具体的に伝える興味深い話に出会ったとき、柳田はきまってそれをこの名で呼んでいる。そして、そうした興味深い「事実」に出会ったとき、彼はそれを、人に語り、あるいは書き留めずにはいられなかった。

柳田にとって、「事実の興味」とは、人の生の具体的な姿に対するあくなき関心以外の何ものでもなかった。右のように柳田が「事実」という言葉でもって、人びとの生の諸相に眼を向けはじめた文章が、彼がはじめて南九州椎葉の山中に足を踏み入れ、また東北遠野の人佐々木喜善と出会い、遠野の口碑に魅せられた明治四十一年前後に集中しているのは、けっして偶然ではない。「事実」という言葉でもって意識的に人びとの具体的な生の姿へと眼を向けはじめたとき、柳田は、明らかに民俗学の世界へと足を踏み出したのである。

この同じ「事実」という言葉を、後年、民俗学の確立期に際して再び柳田はくり返し使っている。

○第三巻に入つて愈々資料の新たに又豊富になつたことを感じますが、既に実例によつても認められるやうに、多くの類似と変化との比較が、個々の事実の価値を高めることは甚だ著しいものがあります。故に我々としては常に若干の待合せの必要を感ずるのであります。[82]

○一般に「郷土研究」の時代に比べて、事実が自ら発光する所の智識が、其量を加へたといふ評を受けて居る。是は個々の寄稿者に於ても、本意とせらるる所であらう。[83]

ジュネーブから帰国後、新たな学的活動を再開した柳田が、その活動の拠点として創刊した『民族』誌上の巻頭に毎号寄せた読者への呼びかけ「編輯者より」の中の一節である。

「事実が自ら発光する所の智識」といい、あるいはまた、「個々の事実の価値」ともいう。柳田にとって、「事実」とは、その中に何か確かなもの、私たちの生にとって力となるような価値あるものを含むものであった。明確な方法意識をもって独自の民俗学を世に問い始めたこの時期、すでに柳田が、「事実」という言葉を、自らの学問の基底をなす重要な用語としてある特別の含意を込めて使いはじめていることがわかる。

この時期柳田は、それまで学問の埒外にあって省みられてこなかった生活事象に新たな光を当てるとき、きまって、「事実」という言葉を使った。たとえば、

然らばこの微々たる無名氏の、無意識に変化させた家族組織の根軸、婚姻といふ事実の昔今の差異は国史の外かどうか。
（「聟入考」昭和四年）

言語は我々の厳然たる生活事実で、十分なる由来無しにはこの社会に発現し得る道理が無い。
（「オヤと労働」昭和四年）

というように。

かつて、物語作者柳田を物語へと駆り立ててやまなかった「事実」という同じ語が、ここでは、その姿を換え、民俗学者柳田の、その方法の基底となる用語として蘇っているのである。

それでは、民俗学のように、民衆の生活世界そのものを対象とする学問にとって、その認識の基礎となる「事実」とは何を意味するのだろうか。それは、民俗学確立期以前の柳田の「事実」観とどのように繋がり、どのように隔たっているのか。これらの問いに答えるためには、もう少し確立期以前の柳田の物語作者としての「事実観」を見て置く必要がある。

たとえば、『遠野物語』のような口碑の記録にとって、「事実」とは何を意味するのか。

竹村祥子に「『遠野物語』における事実の意味」と題する興味深い分析がある。[14] 竹村の試みは、「『遠野物語』のなか

の事実がどのような性格のものか」を明らかにするために、その説話の各項ごとに「虚構性の高いものとそうでないもの」に選り分ける作業を通じて、各話を「事実」と「幻想」、「日常」と「非日常」という二つの対立項を軸に、そのばらつきを図表化し、物語の構造的・形式的特質を把み出そうとするものである。その作業の結果、竹村は、物語の各話は、いくつかの話のまとまりから成っているが、「このまとまりは、ノンフィクションからフィクションへと話が展開する傾向にあり、この話の運び方こそがフィクションの話の項までも事実のように感じさせる装置になっている」と述べ、『遠野物語』の各話が、事実に近い話であっても幻想的な話であっても、同等に真実みを帯びた話となるのは、このようなフィクションとノンフィクションをつなぐ装置をもっているからこそであると結論づけている。

この竹村の分析が、私たちにとって興味深いのは、その問題の設定の仕方や分析の手法の中に、竹村自身の「事実」観がそのまま映し出されているからである。竹村は、物語の分析にあたって、事実と幻想、事実と虚構という対立軸を不動の前提として設定する。そこでは「事実」は、最初から虚構や幻想と対極にあるものである。そうした「事実」観は、現代に生きる私たちの多くが日常生活の中で共有している常識的な事実観にほかならない。いわば竹村は、それに無自覚に従ったまま、それを物語の外側から当てはめようとしているのである。その分析の結果が私たちの日常的常識の枠組みを越えることがないのは、当然の帰結であろう。

ベンヤミンの言葉を借りれば、竹村もまた、「情報」を見る眼差しで、『遠野物語』の世界を捉えようとしているのである。

『遠野物語』の説話世界は、竹村が考えるように、現実に起こった「事実」と現実にはありえない虚構の幻想的物語という、二種の相容れないものを同じ地平の上に地続きで叙述することによって、その「事実らしさ」を担保しているのではない。客観的な「事実」と称するものに虚構の幻想的物語を装飾に加えて織りあげたものでもなければ、根拠のない幻想の物語に「事実」のスパイスを加えてほどよく調理した読み物でもない。『遠野物語』のリアリティがそのような装われた「事実らしさ」と無縁であることは、たとえば、第四話のようなきわめて単純な山人遭遇譚の一つを見ただけでも明らかであろう。

ある村人が山中で幼な児を背負った異形の女と出逢う。ただそれだけのことを伝えるにすぎないこの話は、しかし、その体験に遭遇した村人の恐怖を、確かなリアリティをもって生ま生ましく伝えてくる。竹村の分析の手法に倣えば、その不可思議な体験のリアリティは、村の男の山中での笹苅りという現実の作業を叙述した書き出しと、その死に触れた末尾の部分の「事実」性によって保証されているということになろう。しかし、この論理は見事に転倒している。

丁寧に読み返してみればわかるように、この話の伝承としてのリアリティも、その魅力も、ほかならぬ非現実的な幻想の体験の叙述そのものの中に、その叙述の細部の具体性の中にこそある。その叙述のリアリティが、逆に、村人がその折の怖ろしさより煩い始めて、「近き頃亡せたり」、という末尾の記述にリアリティを与えているのである。『遠野物語』の説話世界の大半は、ある人物が実際に体験したという「出来事」を伝えるものである。そして、三島由紀夫の言葉を借りれば、そこには、言葉以外の質量は何一つ使われていない[15]。人びとの体験を言葉によって再現するのが「物語る」という行為だとすれば、その説話世界のリアリティは紛れもなくそうした「物語」の持つ叙述の力に負っているのである。

『遠野物語』には、「事実」も「虚構」も「幻想」もない。少なくとも竹村のいうような意味では、「事実」も「虚構」も「幻想」も存在しない。その説話世界は、遠野郷の人びとが実際に眼で見、耳で聞き、肌で感じとった体験をのみ語るものである。柳田は、その体験されたもののみを「事実」と呼んだ。そうした体験された「事実」の中では、「客観的な事実」とそうでない「虚構」や「幻想」といった区別はそもそも存在しない。それらはすべてひとしなみに「事実」として、人びとの意識の深層に沈澱する経験の厚みの中に投げ込まれ、改めて人びとの体験を伝える「語り」として汲み出されるのである。

出来事は出来事のままに。不可思議は不可思議のままに。これが、遠野郷の口碑を生み出した人びとが出来事へと向きあう精神であり、同時に、それを可能なかぎり文字に置き換えようとした『遠野物語』の叙述の精神にほかならない。

『遠野物語』の説話群の一つひとつを、客観的「事実」の部分と、そうでない非現実的な幻想の「虚構」部分とにより分け、その組み合わせのもたらす「事実らしさ」の装いの中に『遠野物語』のリアリティの根拠を見出そうとする竹村の態度は、この種の伝承を取り扱う態度において柳田自身の山人研究と相通ずるものがある。

周知のように、遠野の口碑と出会うことによって改めて「山人」という不可思議の存在へと眼を向けた柳田は、その山人論を明治末年から大正年間にかけての一時期、山人実在＝先住民説として展開した。その山人論は、一言でいえば、『遠野物語』の山人譚の持つ不可思議のリアリティを、その語りの文脈から切り離して実在の「山人」という存在の中に追い求めるものといってよい。[16] そのため、柳田は、諸々の山人譚を、山人との実際の交渉を伝える「事実譚」と「物語化」した幻想譚とに選り分け、その「事実譚」の内容の中に、実在するはずの山人という歴史的「事実」の痕跡をひたすら追い求めることになるのである。

竹村の分析も、柳田の山人研究も、どちらも説話の内容の中に「事実」を追い求め、それによって説話のリアリティを外から説明しようとする態度において共通している。こうした態度こそ『遠野物語』を貫いている叙述の精神とも、それを生み出した遠野郷の人びとの精神とも、最も遠くに隔たるものではないか。

「幻覚も亦一つの事実」—ずつと後になって構想した民俗学の教本案の中で、柳田は、こう明言している。[17] それが人びとによって体験されたものであるかぎり、幻覚もまた「事実」。その幻覚の体験を伝える言説もまた「事実」。後に改めて見るように、これが、確立期以後の柳田民俗学の基底をなす「事実」観である。

柳田はまた、「まぼろしを説明することは、民俗学の範囲外である。精神病理の問題。まぼろしの結果をみてゆくこと。これは民俗学で扱ふ」[18]とも述べている。こうした「まぼろし」に対する明快な態度は、民俗学の立場からはじめて正当に「妖怪」現象を取り扱った「妖怪談義」（昭和十一年）の中で、お化けが「無いにも有るにもそんな事は実はもう問題で無い」と断言した柳田の言葉を想起させる。お化けの存否は「民俗学の対象外」、お化けを有ると信ずる人があるという「事実」こそが「民俗学の領域」なのである。

このように見てくると、確立期以後の柳田の民俗学を支えている「事実」観が、竹村の「事実」観とも柳田自身の山人研究における事実観とも相容れない対極にある一方、『遠野物語』を支えている「事実」観とは、その本質において、深く通底していることがわかる。むろん、そうした事実認識は、ほとんど無意識の詩人的直観、あるいは物語作者固有の本質的直観とでもいうべきものであって、『遠野物語』の執筆当時に、すでに柳田が、そうした明確な「事実」認識をもっていたわけではない。いわば、その民俗学の歩みの初頭にあって、柳田の「事実」観は、その表層と深層において二つに分裂していた。だから、『遠野物語』を生み出した物語の精神を失わないかぎり、柳田にとって、山人実在説との訣別は、その当然の帰結であったのである。

六　〈事実〉の民俗学、〈平凡〉の民俗学

柳田にとって、「事実」とは、嘘や虚構の対極にあるものでもなければ、個別の事象の奥に超然として鎮座しているような侵すべからざる「真実」の謂でもない。それは、あくまで何か人びとの生のかたちを具体的に伝えるもの、その生における固有の体験をこそ伝えるものであった。

そうした「事実」に対する認識は、民俗学の確立期以後にあっても、その根本において変わらない。そこでは、むしろその認識は、さらに徹底して、次のような明快な定義として提示されている。

> 察するに是は根本に於ける観方の差、即ちこの我々の眼前に実験せられる社会事実そのものが、正しい史料であるといふことを認めるか認めないかの相異である。私などの見る所では、「事実」といふものは自分の目で耳で又は感覚で、実験したもの以外には無いと思つて居る。所謂史実も亦過去の事実ぢや無いかと言ふであらうが、それは過去であるが故に実験には入らず、今あるものは其痕跡でしか無いのである。
>
> （「郷土研究と郷土教育」）

「眼前に実験せられる社会事実」すなわち、私たちが「自分の目で耳で又は感覚で、実験したもの」以外には、「事実」は存在しない。柳田が、自らの民俗学の基底となる「事実」に与えた規定は、実に明快で間然する所がない。これが、新たな民俗学の出発点にあたって、その方法の原点として提示した柳田の「事実」観であった。

柳田は、ずっと後になって作成した「民俗学」の教本案の中でも、また、次のように述べている。

> 史実といふ語あり。事実は再現し得ず。事実は現前にのみ存する。史書記録の現存するは事実。そこに記載されたことは事実ではない。ある消滅した事実に対する想像・推定を導くための有力なる方法をもたらす記載というにすぎぬ。記録は傍証となるにすぎない。(19)

ここでも、柳田は同じことを言っている。柳田にとって、「事実」は、私たちの現在の生の拡がりの中にしか存在しない。史書記録の現存は、それを私たちが眼で見、手に取って確認できるから「事実」。しかし、そこに書かれている内容は、現在の私たちの生と何ら交錯することがないのだから、けっして「事実」とはいえないのである。

こうした柳田の指摘を、文献至上主義の歴史学に対する、便宜的戦略的批判や、単なる資料操作法上の問題に矮小化してはなるまい。確かに柳田は、当時の歴史学のあり方に一貫して厳しい批判の眼を向けている。しかし、それを通して柳田が提起しているのは、私たち一人ひとりにとって「歴史」とは何か、という根本的な問いかけであり、その独自の歴史認識から必然的に独自の「事実」観が提示されているのである。

経験を超えたところで、先験的に了解される「事実」は、存在しない。柳田の「事実」認識を突き詰めれば、こういうことになろう。特筆すべきは、これが、観念や理念によって世界を把握しようと構想する哲学者や思想家の言ではなく、民衆生活の実際から出発して生活変革へと至る実際知の体系の構築をめざした民俗学者の言であることであろう。柳田にとって、それは、高く掲げた御旗のごとき、現実から遊離した理念などでは、けっしてなかった。事実を視るその眼差しは、民衆生活の実際に直面するその一つひとつの場において生きて働き、彼の民俗学の領野と性格とをその根底において決定づけているのである。

柳田の規定に従えば、これまで史実そのもの、あるいは史実を伝えるものとして疑われることのなかった記録文書の内容も、説話伝承の中身もすべて事実の外である。一方、これまで歴史学の枠の外にあって顧みられることのなかった衣食住をはじめとするあらゆる日々の平凡な生活事象が、うそも、まぼろしも、言葉ですらもが、厳然たる「生活事実」として新たな意味を帯びて立ち現れてくる。

○如何に平凡であらうとも衣食住は大事実である。　（『明治大正史世相篇』）

○無意識に変化させた家族組織の根軸、婚姻といふ事実の昔今の差異は国史の外かどうか。　（「聟入考」）

○言語は我々の厳然たる生活事実で、十分なる由来無しにはこの社会に発現し得る道理が無い。　（「オヤと労働」）

○我々の語彙に出て居ない一つの言葉が有るといふことは、大抵の場合には一つの事実の、今まで気付かれないものが見つかつたことを意味するのみか、時としては説明し得なかつたことを説明する手掛りになる。既に採集せられた一語の、又他の土地にもあつたといふことは、事実を確かめるだけで無く、なほ其由来の遠いことを推測せしめる。

（『分類山村語彙』序）

○記録文書は、たゞ其残留して居るといふことそれ自身が、我々に取つての事実なのである。

（「郷土研究と郷土教育」）

○誤解の保存せられて今に伝はつて居るといふことも、亦一つの重要な事実であつて、……

（同前）

○まぼろしのあることは事実。これをみた人が言ふことも事実。共同の幻覚がある。昔はさういふ人が多かつたことも事実。今でも土地によつて、さういふ人が多いことも事実。

（教本案「民俗学」）

これらの指摘を読むと、確立期以後における柳田の「事実」に対する認識の深まりと拡がりが、そのまま、彼の民俗学の方法の深化とその対象、領野の飛躍的拡大とに見事に照応していることがわかる。

かつて、古地誌の逸話や特赦の記録の中に「ありのままの事実」を見た柳田にとって、「事実」とは、一回限りの、けっして他に置き換えることのできない異常な出来事や不可思議の体験を伝えるものであった。今、民俗学という新たな領野の開拓に向かう柳田にとって、「事実」とは、私たちのだれもが日々くり返し体験しているような、何のへんてつもない平凡な生活事象そのものである。「ありのままの事実」から「ありのままの平凡」へ。「事実」が人びとの経験を伝えるもの、という基本的認識はかわらない。しかし、その事実を視る眼差しは、奇異なもの、不可思議なもの、特殊なものから日常の些事平凡事へと鮮やかに転換しているのである。「伝説の怪異」を追い求めた草創期から平凡人の平凡事の解明へと大きく転回した柳田民俗学の軌跡が、こうした「事実」認識の深まりと相即していることは改めて指摘するまでもあるまい。

七　生きている物語作者の精神

柳田が民俗学の基底とする「事実」をあくまで現前するもの、経験しうるものに限ったのは、彼が、「歴史」をあくまで人びとの生の具体的な拡がりの中に捉えようとしたからである。

打ち明けて自分の遂げざりし野望を言ふならば、実は自分は現代生活の横断面、即ち毎日我々の眼前に出ては消える事実のみに拠って、立派に歴史は書けるものだと思つて居るのである。（『明治大正史世相篇』自序）

新聞は決して前代の史官のやうに、伝ふるに足る事跡の選択はしないのだが、それでも生活の最も尋常平凡なものは、新たなる事実として記述せられるやうな機会が少なく、しかも我々の世相は常にこの有りふれたる大道の上を推移したのであつた。（同前）

新たな歴史の構築を目指した『明治大正史世相篇』（昭和六年）の冒頭において、柳田は、こう述べている。ここには、「生活の最も尋常平凡なもの」、「毎日我々の眼前に出ては消える事実」のみに拠って、すなわち、あくまで私たち一人ひとりの日々の生の具体的拡がりに拘泥しながら、そこに私たちすべての生に共通したある普遍的全体像を捉えようとする、柳田固有の歴史観が明確に示されていよう。

柳田はまた、次のようにもいう。

> 我々の平凡は、この国土に根をさした歴史ある平凡である。少なくとも其発生の根源に於て、必要も無く理由も無いといふものは一つだつて有り得ない。さうしてそれが又大なる集合の力となつて、我々を統制する時代を形づくつたのである。（「平凡と非凡」）

旧来の歴史学が、英雄豪傑の物語や事変の記録に終始して、私たちの現在の生と何ら関わることのない現状を、柳田は、「歴史の欠乏」と呼んだ。私たちの生は、幾層もの過去の堆積した重層的時間の流れを統合して、いま、ここに、かくてある。過去とは、過ぎ去った時間の彼方のものではなく、いまを生きる私たちの生の中にあって、生きて私たちに働きかけ、私たちの生を根拠づけているのである。(20)

日々くり返されている私たちの現在の生は、そうした幾層もの過去によって意味づけられ根拠づけられていまここにある。それを柳田は「歴史ある平凡」と呼んだ。だから、柳田にとって、「歴史」とは、重層的な時間の流れを統合して「いま」という一瞬を生きる私たちの「存在」のあり方そのものであり、同時に、私たち一人ひとりが、いまかくある現実の根拠を明らかにするものでなければならなかった。

柳田は、歴史について語ろうとするとき、つねに一人ひとりの常人の現在の生に定位する。私たち一人ひとりが、現実に生きている生の「いま」と「ここ」。そこに立って柳田は、個々人の体験しうる「生」の拡がりの中に「歴史」

を見る。歴史とはけっして過去の遺物ではなく、いまを生きる私たちの生の中に生きて、私たちの生に働きかけているものなのである。だから、柳田にとって、その学問の基底となる「事実」は、つねに人びとの現在の経験をこそ伝えるものでなければならなかった。

すでに述べたように、経験とは、それがどのようなものであれ、本質的に個的なものであり、固有なものである。しかし、同時にそれは、他の誰もが同じような体験を共有しうるという意味において共同的なものであり、普遍的なものでもある。「経験」とは、私たちが自らの肉体を通し、五感を通して、外界に働きかけ、それと交渉して描き出した生のかたちを内面化した内的記憶にほかならない。だから、「経験」は、つねに他者に向かって開かれており、そこにある種の共同性と普遍性とを内在させている。

日々くり返される日常の経験にあっては、まさにそうした共同性と普遍性こそが経験の具体的実質を成しているのである。だから、経験に根拠づけられた「事実」は、そこに私たちの生のある普遍的な相を映し出している。柳田のいう「事実が自ら発光する所の智識」とは、いわば、そうした「事実」に内在する体験の「普遍力」とでもいうべきものであろう。

事実の持つこうした普遍的な力は、事実の伝える体験の持つ固有性、具体性にこそ内在する。だから、柳田の思考は、どんな時でも、事実をバラバラに解体し、そこから普遍的な知識を抽出するような、抽象化、概念化の方向へとは向かわない。たとえば、後年書き残した民俗学の教本案において、「事実を知る」という項目を掲げ、柳田は、次のように述べているのである。

> 現実は、近い過去に来由をもつ。事実を確かめ、どうしてそれがあるかを考へてみる。そのために、まず類例を集めることが必要である。例へば昔の人の気持、今の人の考へかたと大分ちがつたものがある。概念で考へて

はならぬ。(21)

「概念で考へてはならぬ」とは、思考が、事実の具体から離れて、自己展開することに対する断固たる忌避の言葉であろう。柳田は、事実の抽象化を拒否し、あくまで体験の具体性と固有性に拘わり続ける。

柳田は、また続けて、「誰もが気づかずに居たことを発見すること」の大切さを指摘した上で、「これは単なる物の見方のちがひでなく、事実が明らかにならねば役に立たない」と述べている。ここでも柳田が求めているのは、事実に内在する経験の具体であり、その力である。類例を集めること＝事実の収集は、柳田にとって、思考の非力や論理の未熟を補うための手立てではけっしてなかった。思考を促す力は、事実の具体の中にこそ内在する。柳田が民俗学という学問に託したのは、そうした事実に内在する経験の普遍力を、実践的な総合的経験知として編み上げていく作業であった。

大正末年から昭和初年にかけて、雑誌『民族』を主宰した柳田が、地方在住の民俗採集者たちが寄稿する記録の中にその意見や解説を加えることを好まなかったことは、よく知られている。京都在住の郷土史家井上頼寿が、「八幡と魚の牲」と題する報告を寄稿したとき、柳田は、そこに交えられた考証や註脚を容赦なく削り捨てた上で、さらに次のように述べている。

> 尚今後の報告は先づ簡明に事実だけを叙述することとし、此等の慣習の起原意義に関する各自の意見は、別に研究の形式を以て公表することにしたいと思ふ。或は断片的の心付きだけならば、報告の終に付記して置いてもよいが記文と意見と交錯せしむることは、自他の為に利益で無いと思ふ。(22)

事実の記録に際しての、こうした柳田の厳しさは、民俗学開創期以来の同志である佐々木喜善や早川孝太郎らに対しても変わらない。すでに早く大正八年の「奥州のザシキワラシの話」の編述にあたって、柳田は、佐々木喜善に対して、こう書き送っている。

断じて迷ひ給ふことなく自分の見聞より以上余分な想像などを書き給ふへからず　それは後世の学者のすへきことなり　蒐集者の任務ハ全然其外に在り(23)

不十分な解説や論述の試みは、「事実」の伝える具体の力を削ぎ落とす。柳田が最も嫌ったのは、そうした中途半端な概念化、抽象化の試みであった。

事実の概念化、抽象化をあくまで拒否しようとした柳田の姿は、「物語作者」を書いて、「情報」という新しい伝達形式の氾濫とそれに対応した「物語の精神」の衰滅の中に、「経験を交換する能力」の喪失という近代の深い病根を描き出したベンヤミンの姿勢と通じるものがある。「情報」とは、けっして「事実」そのものではなく、事実に説明を加え、解釈を加えて、その固有性と具体性を解体し、それ自体として了解可能なものとして差し出されたものである。柳田は、優れた物語作者が語りの中に無意識に入り込もうとする情報化の力を憎悪したように、「事実」に内在する具体の力を殺してしまうような一面的な解釈・説明の試みを、憎んだのである。

よく似た同類の少しずつ異なった事例を、次々と連鎖する輪のようにどこまでもつなげ列挙していくような、柳田の論考に固有の文体も、こうした柳田の方法と不可分のものである。かつて、吉本隆明は、そうした柳田の文体の特質を「連環想起法」と名づけ、その学問の本質を「お話」にあると喝破した。この吉本のいう「お話」は、そのまま私たちの「物語」に置き換えることができる。立場は対極にあっても、さすがに吉本は柳田の学問とそれを支える精神の本質を的確に見極めている。吉本は、そこに、土俗からけっして飛翔しようとしない精神の停滞を見出して、その方法を「無方法の方法」と批判した。(24) なるほど、吉本のように、「抽象」をその方法の本質として磨ぎすましてきたタイプの批評家から見れば、けっして抽象化へと向かわない柳田の方法は、「無方法」という他はあるまい。しかし、吉本が無方法を見た土俗そのものの中に豊かな経験知の存在を見出したところから、柳田の学問は出発した。柳田が、たとえ断片的なものであれ、事実の具体に拘わり、そこから離れようとしなかったのは、その具体こそが、私たちの生の実質を成すものであり、私たちの生のかくある根拠を示すものと考えたからである。

柳田の文体は、その人間存在の態様に関わる深い理解に立った独自の歴史認識と方法によって裏づけられたものである。そして、その方法を、民俗学の理解普及のためにあえて定式化してみせたのが、柳田自ら「重出立証法」と名づけた方法であり、その方法を具体化し共有化するための基礎作業が、各種の分類民俗語彙集の編纂事業であったことは、改めて指摘するまでもあるまい。

今日、よく知られているように、青年柳田は、恋の終わりと共に詩を捨て、創作の筆を折った。しかし、その物語の精神は、人びとの生活体験を「事実」として捉え返し、その上に立って総合的な経験知の構築を構想した彼の民俗学の根幹に息づいている。彼は、物語を捨てた後も、その歴史を凝視める眼差し、生活を捉える態度において、そして、また、その学問の方法そのものにおいて、なお物語作者であり続けているのである。

八　平凡――生活世界の物語

物語は平凡を語らない。物語が語るのは、この世にありうべからざる妖異・不可思議であり、一国の運命を左右するような英雄や神々の事跡であった。日常の生活で日々くり返される何のへんてつもない些事平凡事。これらは、物語がけっして眼を向けることがなかった世界である。

柳田以前にあっては、歴史も平凡を語らなかった。歴史がその本質において物語行為の産物であることを思えば、それは当然のことであろう。柳田国男の民俗学は、その平凡の中に歴史を見るものである。彼は、一見、無時間的な相のもとに変化のない持続として表象する生活世界の中に「歴史」を見る。それは、すなわち、またそこに時間と経験によって織りなされた「物語」を見ることにほかならない。

ベンヤミンがいうように、「孤独の中にある個人」が「小説の生まれる産屋」だとすれば、物語作者が立っているのは、一人の個人の生が他の多くの人びとの生と交錯する共同の広場であろう。一人の個人の固有の体験が同時に他のすべての人びとの体験でもあり、一人の個人の生が、あるいは運命が、同時に多数の人びとの生であり、運命でありうるような場所。そうした場所を産屋として、物語は紡ぎ出されてきた。物語作者とは、個人の運命の側に立つ者である。彼は、つねに個人の経験に寄り添い、それにあくまで拘わり続ける。しかし、同時に、彼はまた、そこに他のすべての人びとの運命を、全体の運命を、すなわち「歴史」を見る者である。物語は、その始源の昔から、しばしばある個人の体験を語り、運命を語ることによって、他のすべての人びとの運命を語り続けてきた。

同じように、柳田国男もまた、個人の体験に固執する。断片的にしか現れてこない諸々の個人の体験を寄せ集め、重ね合わせて、その体験の内部に入り込み、そこに、他のすべての人びとに共通した共同的な生の有様を把み出してくるのである。

個人が個人のままで、一つの全体性の歴史に出会う場所、そこに柳田は普遍的な民衆像を構想し、それを「常民」と名づけた。一人ひとりの個人にとって自分自らであると同時に、他のすべての人びとでもありうるような普遍的存在としての「常民」。そうした「常民」の日々の生活のくり返しを、一つの歴史として、すなわち将来へと続く、未完の物語として描き出し、人が生きて行くための叡知に富んだ統合的な経験知として差し出すこと。これが、柳田国男が「民俗学」という新しい学問に託した最大の目途にほかならなかった。
『物語の哲学』において、現代の新しい物語理論の展開を踏まえながら、「物語行為」の本質について鋭い洞察を加えた野家啓一は、「経験を伝承し共同化する言語装置をわれわれは『物語』と呼ぶことができる」と述べている。[25] また、柳田国男の口承文芸研究の中にそうした「物語行為」についての深い理解を見出した野家は、彼の民俗学を「凝集した歴史的経験のもつ時間的厚みを常民の生活形式の中に測定しようとする試み」と規定し、それを「生活世界の解釈学」と名付けている。

しかし、私はあえて柳田の民俗学を「生活世界の物語」と呼びたい。そこには、あくまで人びとの固有の経験に拘わり、そこから統合的な経験知を紡ぎ出そうとする普遍的な物語作者の精神が、その根幹において貫かれているからである。
『明治大正史世相篇』や『北小浦民俗誌』の記述や文体を想起してほしい。あるいは、「聟入考」でも「オヤと労働」でもかまわない。そこには、固有名詞を持った特定の個人は誰一人登場しない。しかし、そこに描かれているのは、私でもあり、同時に他の誰でもありうるような、ある普遍的な生の現在へと至る確かな軌跡であり、未来に向かって開かれた私たち自身の生活世界の物語にほかならないのである。

注（1）岡谷公二『殺された詩人―柳田国男の恋と学問』平成八年、新潮社。
（2）『定本柳田国男集（新装版）』第二十四巻、昭和四十五年、筑摩書房。以下、柳田の著作の引用は、特に別記しないかぎり、すべて同『定本』による。
（3）『文章世界』第三巻第五号、明治四十一年四月。
（4）小山内薫「花袋集合評」『趣味』明治四十一年五月。

（5）拙稿「史心と平凡―柳田国男の歴史認識と民俗語彙」柳田国男研究会編『柳田国男・ことばと郷土』平成十年三月、岩田書院、本書第四章所収。
（6）青木茂「『新四郎さ』について―柳田国男『山の人生』に関し―」『郡上』第七冊、昭和五十四年。谷川健一「聞き書『新四郎さ』―柳田国男『山の人生』をめぐる新資料」『本と批評』昭和五十四年十一月号。金子貞二「『新四郎さ』後日談」『郡上』第九冊、昭和六十一年。内田隆三『柳田国男と事件の記録』平成七年二月、講談社、など参照。
（7）金子貞二『奥美濃よもやま話』第三集、昭和四十九年、奥美濃よもやま話刊行会。
（8）内田前掲書。
（9）岩本通弥「柳田国男における〈事実〉と〈記述〉(1)―『山の人生』と『遠野物語』の〝事実〟をめぐる解釈―」共同研究『近代日本における柳田国男の位相』平成五年、東海大学文明研究所。
（10）前掲『奥美濃よもやま話』第三集。
（11）ヴァルター・ベンヤミン「物語作者」『ベンヤミン著作集7　文学の危機』昭和四十四年、晶文社。
（12）『民族』第三巻一号、昭和二年十一月。
（13）『民族』第三巻二号、昭和三年一月。
（14）竹村祥子「『遠野物語』における「事実」の意味」『中央大学人文科学研究所人文研究紀要』六号、昭和六十二年。
（15）三島由紀夫『小説とは何か』昭和四十七年、新潮社。
（16）拙稿「柳田民俗学における山人研究史の変容と展開」後藤総一郎編『柳田国男の学問形成』昭和五十年、白鯨社、本書第一章所収。
（17）柳田国男「民俗学教本案」柳田為正他編『柳田国男談話稿』昭和六十二年、法政大学出版局。
（18）柳田国男「民俗学」前掲『柳田国男談話稿』所収。

(19) 同前。
(20) こうした柳田の歴史認識の特質については、前掲拙稿「史心と平凡」参照。
(21) 柳田前掲「民俗学」。
(22) 『民族』一巻六号、大正十五年九月。
(23) 大正八年八月十八日付佐々木喜善宛柳田書簡、『定本』別巻四。
(24) 吉本隆明「無方法の方法」『定本柳田国男集』「月報」1、昭和四十三年六月、筑摩書房。
(25) 野家啓一『物語の哲学—柳田国男と歴史の発見』平成八年、岩波書店。

終章 〈日本〉という命題――柳田国男・「一国民俗学」の射程

はじめに――失われた命題

民俗学にとって「日本」という命題は、もはや過去のものか。昨今の日本の民俗学の状況をその外側から見ていると、至ってその感を強くする。若い民俗学研究者たちの構想し追究する「民俗学」から、「日本」は、意識的にか無意識のうちにか、排除され、棄てられ、あるいは忘れ去られているかのように見える。これは何を意味するのか。

かつて、柳田国男が「民俗学」という新しい学問をはじめて構想した時、彼が抱えていた最も重い課題が「日本とは何か」という命題であった。いまや、まさにその事のために、彼の学問も思想も、彼が後年に構想した「一国民俗学」も、罪深きもの、時代遅れの主張として断罪され続けている。しかし、本当にそれでよいのか。日本の民俗学は、「日本」という命題を捨てることによって、同時に、その生命ともいうべき最も大切な使命をもまた、棄ててしまおうとしているのではないか。

よく知られているように、柳田国男がはじめて「一国民俗学」の呼称を自覚的に用いたのは、昭和七年一月に発表された「食物と心臓」の冒頭部である。いま、この一節を偏見なく味読すると、そこに見てとれるのは、これまで鍛え上げてきた自己の学問の新しい方法と成果の豊かな可能性を世に問わんとする自信に満ちた積極的、肯定的態度であろう。そこには、民俗学を「日本」という一国に限定して、枠にはめようとするような狭量な画地主義や排他的思考などは見てとることができない。むしろ、逆に柳田は、事実の集積に根差した自らの学問の「普遍」へと至る大きな可能性をこそ奨揚し、そこに「一国民俗学」の名をあえて与えたのである。

これまでの一国民俗学批判の多くは、柳田が自らの学問を世に広めるために急ぎ構想し弟子の手を借りてまとめた『民間伝承論』(昭和九年)やそれ以後の戦中、戦後の柳田国男の主張を根拠として、その閉鎖的性格を糾弾してきた。しかし、柳田国男の構想した一国民俗学の意義と限界とを正確に測るためには、むしろ、一国民俗学へと至るまでの彼の民俗学確立期の学問の歩みをこそ、丁寧に跡づけてみる必要があるのではないか。

日本の国家形成期に卓越した国家官僚として過ごし、個人的に皇室の厚い崇敬者であり、同時に宮廷官僚でもあった(1)という柳田の、時代と歴史に刻印された「日本」像のすべてを、無批判に肯定するつもりはない。彼にとって、「日本」が、その存在を疑うことのできない所与の前提であったことも否定しない。しかし、そうした事実をもって、彼の学問的試みのすべてを断罪しようとすれば、私たちは、同時に学ぶべき多くのことを失うことになるだろう。

民俗学にとって、「日本」という命題は可能か。民俗学という学問の内側から日本という命題を追い求め、それを超克する方法を模索するために、悪名高き柳田の「一国民俗学」の持つ意義を、彼の学問の形成期、確立期に焦点を当て、内在的に再検討してみたい。

一 「一国民俗学」という言葉

まず、基礎的な事実の確認から始めよう。「一国民俗学」をめぐる言説は、この語の企図するところを柳田の文脈の中で正確に読み取りそれを彼の学問の展開の中に正当に位置づけるという基本的作業を欠落させたまま、無知による誤読や誤解に満ち、往々にしてまた、無意識の偏見や意図的な曲解によって左右されてきたからである。柳田が、はじめてこの「一国民俗学」の呼称を自らの企図した学問に与えた時、そこには、どのような意図や構想が込められていたか。その背後には、柳田の学問の展開の歴史や当時の事情がどのように映し出されていたのか。

私たちは、柳田がはじめて「一国民俗学」の呼称を言挙げした時、すでにそれ以前に、「日本民俗学」という学問が今日と同じように存在したことを無意識のうちに前提とし、柳田がその「日本民俗学」にあえて「一国」という枠をはめたかのように理解しがちである。しかし、当時において「日本民俗学」は、その実体も、呼称もいまだ、確固としては存在していなかった。少なくとも、新しい学問を世に問おうとする柳田にとっては、そのようなものは存在していなかった。それどころか、柳田は、「民俗学」の語すら、今日とはまったく別の意義でつかっていたのである。たとえば、「食物と心臓」にわずかに先立つ昭和六年九月に公表した「郷土研究の将来」の中で、柳田は「民俗学」の語を「フォークロア」に対比して次のようにつかっている。

> 我々はいつも翻訳の為に悩まされて居る。一度気まぐれにきめてしまつた用語が、却つて後々の理解を妨げて居る例は、土俗学でも考古学でも皆さうのやうである。フオクロアといふ語なども、当初英国の二三子に由つて採用せられた時の意味と、現在の心持とは余程変つて居るのみならず、其中間にも亦何度かの推移があつた故に、下手に通弁すればどれかを取落す懸念があるので、どこの国でも今に原の語を使つて居る。私は是がエ、ス、ノ、ロ、ジ、ー、の民俗学と合体して、一つの学問となる時まで、それも格別遠い未来でも無いらしいから、先づ此儘にして置く方が便利だらうと思つて居るが、人によつては之を俚伝学と謂つたり、又は実質に基づいて民間伝承学とも言つたりする。実際まだ独立した一派の学では無いのである。(2)

おわかりだろうか。柳田は、フォークロアと対比するエスノロジーの訳語として「民俗学」の語を用いているのである。対するにフォークロアの方は、「俚伝学」とか「民間伝承学」の名称を掲げながらも躊躇して訳語を定められずにいる。

右の「エスノロジーの民俗学」の用例が、けっして誤植などではないことは、同じ一文の中の次のような用語例からも明らかであろう。

民俗学とフオクロアとこの二つの学問は日本でならば簡単に提携し得るが、それも双方の長処と弱点が、今までの経験によつて大よそ明白になつてからの後のことである。

こゝで一つの譬へを引くことが許されると、幾分か私の話はし易くなる。民俗学とフオクロアの二つの学問の対立は、金鉱と砂金との関係によく似て居る。双方尋ね求めて居る目的には異なる所無いのだが、国によつて其存在の状態が別である故に、是まではちがつた採集法を試みなければならなかつたのである。

「民俗学」と「フォークロア」とを二種の異なる学問としてその対立や提携を論じる。この言葉遣いの奇妙さは、この時期の柳田が、「民俗学」の語をエスノロジーの訳語として用いているところからきている。当時の民俗学・民族学界の潮流の中心近くにいた柳田をして、このような特異な言葉遣いを可能にしたのは、当時の学界がいまだエスノロジーやフォークロアの訳語も確定せず、民俗学と民族学あるいは土俗学といった言葉の遣い分けも定まっていないという混沌の中にあったからである。ところが、わずか数年にして柳田を取り巻く学界の事情は一変する。後年、この「郷土研究の将来」を『国史と民俗学』（昭和十九年三月）に収めて公刊する際、柳田は、そこに用いた「民俗学」

の語のほとんどすべてを、次のように書き改めることを余儀なくされるのである。

〔（昭和六年九月）『郷土科学講座』版〕		〔（昭和十九年三月）『国史と民俗学』版〕
○民俗学の起りは	→	○民族学の起りは
○エスノロジーの民俗学と合体して	→	○エスノロジーの土俗学と合体して
○このフオクロアと民俗誌との提携に	→	○このフオクロアと土俗誌との提携に
○一方を比較民俗誌学 Voelkerkunde 他の一方のフオクロアを一国民俗誌学 Volkskunde と命名して	→	○一方を比較民族誌学 Völkerkunde 他の一方のフオクロアを一国民族誌学 Volkskunde と命名して
○民俗学とフオクロアの二つの学問の対立は	→	○民族学とフオクロアの二つの学問の対立は

一旦「民俗学」と表記した用語を、後にそのまますべて「民族学」や「土俗学」と書き改めても、全体の論旨に何ら破綻をきたさない。そんな今日の私たちにとっては、ちょっと理解できないような言葉遣いを、柳田自身がしていたのである。こうした奇妙な変改に至る当時の事情を、柳田自身は、『国史と民俗学』の第一版の序の中で次のように告白している。

但しそのうちにたゞ一箇所、予め言ひわけをして置きたいのは、十四五年以前、「郷土研究の将来」を公表した頃には、私は民俗学と民族学と、この二つの学問の接続をもつと容易なことの様に楽観して居た。ところが実際は寧ろ距離が遠くなり、一方は一つの民族の内部の生活に、次から次へと興味ある問題が発見せられるのに釣込まれて、外へ出て働く余裕を欠き、他の一方は又日本以外の諸民族に、学ばねばならぬことが余りに多くなつたので、それを確実にする必要から、今はまだ内外彼此の比較綜合を後まはしにして居る。完全なる分業はなほ続いて居る。しかも両者は耳で聞けば同じ言葉、印刷所は当然のやうに誤植をするのである。斯ういふ状態が来ようとは私は思はなかつたので、二つを文字まで同じ語にして、一方を一国民俗学、他方を比較民俗学と、呼べばよからう位にきめ込んで居たのである。新しい学問の名称などは、もと〳〵符号だからどうきめてもよく又話し合ひで変へられるのであつた。然るに一方には官立の研究所、公認の学会も出来た上は、羽翼すでに成る、もう動かすことは不可能であらうし、こちらは又別なのだから別の名をもたねばならぬが、是もさう簡単には適当な名称が見つからない上に、我々はまだ将来の希望を棄てずに居るのである。(3)

ここで柳田は、奇妙な変改に至った事情を、かなり腹蔵なく述べている。しかし、柳田の真意を正確に汲み取るためには、柳田のいう「民俗学」がエスノロジーの訳語であり、今日でいう「民族学」とフォークロア＝民俗学の双方を含むものであったことをきちんと理解していないと、難しい。だから、柳田は続けて次のようにいうのである。

それで臨機の処置としては、仮に最初の文章に民俗学と書いたのを、民族学と改めることにしたのである。是のみは決して誤植では無いのだが、ただ其中には今日謂ふ所の日本民俗学、即ち世界の諸民族を連ねて、文化の展開を推究する場合に、その学者の属する一国の経歴を中心として、それから出発しようといふ私たちの事業が、包容せられるものと解して貰はぬとや丶解りにくいかも知れない。

「郷土研究の将来」執筆当時（それは「食物と心臓」の執筆当時でもある）同じ一つの「民俗学」のうち、諸民族の探究を事とする今日の「民族学」的側面を「比較民俗学」と呼ぶのに対して、もう一方の「その学者の属する一国の経歴を中心として、それから出発しよう」という事業即ち「今日謂ふ所の日本民俗学」に、「一国民俗学」の名を与えたというのである。「日本民俗学」と「一国民俗学」、この二つの「民俗学」の中身が微妙に異なっていたことがわかろう。「一国民俗学」の「民俗学」も「比較民俗学」と同様に、エスノロジーの訳語、今日でいえば「民族学」の意であった。だから対比する意味で「一国」という冠辞が必要だったのである。

「一国民俗学」の語は、柳田自身が暗示しているように、ドイツにおけるVölkerkundeの訳語「比較民俗誌学」に対するVolkskundeの訳語「一国民俗誌学」から発想されたものであろう。同じ訳語を柳田は、昭和十年の『郷土生活の研究法』でも用いている。先に見たように、昭和十九年の『国史と民俗学』への所収にあたって、「比較民俗誌学」、「一国民俗誌学」の語は、そのまま「比較民族誌学」、「一国民族誌学」に改められていた。「食物と心臓」の中の「一国民俗学」の語も、当時の言葉の遣い方に従えば、後に「一国民族学」と改められても、少しも不思議はなかったのである。

「一国民俗学」の成立の背景をさらに具体的に知るために、「民俗学」という語の用例にもう少しこだわってみよう。「一国民俗学」前後の柳田の著作をこの語に着目して読み返してみると、次のような記述に遭遇する。

新旧両端の対立と混乱とは、却つて田舎に於て甚だしく、従つて実際問題の殊に複雑なるものが、相次いで村に現はれて居るのである。農業青年の配偶者難と称するものなどは其重大なる一つであつた。今後の史学は果たして周到なるフォクロアの援助無しに、是が解釈を引受けられるであらうか。又果して今日の不用意なる民俗学なるものが、之に対して一票の発言権を持つと言ひ得るであらうか。是が自分などの抱いて居る正直なる疑惑である。

（「聟入考」昭和四年十月）

今日の民俗学も民俗を説く学問であらうが、兎に角に当初我々が予期して居た方法は採用せられて居ない。確実なる事実の比較によつて、自然に到達する推論を待たうといふだけの、雅量ある人は見られなくなつた。

（「食物と心臓」昭和七年一月）

一読してわかるように、ここで柳田のいう「今日の民俗学」や「今日の不用意なる民俗学」の中に、柳田自身の立場は含まれていない。柳田は、自らの試みを「周到なるフォクロア」と呼びながら、一方で自己とは相容れない立場に対して「民俗学」の名を用いているのである。先に「民俗学」の語を、自己の学問を含む広義のエスノロジーの義として使った柳田は、ここでは、一転して対立者に同じその名を与えている。「民俗学」の語をめぐって、柳田は、明らかに揺れているのである。(4)

この間の事情を正確に理解するためには、少なくとも背景として次のような事実を知っておかねばなるまい。周知のように、柳田は、ジュネーブからの帰国後、岡正雄をはじめとして有賀喜左衛門、石田幹之助、田辺寿利らと協力して、雑誌『民族』（四巻三号、大正十四年十一月〜昭和四年三月）を発刊した。『郷土研究』につぐ柳田の主宰する二番目の雑誌である。『民族』は、『郷土研究』時代から柳田の下にあった草創期の民俗学徒だけでなく、人類学、民族学、社会学、文化史学、歴史学などジャンルを越えた多彩な人文学徒が広く結集し、開かれた学際的な場を作りあげていたが、やがて、折口信夫の寄稿「常世及びまれびと」の掲載をめぐる柳田と編集担当の岡正雄とのトラブルなどから、廃刊のやむなきに至る。この『民族』の廃刊に至る過程の中で、その同人たちの手によって、柳田を排除する形で新たに「民俗学会」が設立され、機関誌『民俗学』が発刊される。この時、柳田は、折口信夫や金田一京助を旗頭に担いで「民俗学」の名の下に結集した人文学徒らと訣別し、孤立して独自の道を歩むことを余儀なくされるの

である。(5)

この「民俗学会」と『民俗学』誌には、かつての『民族』誌に集っていたエスノロジーを含む若い人文学徒のほとんどすべてが結集していた。その「民俗学」の呼称は、やはり後の『民族学』をも含む広義の名であったのである。これが、柳田がこの時期「民俗学」の語を使うことをためらっていたもう一つの大きな理由であった。これがなければ、おそらく柳田の「一国民俗学」の言挙げはもっと早くなっていたはずである。

柳田国男と「民俗学会」との確執が、ようやく和解へと歩み出すのは、二年余を経た昭和六年も半ば近くのことである。この年、六月に開催された国学院大学国文学会大会において、柳田は「座頭文学について」と題して講演を行った。折口信夫の意を受けて講演実現に尽力したのは、当時柳田邸に出入りして指導を受けていた国学院大学生鈴木脩一（棠三）であった。これをきっかけに、柳田と民俗学会双方に歩みよりの機運が生まれ、翌七年七月に東京帝国大学文学部で開催された民俗学会公開講演大会において、柳田は、「民俗の採集と分類」（後に「実験の史学」と改題して『国史と民俗学』に収録）と題して講演する。ここにおいて民俗学会と柳田との不毛の対立はようやく終りを告げることになるのである。

一方、昭和十年になると、わが国におけるエスノロジー、社会人類学などの研究者が集合して、民族学協会が設立され、機関誌『民族学研究』が発刊された。これが後の「日本民族学会（現「日本文化人類学会」）の母胎である。(6)同じ年、再び柳田の下に結集した旧『民族』、『民俗学』の同人たちは、この年、柳田の還暦を機に、『日本民俗学講習会』を開催。これを機縁として、わが国はじめての民俗学の全国組織『民間伝承の会』（後の日本民俗学会）が結成される。こうして「民俗学」と「民族学」と、二つのよく似た名の学問が、はっきりと袂を分かって独自の歩みを進めていくことになるのである。『国史と民俗学』における「郷土研究の将来」の転載に際して「民俗学」の語をそのまま「民族学」に置換するという奇妙な改稿は、胎動期の民俗学・民族学界をめぐる右のごとき事情をそのまま映し出していたのである。

同様に、昭和七年一月の「食物と心臓」における「一国民俗学」の言挙げの意味も、柳田がそこに込めた企図も、昭和初年から十年にかけて、民俗学と民族学とがまだその境を明確にしないまま相連携して展開していた特殊な歴史的事情の中に位置づけ、その意義が慎重に計測されねばなるまい。

これまで見てきた資料から明らかなように、「一国民俗学」の呼称は、当初、ドイツにおける Völkerkunde の訳語「比較民俗誌学」に対する Volkskunde の訳語「一国民俗誌学」の延長上で構想されたものである。この場合、「民俗」の語は、エスノロジーとフォークロア双方の範囲をも含むもので、今日の言葉遣いでいえば、「民族」の語に置き換えられるべきものであった。一方、当時の柳田の前には、「民俗学」という名を持ちながら柳田が志向する学問の方向とは相入れない潮流が存在していた。それと区別するためにも、自らの学問の意義と方法とを特徴付ける「一国」の名を冠することが必要だったのである。

二　外から内へ――「眼差し」の転換

柳田にとって「一国民俗学」の呼称は、既成の「民俗学」の領野やその可能性を、「一国」という形で国境の中に封じ込めようとするようなものではけっしてなかった。そもそも柳田以前には、範型となるような「民俗学」そのものが、存在していなかったのである。では、柳田は、この「一国」という語にどのような意義や企図を込めてつかっていたのか。たとえば、次のような文脈の「国民的 (National)」という言葉が、参考になろう。

此意味に於て私たちは、人種研究の学問の少なくとも半分、即ち Ethnology と呼ばるゝ方面だけは、行く〳〵

次第にNational国民的になるべきものと思つて居る。（「Ethnologyとは何か」大正十五年）

柳田は、またこのすぐ後で同じことを「民俗学の国民化」という言葉をつかって述べている。「国民的」といい、「国民化」という。「国民国家論」の尻馬に乗って非生産的な柳田批判をくり返す論者たちなら大喜びすべき言葉遣いにちがいないが、私たちにとって問題なのは、柳田がそれらの語にどのような意義を込めていたかである。この「民俗学」も、もちろん「エスノロジー」の訳語で、のちの「民族学」の謂である。その「国民化」とは、どういうことか。柳田自身の言葉を聞いてみよう。

フオクロアは其文字の示す如く、最初に単に珍しい民俗の蒐集と排列に過ぎなかつた。しかも比較の進むにつれて、それが暗々裡に重要なる前代事跡、殊に基督教化前の記録乏しい過去を解説することを実験して、人は之に対して粛然として容を改めたのである。乃ち文書に恵まれざる弘い民衆の為には在来歴史と名づけて居た方法を断念して、曾て蛮夷の国にのみ適用して居たものを、試みに此方面にも当てはめて見ようといふことになつたのである。さうすると言語と感情の共通といふことが、始めて非常に大きな要件であることがわかつて来た。日本人の自ら此点に心付くと否とに拘らず、此学問の本当の世界協力が、各国民をして自ら調査せしむるに在ることを、彼等が言ひ出すのも近いうちのことだらうと我々は信じる。（同前）

かって「蛮夷の国にのみ適用して居た」エスノロジーの観察と比較に拠る研究方法を、「言語と感情の共通」する一国の内部に適用し、「各国民をして自ら調査せしむる」こと。これが柳田のいう「民俗学の国民化」の内実であった。先進の欧米諸国による遅れた異国・異民族の研究としてあったエスノロジーの、「外からの眼差し」「上からの眼差し」を、自国民による自国の探求という「内からの眼差し」に組み換える。この、「外から内へ」という眼差しの転換にこそ、「一国民俗学」の眼目があったのである。この事実は、どのように強調してもし過ぎることはない。柳田の学問と思想の今日的意義と可能性の核心こそ、この一点にあるはずだからである。

大正十二年にジュネーブから帰国した柳田は、周知のようにこの眼差しの転換の実際的な具現を、「郷土研究」という枠組みで進めて行く。「郷土研究」とは、柳田国男が大正二年に高木敏雄とともに創刊した雑誌の名前でもあるが、柳田がこれを自らの学問活動の呼称として戦略的な意図を込めて自覚的に使い始めたのは、欧州より帰国して後のことである。形成期にあった柳田の民俗学が、「郷土研究」という形で進められたことが、その民俗学に他に見られぬ独自の性格と風貌を与えたことは、すでに先述した(7)。柳田国男にとって「郷土研究」とは、専門の研究者が仕事として取り組むようなものではなく、それぞれの土地に暮らす人びとが、自分たちの生活の現場で、即ち「郷土」において、自らの生活＝郷土の生活を考究する学問であった。だから柳田は、大学や学会のようなアカデミズムの場ではなく、地方に出かけてその土地の小学校の先生たちや師範学校の学生たちに話をする時、しばしば好んでこの言葉を遣った。

少し後になるが、柳田はその「郷土研究」の理念を次のように述べている。

> 所謂民間の伝承を探るがために、開けきつた外の国々のやうに、出で、少数人の間をうろつき廻る必要などは少しもない。我個々の郷土には、坐ながらにして自ら我世の過去を明らかにする途があるのである。我々の学問は結局世の為人の為でなくてはならない。即ち人間生活の未来を幸福に導くための現在の知識であり、現代の不思議を疑つてみて、それを解決させるために過去の知識を必要とするのである。乃ち人生の鏡に照して我世の過去を明らかにせんとする、歴史の究極の目的は眼前にぶら下つて居るのである。そのための採集は、いはゞそれ

らの不可解な事実を精確に記録し表現することであるが、それが外表の事実ならとにかく、郷土人の心奥の機微は外から見たり聞いたりしたのでは到底分りやうもなく、結局彼等自身の自意識に俟つよりほかに仕方はないのである。つまりは我々の採集は兼て又、郷土人自身の自己内部の省察でもあつたのである。

（「郷土研究と文書史料」）

柳田国男の郷土研究とその展開としての「一国民俗学」が、どのような意味で「郷土人自身の自己内部の省察」であり得るかは、第三、四章において詳述したのでくり返さない。(8) ここでは、「民俗学の国民化」の目途であった「外から内へ」という眼差しの転換が、柳田にあっては、まず個々の郷土における郷土人自身の郷土研究として構想されたことを確認しておこう。「郷土」とは、すべての人びとにとって、生まれ育ち、いまそこで暮らしている生活の現場にほかならないから、柳田にとって、郷土研究とは、すべての人びとが生きている「いま」と「ここ」から、自分の生の具体的な姿を時間的空間的な拡がりにおいて考究していく試みにほかならなかった。その意味で、郷土研究は、すべての人びとに対して開かれている。異国、異民族の探求としての旧来のエスノロジーが、対象の外に身を置くことによって、外からの、あるいは上からの、とでもいうべき特権的、超越的な視座を前提としていたのに対して、郷土研究は、その視座を内へと転換することによって、主体の位置と視座とを開かれた普遍的なものへと組み換えようと試みるものであった。

柳田は、大正十四年十月に信州埴科郡教育会で行った講演「郷土研究の目的（郷土研究といふこと）」の中で、「個々の郷土を以て研究の目的物とする」と述べている。この時点では、郷土研究の目途は、「郷土で郷土を」研究することにあったといってよいだろう。しかし、それからおよそ八年後の「郷土研究と郷土教育」では、一転して次のようにいうのである。

高木敏雄君は、十年ほど前に物故せられたから、もう其説を聞くことは出来ぬが、その書かれたものは色々と残つて居る。大よそ私の今言ふ所と、違つて居ないやうである。我々の郷土研究の、他の多くの人のもつ解釈と異なるところは、少なくとも二つの可なり大切な点に存する。其一つは、我々は郷土を研究の対象として居たのでは無かつた。是に反して多くの諸君は郷土を研究すると言つて居られる。（中略）私たちはさういふ意味で郷土研究といふ語を使用したのではなかつた。郷土を研究しようとしたので無く、郷土で或るものを研究しようとして居たのであつた。その「或もの」とは何であるかと言へば、日本人の生活、殊にこの民族の一団としての過去の経歴であつた。それを各自の郷土に於て、もしくは郷土人の意識感覚を透して、新たに学び識らうとするのが我々どもの計画であつた。（傍点原著者）

ここでは、郷土が研究対象であることが明確に否定され、目的とする研究対象が「日本人の生活」「この民族の一団としての過去の経歴」にあることが声高に主張されている。右の主張には、当時、郷土で採集された断片的な知識を比較も総合もないまま教育の現場に役立てようと進める文部省主導の「郷土教育」に対する柳田一流の批判が込められていた。しかし、郷土研究におけるこの視座の転換＝拡がりが、一年前における「一国民俗学」の言挙げと連動したものであることも見逃してはなるまい。「郷土で郷土を」から「郷土で日本を」という郷土研究の視座の転換＝拡がりの間に、『明治大正史世相篇』（昭和六年一月）が位置し、「食物と心臓」（昭和七年一月）冒頭の「一国民俗学」の言挙げも位置している。『明治大正史世相篇』は、郷土研究の方法と成果を踏まえ、あくまで個々の生活者の視点から、その「生活世界」の拡がりの中に、日本近代における社会構造の変容の過程を描き出そうとした実験的な試みであった。柳田自身は、その試みを「失敗」

であったと位置づけているが、その試みが、一年後の「一国民俗学」の言挙げを用意し、郷土研究の視座の拡がりへと展開したものであったことは疑いない。

柳田にとって、郷土研究の発展的展開としての「一国民俗学」は、まず、個々の住民の一人ひとりが自らの生活の具体的な形を追求する学問としてあった。郷土人自身の「自己内部の省察」という本質的な契機は、「一国民俗学」の中にも生きている。私たちが、「日本」という生の現実の中で生きている以上、私たちの生の内省という郷土研究の目途も、日本という全体への拡がりをもたねばならなかった。私たちの生の「いま」と「ここ」に定位し、そこから感覚的体験によって捉えることのできる「生」の拡がりを、一つの「全体」として捉えようとするかぎり、そこには否応なく「日本」という命題が立ち現れてくる。『世相篇』の成果は、柳田にとってけっして満足のいくものではなかったが、その実験の生みの苦しみは、柳田をして、自らの学問が比較と総合とによって郷土の枠組みを超えて、私たちの「生」の現実の総体、即ち「日本」という全体に相渉ることができるという自信を深めさせたにちがいない。その自信と自負とが柳田をして「一国民俗学」の言挙げに踏み切らせたのである。

三　「我々」という主体

『明治大正史世相篇』は、大正末年以来の柳田が推し進めて来た郷土研究の方法と成果の必然的な展開であり、同時に、来たるべき「一国民俗学」の方法と可能性とを世に問う試みでもあった。そこには、人びとの生活の現場に定位し、内側からの眼差しによって生活世界の内部に入り込み、私たちの生の全体像を描き出すという柳田独自の視座と方法とが全編に貫かれている。たとえば柳田は、第一章「眼に映ずる世相」の冒頭部において、自らの方法と問題意識を次のようにいう。

> 次には我々の実験を、特に何れの方面に向つて進めようかゞ問題になつて来るが、それには必然的に、歴史は他人の家の事跡を説くものだ、といふ考を止めなければなるまい。人は問題によつて他人にもなれば、また仲間の一人にもなるので、しかも疑惑と好奇心とが我々に属する限り、純然たる彼等の事件といふものは、実際は非常に少ないのである。時代が現世に接近すると共に、この問題の共同は弘くなり又濃厚になつて来る。さうして其関係の最も密なる部分に、国民としての我々の生き方が、どう変化したのかの問題が在るのである。

「我々の実験」と柳田はいう。それは、すなわち私たち一人ひとりが自らの身体的感覚によって経験しうる体験的世界の謂であろう。そうした個々人の実体験こそが本書の対象であり、拠るべき資料＝事実であると柳田はいっているのである。それは、個々人一人ひとりの個人的な体験にほかならないが、それは、同時に誰もが同様の体験を共有し得るという意味において、共同的なものである。柳田は、本書においてまず、衣・食・住のような「多数の者が、一様に且つ容易に実験し得るもの」を手掛りにして民衆の個的な生の内部に入り込み、その共同的な生の有様とその変遷の過程を具体的に描き出そうとする。そうして捉えられた共同的な生の全体像を、柳田は、「国民としての我々の生き方」と呼んでいるのである。私たち一人ひとりの個的な体験の具体像をそのまま統合して、共同的な「生」の全体像に迫ろうとする柳田の方法の独自性が明確に示されていよう。

『世相篇』の第一章、第二章、第三章は、それぞれ、「眼に映ずる世相」、「食物の個人自由」、「家と住心地」と題され、色や香や住心地といった身体的な感覚体験を手掛りとして、「生活の最も尋常平凡なもの」である衣・食・住に関わる生活の変遷が鮮やかに描き出されている。その叙述の特色は、たとえば、こんなところに端的に表れている。

> 家の内仏に日々の花を供へるやうになつたことは、近代の主婦の美徳の一つではあつたが、其為にたつた一輪

の花を手に折つても、曾て彼等の抱き得た情熱は消えてしまつた。新たに開き始めた花の蕾に対して、我々の祖先が経験した昂奮の如きものは無くなり、其楽しみはいつとなく日常凡庸のものと化した。是が我民族と色彩との交渉の、やがて今日の如く変化すべき端緒だと、自分などは思つて居る。

「我民族と色彩との交渉」という言葉遣いに注目しよう。花や色という個人の感覚的体験を手掛りに個人の生の内面に分け入り、その感覚の変化を通して私たちの「生」の共同的な有り様の変化を一つの全体像として描き出す。そうした柳田の視座と方法とを、この言葉はそのまま映し出している。

次の例でも事情は同じである。

竈が小さく別れてから後も、村の香はまだ久しく一つであつた。殊に大小の節の日は、土地によつては一年に五十度もあつて、其日にこしらへる食品は軒並みに同じであつた。三月節供の乾貝や蒜膾、秋は新米の香に酢を漬け、甘酒を仕込んで祭の客の来るを待つて居る。特に香気の高く揚がるものを選んで用意するといふことも無かつたらうが、ちやうど瓶を開け酢桶を是へといふ刻限までが、どの家も略〻一致して居た為に、すなはち祭礼の気分は村の内に漾ひ溢れたのであつた。

此感覚は地方によつて、無論少しづゝの差異があつたらうと思ふが、それを比べて見る折は誠に少なかつた。しかも各人に取つては余りにも顕著であり、又普通であつた故に、単に何々の香と其物の名を指すばかりで特に五色の如き総称を設けずに居るうちに、時代は少しづゝ其内容を更へ、且つ混乱を以て其印象を幽かならしめた。今でも味噌汁とか香の物とか、唯日本人のみが語り合ふことの出来る若干の嗅覚はあるが大体に於ては空漠たるたゞ一つの台所の香になつてしまつた。さうして、家々の空気は、互ひに相異なるものと化して、徒らに我々の好奇心だけを刺激する。是が鼻によつて実験せられたる日本の新たなる世相であつた。

ここでは、鼻によって覚知された香を通して私たちの生活世界の内面の変遷の過程が、やはり一つの「全体」として捉えられる。柳田はそれを「鼻によつて実験せられたる日本の新たなる世相」と記す。そうして捉えられた「全体」に対して柳田は「日本」という名を与えているのである。

周知のように『明治大正史世相篇』の各章は、その主語を、「我々」という集合的主体において叙述されている。たとえば、こんなふうである。

○つまり我々は色に貧しかつたといふよりも、強ひて富まうとしなかつた形跡があるのである。（第一章）

○つまり我々は共同の飲食といふことを、温かいといふことよりも尚重んじたのであつた。（第二章）

○何にもせよ我々は、外を住居の一部分の如く考へて、育つて来た国民であつた。（第三章）

こうした独自な主体の視座の置き方は、個人の感覚的体験から出発して個人の生の内側に入り込み、そこに共同的な生の有り様を把み出してくる柳田国男の方法と不可分のものである。

右の事実にはじめて着目し、そうした「主語のおき方＝研究における主体のあり方」の中に、柳田国男の民俗学の方法と思想の独自性を指摘したのは、見田宗介である。見田は、右のごとき主語の「我々」が、時として個としての柳田自身を含まない「祖先たち」や、柳田とは意見や生き方を異にする「対立者たちの感覚の消息」すらも含むことを鋭く指摘し、同時に、そうした主体のとり方に様々な批判を許す「柳田の限界」もあることを認めた上で、その意義を次のように述べている。

けだし柳田の方法の核は、「国民としての」主体＝対象の範囲の限定そのものにあるのではなく、民衆の類の自己史としての歴史の主体＝対象の設定の仕方自体にあるからであり、この方法の核そのものは、超越的に他在する主語＝主体としての「科学」の、物神化された知のシステムに収奪されることのない、抑圧された階級や民族の自己史に対してもまた道を切り拓くべきものだからだ(9)。

「我々」という主語をそのまま「日本」や「我民族」あるいは「国民」に連結させてしまう柳田の視座の置き方を、今日の私たちの眼から批判することはたやすい。しかし、見田の指摘は、そうした柳田の思想の脆弱とも見える部分の中に、個と個、自己と他者、主体と客体とが切り離されてあるところに成立する近代的な知のシステムを越える新たな思想の可能性を的確に把み出しているのである。

個々人一人ひとりの感覚的体験に依拠し、その「いま」と「ここ」という生活現場から出発し、ひとりの個人の「生」の拡がりを、他の誰もが共有できる共同的な有り様として描き出す。「我々」という主語の置き方は、そうした柳田の民俗学の独自な視座と方法の必然的な帰結である。そうした、あくまで個人に定位し、個人の感覚的体験によって構成され、了解された共同的な「生」の拡がりを、ここでは仮に「生活世界」という言葉で呼んでおこう。柳田が構想した「一国民俗学」の最大の目途は、この、個々人の感覚的体験に根差した「生活世界」の解明にあったといってよい。私たち一人ひとりにとって、その生活世界は、つねに一つの全きもの＝全体として現れる。それは、けっして他に置き換えることができず、他の何物によっても説明されたり根拠づけられたりする必要のない、それ自体として自己完結した世界だからである。そうした私たちの「生活世界」の全体像を希求する時、柳田はそこに「日本」という名義を与えたのである。

四　『明治大正史世相篇』から「一国民俗学」へ

『明治大正史世相篇』の第九章は「家永続の願ひ」と題され、次のような印象的な話で始まる。

珍らしい事実が新聞には時々伝へられる。門司では師走なかばの寒い雨の日に、九十五歳になるといふ老人が只一人傘一本も持たずにとぼ〳〵と町をあるいて居た。警察署に連れて来て保護を加へると、荷物とては背に負うた風呂敷包みの中に、たゞ四十五枚の位牌があるばかりだつたといふ記事が、ちやうど一年前の朝日にも出て居る。斯んな年寄の旅をさまよふ者にも、尚どうしても祭らなければならぬ祖霊があつたのである。

この章の「家永続の願ひ」という言葉は、かつて、柳田国男の固有信仰＝先祖崇拝への傾斜を示す象徴的な言葉として取り出され、そのまま『先祖の話』（昭和二十一年）と結びつけられて、あたかも家永続を願う柳田自身の内面をそのまま日本人の信仰の原型へと接続するものであるかのように理解されてきた。しかし、そうした理解が、柳田の趣旨に添うものでないことは、この一節を読んだだけでも明らかであろう。ここで柳田が描き出しているのは、そうした観念の変遷の結果、否応なく私たちが直面している現実の生の、ある極限の姿にほかならない。

私は、このエピソードを読み返すたびに、これより少し前に、柳田が「民謡の末期」と題する一文に載せた別のエピソードを想起させられる。都府の只中に居て、郷里の歌四百篇余りを誤りもなく聞かせてくれたというこんな老女の話である。

殊に我々をびつくりさせたことは、話者としての大なる感興であつた。歌なども四百近いものを、別に順序も無く分類も無く、次から次へ歌つて行つたのに、一つの重複もなかつたさうである。さうして採集者が後日手帖を整理する為に、再び之を問ひたゞさうとすると、もうどうしても思ひ出せぬものが少なくなかつた。つまり文句として覚えて居たので無く、歌としてのみ記憶して居るのだから、今一ぺん順次に歌つて行かぬと、出て来ないのであらう。斯ういふ人々を早く老人にした時の力も恐ろしいが、狭隘な町屋の奥に入れてしまつて、もう又口ずさみの機会も無いやうに、我々の社会はしむけて居るのである。

ここでも柳田の眼差しは、同じものを凝視めている。祀られることのなくなった四十五枚もの先祖の位牌。場を失って二度と歌われることのなくなった四百篇もの歌声。二人の老人が背に負い、胸に抱え込んでいるものは違っても、柳田の凝視めているのは同じ一つの「日本」の現実、前代の日本人の生を支えていた強固な「家」の観念と、それを包んでいた共同的な生の紐帯の解体という現実にほかならない。描き出されているのは、いずれもひとりの老人を襲った個別の生の姿にすぎないが、それは同時にそのまま、現代日本の私たち自身の生の現実でもある。柳田が、第九章の冒頭にこの逸話を置いたのは、「家の解体」という本章のテーマの根深さをこの上なく端的に映し出しているからであろう。本章において、柳田の筆は、前代の「家」の姿を美しく描き出す方向へとはけっして向かわない。

農民の家永続には、夙くから可なりの犠牲を必要として居た。武士の家でも此為には子弟を勘当したり、主人に詰腹を切らせたりすることさへも無いでは無かつたが、それはよく〳〵の異常の変であつた。之に反して一方は常住に、多数の族員の無理な辛抱を要求して居たのであつた。一つの家門の旧勢力を保持するには、主人の努力苦心は勿論であるが、更に之を助くる者の完全なる従順、時としては自由の制限さへも必要であつた。多くの

> 男女が嫁取嫁入の出来ない婚姻をしなければならぬことは、決して飛驒の白川村だけでは無かつた。彼等は僕婢では無いけれども衣食は之と同じく、しば〳〵質素以上の悪い生活に甘んじて居た。末には主となるべき聟嫁でも、斯うして共同の労に服さなければならなかつたのは一つだが、次男次女以下には其希望すらも無かつた。附近に余つた土地のまだ拓かれぬものが有る限りは、勿論機会を見て独立の計画も立てられ、又は嫁聟が縁を求めて出て行くことも次第に許されるやうにはなつたが、なほ残りの者は家に留まつて、下積みの生涯を送ることになつて居た。新時代の変化は即ち先づ、此団結の分解を以て始まらなければならなかつたのである。
>
> （定本二十四巻）

「家永続の願ひ」という前代の日本人を深く捉えていた観念を育みそだててきた「家」のあり方が、けっして懐かしく懐古されるべきユートピアなどではなく、様々な問題を抱え込んだ厳しい現実であったことを柳田の筆は冷徹に捉えている。そして、さらにその「家」の解体＝「団結の分解」という不可逆的な歴史的過程こそが、私たちの眼前に生起する諸々の現実的課題の根本にあるというのである。

第九章の末尾で、柳田はさらに進んで次のように述べている。

> それが今日では自分が死にたい為に、先づ最愛の者を殺さねばならぬやうな、聴くも無惨なる必要を生じたといふのである。孤児を慰撫して其生活の道を講ずるの施設も急務であるが、一方には斯ういふ家庭の孤立を促成した始の原因、即ち移動と職業選択と家の分解、及び之に伴ふ婚姻方法の自由などの、今日当然の事と認めらるゝものゝ中に、まだ何ものかの条件の必要なるものが、欠けて居るので無いかといふことも考へて見なければならぬ。我々の生活方法には必ずしも深思熟慮して、採択したといふことが出来ぬものが多い。それに隠れたる

疾があつても、些しでも不思議なことは無い。問題は如何にすれば夙く之に心付いて、少しでも早く健全の方に向ひ得るかである。是を人間の智術の外に見棄てることは、現在の程度ではまだ余りに性急である。

明治末年から大正にかけて頻発し始めた親子心中。親からの保護を受けることのできない孤児の急増。眼前に生起する諸々の厳しい現実の拠ってきたる深因をも、やはり柳田はこの「団結の分解」の中に見据えている。
昭和初年以来、最も先鋭なる現実認識と方法意識をもって世に問うた諸論考において、柳田がくり返し注視してきた問題もこの一点にあった。

此様に農村には、古来習慣的に巧妙な便利な労働組織が出来て居て、共同して生活を営んで来たものであるが、近世になつて色々の原因から、此の共同が破れることになつて来た。その最も大きな原因の一は、親方だけが先に進んで、他のものを後に取り残したことである。

（「農村家族制度と慣習」昭和二年）

他にも幾つかの原因は算へ上げられるか知らぬが、自分はこの団体生活の弛緩と崩壊こそ、日本の婚姻制の外形を変化せしめた主要な力であつたらうと想像して居る。

（「聟入考」昭和四年）

但し斯ういふ理屈はいふものゝ、私の知識はまだ些しでも精確なもので無い。現在の資料整理の程度で、ほゞ安心して仮定し得ることは、家が分裂する以前の我邦の農業力とも名づくべきものが、今よりも遥かに鞏固であつたことである。地方に分散する多数同族の小家庭が、曾て持つて居る或組織の微妙なる機能を利用し得なくなつたことが、彼等の衰微感を深からしめたらしきことである。

（「オヤと労働」昭和四年）

諸国一様の一つの傾向とも認められますことは、以前あつた平民の結合力の解体と、もとの組織のやゝ乱暴な改造であります。一つの部落に住む人々を繫いで居たユヒとモヤヒ、講と組、もしくは是と対立して働いて居た門党制度、マキとアヒヂとか申すものゝ、約束は、所謂新しい村ほど弛み又は変つて来て居ります。農民が此頃急に孤立の心細さを感じ出しましたことが、是と多少の関係のあることだけは推測してよいのであります。

（「史学と世相解説」昭和十年）

「労働組織」の「共同が破れる」といい、「団体生活の弛緩と崩壊」といい、「平民の結合力の解体」という。表現は変わっても、柳田が捉えているのは同じ一つの現実、前代の日本人の「生」を支えてきた共同的紐帯の分裂と解体の過程にほかならない。

こうした共同性の解体の過程と、そのもたらした現実の諸問題を、あくまで私たち一人ひとりの感覚的体験の広がりにおいて、即ち、一人ひとりの「生活世界」の問題として描き出そうとしたのが、『明治大正史世相篇』の試みであった。個人一人ひとりの「生活世界」に定位した民俗学にとって、近代とは、そうした「生活世界」を支えてきた共同性の解体の過程であり、その結果、「生活世界」が分裂し、二重化、多層化し、統一性を失って行く過程であった。第九章の「家永続の願ひ」に続いて、第十章「生産と商業」、第十一章「労働の配賦」において、女性の労働や親方制度の崩壊を論じた柳田は、第十二章を「貧と病」と名づけ、その末尾の第五節を「孤立貧と社会病」と題している。「貧困」と「病」という、あくまで個人的な生活事情としてあらわれる現象を、柳田は、社会における関係性のあり方として捉え、当代の社会的現実の抱える最も焦眉かつ深刻な問題を、「孤立貧」と「社会病」として描き出して見せたのである。本章の末尾を柳田は、次のような文章で結んでいる。

> 日本で毎年の自殺者は一万数千、此頃東京だけでも一日に五人づゝ死んで行く。一番多い理由は病苦であるが、他の生活難といふものゝ中にも、大抵は健康が勘定の中に入つて居る。強ひて妻子の其意思も無いものを同伴として、家を無くしてしまはうといふ考の中には、説くにも忍びざる孤立感が働いて居たのである。生活の興味はこの人たちにはもう切れて居た。仮に引留められて暫く生きたとしても、其力を集めて世の中は改良し得なかつた。やはり最初には其不幸が此世に普きものゝ一端であつて、一つの新しい知識と方法とが、総括して之を救ひ得るといふことを、覚らしめるの他は無かつたのである。

孤立が、貧苦も、病困をも際立たせる。いっそう耐えがたいものとする。柳田が昭和初年の現実として描き出した「孤立貧」と「社会病」とは、そのまま八十年を経た今日の私たちの現実でもある。柳田が「食物と心臓」の冒頭において「一国民俗学」の言挙げをしたのは、ちょうどこの一年後のことである。「総括して之を救ひ得る」という「一つの新しい知識と方法」なるものが、いままさに産声をあげようとする「一国民俗学」の謂であることは論を俟つまい。

本書の最終章、第十五章「生活改善の目標」の末尾の、あの印象的な言葉を想起してほしい。

> 我々の考へて見た幾つかの世相は、人を不幸にする原因の社会に在ることを教へた。乃ち我々は公民として病み且つ貧しいのであつた。

ここでも眼差しは、「我々」という主体に置かれている。病苦も、貧困も、増大する自殺も、親子心中も、孤独死も孤児の問題も、眼前に生起する現実のすべての諸問題は、私たち一人ひとりの「生」の現実としてある。ひとりの私的な個人でありながら同時に「公民」でもあらざるを得ない近代の私たちにとって、それら現実の諸問題のすべては、私たち自身の「生」のゆがみとしてある。あらゆる問題は、私たちの「生」の内側に、そのゆがみとして、その貧しさや病いとして内在する。「我々は公民として病み且つ貧しい」とは、そういうことであろう。私たち一人ひとりが、それを自分自身の「生」の現実として捉え、自分の「生」のあり方を自らよりよく変えていくという積み重ねの中にしかこの現実の変革はありえない。柳田国男の「一国民俗学」は、まさにこうした厳しい現実認識の上に立って、私たち一人ひとりが自らの「生」の現実に立ち向かうことのできる「新しい知識と方法」として構想されたのである。

五　日本近代の自省の学

晩年の柳田国男に薫陶を受けた最後の世代である千葉徳爾は、日本の民俗学の歴史を振り返って、昭和十年に組織された「民間伝承の会」が、昭和二十四年に「日本民俗学会」に発展的に改組されたことによって「民俗学界」が大きく変質したのだと述べている。[10] 端的にいうと、その改組によって、大学に所属するアカデミズムの研究者たち以外の、それまで地方にあって、その土地の郷土研究や民俗採集を支えてきた篤志の郷土史研究者や民俗採集者たちの多くが、参加できなくなったというのである。

さすがに千葉は、民俗学の変貌の過程をよく見ている。日本民俗学会の成立によって、日本の民俗学は、専門家によって領導されるアカデミズムの学としての道へと大きく踏み出して行く。それは在野の学として出発した民俗学が、アカデミズムの学として認知されていくためには避けることの出来ない筋道であったかもしれないが、それによって、柳田がその「郷土研究」や「一国民俗学」に託した理念や方法も捨てられ、忘れ去られることになった。「郷土研究」の時代から「民間伝承の会」を経て、「日本民俗学会」へと展開する過程の中で、すべての郷土人自身による自己生活の探求という郷土研究の第一義も、それを踏まえた「一国民俗学」の目途も忘れられ、日本の「民俗学」は、ごく一部の専門家によってのみ担われるアカデミズムの学へと変貌していくのである。これこそが、今日の民俗学を至って脆弱で狭小なものにしている根本の原因ではないか。そしてまた、今日の民俗学における「日本」という命題の欠落も、病根は同じところに起因するものと、私には思えてならない。

現代の民俗学の様々な潮流に共通して見てとれる「日本」の欠落には、日本という命題に最初から何の関心も興味もないという、忘却無関心の立場もあれば、「日本」という問題の立て方をそもそも必要としないという不要・無用論の立場もある。さらに進んで、「日本」という枠組みをもって構想すること自体を誤謬や悪として退ける否定、反発の立場、「反日本」とでも呼ぶべき立場もある。「日本」を一つの統一的存在と見なすことを忌避する「多元主義」や個人の内面的な自由を抑圧、規制するあらゆる外的な権威を認めない「多文化主義の主張」などは、そうした立場の最も尖鋭的なものであろう。[11]無自覚、無意識なものから意図的、攻撃的な否定、反発までその立場は様々であるが、そこには、揃って大きな共通性を見てとることができるように思われる。その一つは、「日本」を見る主体の位置と眼差しの問題である。彼らの多くは、外部者の眼差しで「日本」を見る。あえて日本の外に身を置き、外から日本を見ようとする。今眼前にくり広げられている「日本」の現実は、そこに生きる私たちすべてにとって、自らの問題であるはずだが、「日本」は、彼らの外にあるものに他ならない。そして、そうした自らの主体としての位置と眼差しについて、そろって無自覚であることも共通している。

その典型的な事例を子安宣邦の「一国民俗学の成立」に見ることができる。[12]子安は、柳田国男の「一国民俗学」を「内から見ることの特権をいうものの学」と位置づけ、内からの眼差しの特権性を糾弾するが、それをいう自らの位置と眼差しの特権性には、まるで無自覚である。すでに見たように柳田国男の「一国民俗学」の主張は、欧米のフォークロアやエスノロジーが本質的に内在させてきた「外からの眼差し」を「内からの眼差し」に組み替えて行くことを企図したものであった。関与すべき対象の外部に身を置き、超越的、優越的視座から見下ろす眼差しこそ、異民族、異文化の研究としての初期のエスノロジーやフォークロアが本質的に内在させていたものである。柳田国男の「一国民俗学」は、そうした外部者の眼差しの持つ特権的性格を意図的に「内からの眼差し」に組み替え、眼前の日本の現実を、国民すべてが自らの問題として追究することができる可能性を切り開こうとするものであった。「内からの眼差しの特権性」を糾弾する主張の転倒した滑稽さに子安本人がけっして気づくことがないのは、「一国民俗学」成立の歴史的過程について無知で無理解であるだけでなく、そうした主体としての自らの位置と眼差しについてまったく無自覚だからである。そうした無自覚、無反省こそ、特権的優位者に共通した属性にほかなるまい。

ちなみに日本の近代を論じ、民俗学の近代を云々する若い民俗学研究者の仕事にも同様の無自覚を見てとることができる。日本の近代は、今私たちが生きている日本の現実そのものであり、近代はそのまま私たちの生の在り方に関わる問題であるが、彼等の多くは、近代の外に身を置き、あたかもそれが自分と無縁な過去の遺物であるかのように取り扱うのである。

もう一つ共通して見てとれるのは、全体性への志向の欠如とでもいうべき傾向であろう。私たちが自分が生きている世界の現実と正面から向き合おうとする時、それは常に一つの「全体」として現れる。私たちの存在のあり方、私たちの「生」そのものが、それ自体として他に置き換えることの出来ない完結した全的存在であるからである。私たちが、そうした自らの生の全体性と正面から向き合おうとした時、そこに自ずから「日本」という命題が立ち現れてくる。全体性への希求の欠如と「日本」の欠落とは、同じことの表裏なのではないか。科学的な厳密性を装って、他と切り離された個別の地域の民俗をそのまま自己完結した世界として捉える地域主義的な民俗学や、個別の事象を採りあげ、外部の視点から様々に解釈することを競い合う現代の民俗学の潮流の中に、深くそうした全体性への志向の欠落を見てとらずにはおれないのである。

この国に生きる私たち一人ひとりにとって、「日本」も「近代」も、まずは所与のものとしてある。それは、私たちの未生以前から、確固として存在して、私たちの死後もまたおそらくは同様にあり続けるものである。それは、観念にすぎないのに、厳然として私たちの生活を枠づけ、拘束し、根拠づけている。私たちは、日常生活においてはそうした所与としての日本も近代もあたかも存在しないものであるかのように振る舞うことができるが、それが幻想でしかないことは、一歩でもこの国の外に出ようとすれば、たちどころにわかる。それどころか都立高校卒業式の「君が代」問題が端的に物語っているように、「日本」に仮託された権力の恣意的な意思によって「日本」は、私たちの主体的な行動や内面の自由すら拘束する。

しかし、一方ではまた、「日本」も「近代」も、いま私たち自身によって生きられているものである。その矛盾も様々な課題も希望も、すべて私たち自身の「生の現実」としてある。私たち一人ひとりが、様々な矛盾を抱えながら日々暮らし生きることによって、「日本」を再構成し、「近代」を再生産しているのである。その矛盾も課題もやはり私たちの生の営みが生み出したものである。その意味で「日本」も「近代」も、生活者としての私たちにとっては、外から与えられた所与のものではなく、私たち自身の存在に深く関わる内的な存在でもあるのである。だから、そうした私たちにとって、「日本」をあたかも存在しない幻想のごときものとして無視し、「近代」を過去の遺物として、一方的に批判する態度は、すなわち私たち自身の存在の在り方とその現実に目をつぶることにほかなるまい。「日本」を問い、「近代」を論ずることは、すなわち私たち自身の存在の根拠を問い、在るべき姿を希求することである。

多くの学問がそうであるように、「民俗学」もまた、「日本・近代」の所産である。明治の初めに生れ、熱烈な皇室崇敬者であり、同時に、解明派の農政官僚であった柳田国男が構想した民俗学も否応なく、近代の刻印を受けている。

しかし、すでに見てきたように、その「民俗学」は、日本近代の現実が生み出す様々な矛盾や問題に対する批判を内在させていた。外部からの批判ではない。一人ひとりの生活者の「いま」と「ここ」に視座を置き、それによって捉えられた生活世界の現実の内に、私たち自身が超克すべき課題があることを示してみせたのである。

所与としての「日本」、前提としての「日本近代」に対して、私たち自身が生きてある現実の「生」の具体的拡がりを対置し、置き換えていくことによって、あるべき「日本」を希求していく。柳田国男の「郷土研究」とその理念の展開としての「一国民俗学」は、そうした意味において、日本近代の自省としての視点を深く内在させていた。そしていま、当代の民俗学は、私たち自身が生きる現代日本の自省の学たりえているのか。問われているのは、私たち自身なのである。

注（1）柳田国男が、一時期宮内書記官を兼任して天皇に近侍した宮廷官僚でもあったという事実は、山下紘一郎『神樹と巫女と天皇　初期柳田国男を読み解く』（二〇〇九年三月、梟社）に詳しい。同書は、初期天皇制論を軸とした、民俗学草創期の柳田の学問と皇室崇敬者としての柳田とを統合的に捉えようと試みた労作である。

（2）「郷土研究の将来」『郷土科学講座』第一冊、一九三一年九月、四海書房。但し、引用は、『定本柳田国男集』二五、一九七〇年六月、筑摩書房による。なお、新版『柳田国男全集』では『国史と民俗学』版のみを収め、『郷土科学講座』版の「郷土研究の将来」は、収められていない。単行本所載のの論考を優先する編集方針に従ったものであろうが、『全集』版では日本民俗学史上の重要な事実を確認することができなくなった。

（3）『柳田国男全集』一四、一九九八年七月、筑摩書房。以下、特にことわらないかぎり、柳田国男の引用は、同全集版による。

（4）「民俗学」の用語をめぐる柳田国男のこうした揺れについては、千葉徳爾『民俗学のこころ』第一章「いわゆる柳田民俗学の成立」が委曲を尽くしている。「郷土研究の将来」などの「民俗学」が「Ethnology にあてた訳語」であることもすでに指摘されている。参照されたい。

(5) 雑誌『民族』の廃刊から『民俗学』の創刊へと至る当時の学界の状況については、柳田国男研究会編『柳田国男伝』(一九八八年十一月、三一書房)第十章「日本民俗学の成立」一〜三節(本書第三章に所収)に詳述した。

(6) 日本民族学会編『日本民族学の回顧と展望』一九六六年、民族学振興会。清水昭俊「日本における近代人類学の形成と発展」篠原徹編『近代日本の他者像と自画像』二〇〇一年五月、柏書房。

(7) 本書第三章「常民史学の創成」。

(8) 本書第四章「史心と平凡—柳田国男の歴史認識と民俗語彙—」。

(9) 見田宗介『新編　柳田国男集』第四巻「解説」、一九七八年七月、筑摩書房。

(10) 前掲　千葉『民俗学のこころ』

(11) 島村恭規「『日本民俗学』から多文化主義民俗学へ」篠原徹編『近代日本の他者像と自画像』二〇〇一年五月、柏書房。

(12) 子安宣邦「一国民俗学の成立」『岩波講座　現代思想1　思想としての20世紀』一九九三年五月、岩波書店。子安の論を含めた各種の「一国民俗学」批判の意義と問題点については、赤坂憲雄「一国民俗学を越えて」(『創造の世界』一九九九年秋号、のち同『一国民俗学を超えて』二〇〇二年六月、五柳書院)が行き届いている。参照されたい。

あとがき

よくもまあ、こんなに長い間、同じことをくり返し考え続けてきたものだと思う。もう四十年ほども前のことである。

若き日、私は、柳田国男の著作に出会ってその魅力の虜となった。熱に浮かされ、取り憑かれたようにしてその著作をむさぼり読んだ。いったいなぜ自分はこれほど柳田国男に惹かれるのか。その魅力の源泉はどこにあるのか。その理由も定かでないまま、自問自答を重ね、その思いを折に触れて文字に記してきた。一本の文章を書き終えると、そこにきまってなお書ききれなかった思いが残り、ぼんやりとだが新しい課題が見えてくる。やがてそれが発酵するとまた新たな文章に手を染め、ほんの少しだが先に進むことができる。本書は、そうした柳田国男に取り憑かれた一読者の、長年にわたる鈍重な蝸牛のごとき遅々たる歩みの軌跡である。

柳田国男の著述に向かう時、私はいつも、思想の足腰の強さ、ということを考えさせられる。故後藤総一郎氏が折りにふれ、私たちに語ってくれたことである。かつて、どれだけの激越な思想や華麗な言辞が、変節をくり返してきたことか。

柳田国男の学問が、長い履歴の間にいくつかの転回を経、変貌成熟を重ねてきたことは、本論において述べてきた通りであるが、その学問の根底に息づいている思想、現実を見る眼差しは、首尾一貫して変わることがない。その言説も、長い激動の時代を超えてブレがないのである。この思想の強さはどこから来ているのか。

その前半生を近代国家形成期のエリート官僚として、眼前の社会的現実を「国家」という枠組みの下で捉えることを強いられる立場にありながら、柳田の現実を視る眼差しは、日々の具体的な〝生〟を生きる人びと一人ひとりの生の現場を離れることはけっしてなかった。「国家」や「民族」という枠組みに内在する超越的な上からや外からの視点とも、「大衆」や「民衆」といった、人びとの生を数の集合として統括してしまうような視点とも無縁であった。

重要なことは、そうした彼の眼差しの不動の強さが、そのまま確立期の彼の民俗学の方法と深く関わり、その方法の基底となって、その学問の強靭さとなっているという事実であろう。本書は、そうした彼の思想の強さの秘密を、彼の学問の方法そのものの中に見出そうとする試みでもあった。柳田国男の民俗学の形成過程を追い求めた所論の中でその強さのよって来たるところをどこまで捉えることができたか、読者諸兄姉の率直なご批評を乞いたいと思う。

私が、柳田国男について初めてまとまった文章を記したのは、故後藤総一郎氏の編纂によって刊行した『柳田国男の学問形成』に寄せた小論「柳田民俗学における山人研究史の変容と展開」である。自分の柳田国男研究の出発点となったこの小論をいま改めて読み返してみると、その文章の稚拙さ、論理の展開の未熟さに思わず赤面するほどである。本来なら、全面的に手を入れ改稿すべきものであるが、あまりにも冗長で不要な部分を削除し改稿したほか、大きく書き改めることはしなかった。そこには、未熟ながらも、その後の三十余年間に考えてきた課題の多くがすでに萌芽の形で提示されており、それを今日の時点で書き改めることは、結局その後の自分の論述において述べてきたことの概要を遡って再論する結果にしかならないと考えたからである。その後の所論においても、随所に引用の重複や論述のくり返しが見られるが、あえて改稿しなかった。御寛恕をいただきたいと思う。

過去の所論の収録に際しては、全体をまず柳田国男の民俗学の初期、形成期を扱ったものと確立期の学問の方法や思想を論じた所論の二部に分け、さらに、前者を、初期柳田民俗学論と遠野物語論の二部に、後者も、確立期の柳田の学問の成立過程を追究したものと、その学問と方法の成熟過程を考究した所論の二部に分け、全体を四章立てとした。その上で巻頭に、柳田民俗学の初発から確立期に至るまで貫かれている本質的な契機を概括してその現代的意義を論じた「開かれた〈野の学〉」を置いて序章とし、巻尾には、一柳田国男研究者の立場から、日本民俗学の現状に対して問題提起した「〈日本〉という命題」を配して終章とした。本論の第一章から第四章までの各章の冒頭には、それぞれの章で展開する論述の理解のために、背景となる当時の社会状況や伝記的事項、主要な問題点などを略述した小文を配した。

本書に収載した論考の初出と原題は別記の通りである。

はじめて柳田国男の著作と正面から向き合うようになった頃、私は、ごく私的な事情から、深い哀しみと鬱屈の底にいた。前向きに生きる意欲もなくし、仕事も辞めて、成すこともなく、夜毎に場末の酒場で飲んだくれては、朝帰りするようなすさんだ日々をくりかえしていた。

そんな時に「柳田国男」と出会い、「寺小屋」の柳田国男講座に参加し、主宰講師の後藤総一郎氏と出会い、同世代の若い仲間たちと出会ったのである。毎週土曜日に、東京・高田馬場のマンションの一室を借りて開かれていた寺小屋教室の柳田講座での講義や柳田の著作の丁寧な輪読は、新鮮な驚きと刺激に満ちていた。仲間たちと、聞きかじり読みかじりの生半可な知識で柳田の魅力を語り合い、熱に浮かされたような青臭い議論は、毎度、夜の飲み会の席で深夜まで続いた。あの当時のことを振り返ると、もし、あの頃「柳田」と出会っていなければ、寺小屋で後藤総一郎氏と出会い、仲間たちと出会っていなければ、今日の自分はなかったのだと、しみじみと思う。

いま改めて本書所載の拙稿を、見渡してみると、その論考の大半は、柳田国男研究会の活動の一環として公表したものである。恩師故後藤総一郎氏、畏友杉本仁氏をはじめ、長い年月にわたって共に研究会を支え、刺激を与え続けてくれた会の仲間たちに改めて感謝の意を献げたいと思う。

本書の刊行は、梟社社主、林利幸氏のご厚意とご尽力によって実現にこぎつけたものである。林氏とは、氏がかつて伝統と現代社の編集部で『伝統と現代』誌の編集を担当されていた頃からの繋がりで、若き日に書き下ろしの『遠野物語論』の刊行を約しておきながら諸事情のために上梓の一歩手前で頓挫したままになっていた。そんな不義理にもかかわらず、出版を快諾し、怠け心から幾度も腰の砕けそうになる筆者を叱咤して刊行へと導いていただいた。あらためて林氏に心から御礼を申し述べたい。

二〇一〇年五月

はるかに奈良・春日の連山を望む生駒の陋屋にて

永池健二

〈掲載論文初出一覧〉

序章　開かれた〈野の学〉

「開かれた〈野の学〉　遠野物語・郷土研究・一国民俗学」
『季刊　東北学』第二十三号　二〇一〇年五月　一部改稿

第一章　邂逅―民俗学の黎明

展望1　初期柳田民俗学の視界
「文学から民俗学へ」『柳田国男事典』一九九八年　勉誠出版
『文庫版　柳田国男全集』第四巻「解説」（二）一九八九年

山人論の展開と変容
「柳田民俗学における山人研究史の変容と展開」『柳田国男の学問形成』一九七五年　白鯨社。

漂泊と定住の間―柳田国男の被差別部落史研究
「柳田国男と被差別部落史研究」『ちくま』二三九号 一九九一年二月
後『文庫版 柳田国男全集』第四巻「解説」に「補論」として転載。

第二章　模索―〈物語〉の誕生

展望2『遠野物語』論の視界
『文庫版 柳田国男全集』第四巻「解説」（一）一九八九年　筑摩書房。
「神話と三面記事の間　遠野物語の現在」『フォークロア』第五号
一九六四年十月　本阿弥書店。

実験談の世界―『遠野物語』の説話世界1
「遠野物語研究序章　その〈実験談〉の世界」『芸能』二十四巻十号
一九八二年十月。

出来事の伝承―『遠野物語』の説話世界2
「出来事の伝承―『遠野物語』の説話世界」『関西外国語大学研究論集』第四四号　一九八六年九月

第三章　転回　―山から里へ

展望3　確立期の柳田民俗学の視界―雑誌『民族』とその時代
『柳田国男伝』第十章「日本民俗学の成立」第一節「新たなる出発」
第二節「雑誌民族とその時代」一九八八年　三一書房。

常民史学の創成
同『柳田国男伝』第十章第三節「常民史学の確立」

柳田学の転回―大正から昭和へ
「柳田学の転回―大正から昭和へ」『柳田国男・ジュネーブ以後』
二〇〇六年　岩田書院。

第四章　成熟―外から内へ

展望4　内化する視界―末期を視る眼差し
「末期を視る眼差し」『柳田国男全集』第十一巻月報　一九九八年五月
筑摩書房。

史心と平凡―柳田国男の歴史認識と民俗語彙
「史心と平凡―柳田国男の歴史認識と民俗語彙」『柳田国男・ことばと郷土』一九九八年　岩田書院。

物語作者の肖像
「物語作者の肖像―柳田国男への視点」柳田国男研究会編『柳田国男・民俗の記述』二〇〇〇年　岩田書院。

終章　〈日本〉という命題―柳田国男・「一国民俗学」の射程

〈日本〉という命題―柳田国男・一国民俗学の射程
『柳田国男・主題としての「日本」』二〇〇九年　梟社。

著者略歴
永池健二（ながいけ けんじ）
1948年　佐賀県生まれ。
奈良教育大学教授。日本文学（日本歌謡史・歌謡文芸・柳田国男研究）専攻。
主要論著　『柳田国男伝』（共著、三一書房）
『柳田国男・民俗の記述』（共著、岩田書院）
『柳田国男・主題としての「日本」』（共著、梟社）ほか

柳田《やなぎた》国男《くにお》 物語作者《ものがたりさくしゃ》の肖像《しょうぞう》

2010年7月1日・第1刷発行

定　価＝3000円＋税
著　者＝永池健二
発行者＝林 利幸
発行所＝梟　社
〒113－0033　東京都文京区本郷2－6－12－203
振替00140－1－413348番　電話03(3812)1654　FAX 042(491)6568

発　売＝株式会社 新泉社
〒113－0033　東京都文京区本郷2－5－12
振替00170－4－160936番　電話03(3815)1662　FAX 03(3815)1422

製作・久保田 考
印刷／製本・萩原印刷

山深き遠野の里の物語せよ

菊池照雄

四六判上製・二五三頁・マップ付
写真多数　一六八〇円＋税

哀切で衝撃的な幻想譚・怪異譚で名高い『遠野物語』の数々は、そのほとんどが実話であった。山女とはどこの誰か？　山男の実像は？　河童の子を産んだと噂された家は？　山の神話をもち歩いた巫女たちの足跡は？　遠野に生まれ、遠野に育った著者が、聴耳を立て、戸籍を調べ、遠野物語の伝承成立の根源と事実の輪郭を探索する／朝日新聞・読売新聞・河北新報・岩手日報・週刊朝日ほかで絶讃。

遠野物語をゆく

菊池照雄

A五判並製・二六〇頁・写真多数
二〇〇〇円＋税

山の神、天狗、山男、山女、河童、座敷童子、オシラサマ。猿、熊、狐、鳥、花。山と里の生活、四季と祭、信仰と芸能――過ぎこしの時間に埋もれた秘境遠野の自然と人、夢と伝説の山襞をめぐり、永遠の幻想譚ともいうべき『遠野物語』の行間と、そのバックグラウンドをリアルに浮かびあがらせる珠玉の民俗誌。

神と村

仲松弥秀

四六判上製・二八三頁・写真多数
二三三〇円＋税

神々とともに悠久の時間を生きてきた沖縄＝琉球弧の死生観、祖霊＝神の信仰と他界観のありようを明らかにする。方法的には、南島の村落における家の配置から、御嶽や神泉などの拝所、種々の祭祀場所にいたる綿密なフィールドワークによって、地理構造と信仰構造が一体化した古層の村落のいとなみと精神史の変遷の跡を確定して、わが民俗社会の祖型をリアルに描き出す。伊波普猷賞受賞の不朽の名著。

うるまの島の古層

琉球弧の村と民俗

仲松弥秀

四六判上製・三〇二頁・写真多数
二六〇〇円＋税

海の彼方から来訪するニライカナイの神、その神が立ち寄る聖霊地「**立神**」。浜下りや虫流しなどの**渚**をめぐる信仰。**国見の神事**の祖型。南島の各地につたわる**オナリ神**の諸相——こうした珊瑚《うるま》の島の民俗をつぶさにたずね、神の時間から人の時間へと変貌してきた琉球弧＝沖縄の、村と人の暮しと、その精神世界の古層のたたずまいを愛惜をこめて描く。

柳田国男の皇室観

山下紘一郎

四六判上製・二八八頁

二三三〇円＋税

柳田は、明治・大正・昭和の三代にわたって、ときには官制に身をおき、皇室との深い関わりを保持してきた。だが、柳田の学問と思想は、不可避に国家の中枢から彼を遠ざけ、その挫折と敗北の中から、日本常民の生活と信仰世界の究明へ、日本民俗学の創始へとむかわせる。従来、柳田研究の暗部とされてきた、柳田の生涯に見え隠れする皇室の影を浮き彫りにし、国家と皇室と常民をめぐる、柳田の思想と学問の歩みの一側面を精細に描く。各誌紙激賞。

神樹と巫女と天皇

山下紘一郎

四六判上製・三四九頁

二六〇〇円＋税

大正四年の晩秋、貴族院書記官長であった柳田国男は、大正の大嘗祭に大礼使事務官として奉仕していた。一方、民俗学者として知見と独創を深めてきた彼は、聖なる樹木の下で御杖を手に託宣する巫女こそが、列島の最初の神聖王ではなかったかと考えていた――。フレーザー、折口信夫を媒介にして、我が国の固有信仰と天皇制発生の現場におりたち、封印された柳田の初期天皇制論を読み解く。

米沢時代の吉本隆明

斎藤清一

四六判上製・二五二頁・写真多数
二〇〇〇円＋税

昭和十七年春、十七歳の吉本は米沢駅に降り立った。それから二年半、吉本は米沢高工の学生として、東北の風土に包まれて青春の日々をおくる。――学友たちとの寮生活、宮沢賢治との出会い、次兄の死、時局下の葛藤など、戦後思想に屹立する詩人・吉本の未明の時代を、米沢在住の著者が克明にたどる。

選挙の民俗誌

杉本　仁

四六判上製・三一〇頁・写真多数
二二〇〇円＋税

選挙は、四年に一度、待ちに待ったムラ祭りの様相を呈する。たとえば、「カネと中傷が飛び交い、建設業者がフル稼働して票をたたき出すことで知られる甲州選挙」（朝日新聞07・1・29）。その選挙をささえる親分子分慣行、同族や無尽などの民俗組織、義理や贈与の習俗――それらは消えゆく遺制にすぎないのか。選挙に生命を吹き込み、利用されつつも、主張する、したたかで哀切な「民俗」の側に立って、わが政治風土の基層に光を当てる。

柳田国男研究❻

柳田国男 主題としての「日本」

柳田国男研究会編

Ａ５判上製・二九一頁

三〇〇〇円＋税

大正から昭和の時代に、柳田国男が新しい学問、「民俗学」を構想した時、彼をとらえた最も重い課題は、日本とは何かという命題だった。この列島に生きる人びとはどこから来たのか。我々の今につながる、生活文化の伝統や信仰の基層にあるものは？そして何よりも、現在から未来へ、わが民の幸福はどう遠望しうるのか？　安易な洋学の借用や偏狭な日本主義を排して、柳田は日本人の暮らしと心意伝承のこしかたを、「民俗」の徹底した採集と鋭い直観、卓出した解読によって明らかにし、課題にこたえようとしたのである。本書は、本質的なるがゆえに、左右の誤読と誹謗にまとわれてきた柳田の「日本」という主題を検証し、真の「日本学」の現代的意義を問い直すものである。